नए भारत की नींव

राष्ट्रीय शिक्षा नीति–2020

नए भारत की नींव

राष्ट्रीय शिक्षा नीति–2020

इजी. अवनीश कुमार सिंह

प्रभात
प्रकाशन

प्रकाशक • **प्रभात प्रकाशन प्रा. लि.**
4/19 आसफ अली रोड,
नई दिल्ली–110002

संस्करण •
मूल्य •
मुद्रक • आर–टक ऑफसेट प्रिंटर्स, दिल्ली

NAYE BHARAT KI NEENV: Rashtriya Shiksha Neeti-2020
by Engi. Avanish Kumar Singh ₹ 500.00
Published by Prabhat Prakashan Pvt. Ltd., 4/19 Asaf Ali Road, New Delhi-2
e-mail: prabhatbooks@gmail.com ISBN 978-93-90366-44-6

माता-पिता की पुण्य

स्मृति में

जिनके शिक्षा के प्रति असीम त्याग और अगाध समर्पण की
भावना से प्रेरित होकर मैंने संघर्ष करना सीखा,
साथ ही विपरीत परिस्थितियों में अपने लक्ष्य के प्रति
दृढ-संकल्पित होना भी।

—इंजी. अवनीश कुमार सिंह

आनंदीबेन पटेल
राज्यपाल, उत्तर प्रदेश

सत्यमेव जयते

राज भवन
लखनऊ–226027

प्रशस्ति पत्र

परिवर्तन प्रकृति का मूल नियम है। किसी भी सभ्यता की उत्तरोत्तर उन्नति के लिए परिवर्तन आवश्यक है। देश के माननीय प्रधानमंत्री श्री नरेंद्र मोदीजी के कुशल नेतृत्व में भारत में जहाँ प्रत्येक क्षेत्र में नित नूतन प्रयास हो रहे हैं, वहीं शिक्षा के क्षेत्र में राष्ट्रीय शिक्षा नीति–2020 का लाना सबसे युगांतकारी प्रयास सिद्ध होगा।

इसी राष्ट्रीय शिक्षा नीति–2020 को आधार बनाकर पुस्तक का सृजन करनेवाले सौम्य, सजग और शिक्षा के क्षेत्र में नए प्रयोगकर्ता इंजीनियर श्री अवनीश कुमार सिंह का प्रयास सराहनीय और लाभप्रद हो, मैं इन्हीं मंगलकामनाओं के साथ उनके उज्ज्वल भविष्य की शुभकामनाएँ और आशीर्वाद देती हूँ।

(आनंदीबेन पटेल)

योगी आदित्यनाथ
मुख्यमंत्री, उत्तर प्रदेश

मुख्यमंत्री
उत्तर प्रदेश

लोक भवन
लखनऊ–226001
दिनांक : 08 जनवरी, 2021

संदेश

मुझे यह जानकर अत्यंत प्रसन्नता की अनुभूति हो रही है कि इंजीनियर श्री अवनीश कुमार सिंह, मा. सदस्य विधान परिषद द्वारा राष्ट्रीय शिक्षा नीति–2020 पर लिखित पुस्तक का प्रकाशन किया जा रहा है।

आदरणीय प्रधानमंत्री श्री नरेंद्र मोदीजी के यशस्वी नेतृत्व और मार्गदर्शन में राष्ट्रीय शिक्षा नीति–2020 लागू की गई है। नई शिक्षा नीति 21वीं सदी के भारत की आधारशिला तैयार करनेवाली है। राष्ट्रीय शिक्षा नीति–2020 आजादी के बाद शिक्षा क्षेत्र में सुधार का सबसे बड़ा अभियान है। यह नीति छात्र–छात्राओं को सैद्धांतिक ज्ञान के साथ व्यावहारिक व तकनीकी ज्ञान से जोड़ने का सशक्त माध्यम बनने जा रही है।

राज्य सरकार राष्ट्रीय शिक्षा नीति–2020 के प्रभावी क्रियान्वयन के लिए प्रतिबद्ध है। इस संबंध में सभी संबंधित विभागों द्वारा कार्यवाही प्रारंभ कर दी गई है। मुझे विश्वास है कि इस पुस्तक के माध्यम से पाठकों को नीति के संबंध में समग्र और उपयोगी जानकारी प्राप्त होगी।

पुस्तक के उद्‌देश्यपरक प्रकाशन हेतु मेरी हार्दिक शुभकामनाएँ।

(योगी आदित्यनाथ)

दूरभाष : 0522-2236181 / 2239296 • फैक्स : 0522-2239234 • इ-मेल : cmup@nic.in

डॉ. दिनेश शर्मा

99–100, विधान भवन
लखनऊ

उप मुख्यमंत्री एवं
नेता, सदन, विधान परिषद, उ.प्र.

मंगलाशा

शिक्षा के क्षेत्र में उत्कृष्ट कार्यशैली, सरलता, सहजता के लिए ख्यातिलब्ध इंजीनियर अवनीश कुमार सिंह का राष्ट्रीय शिक्षा नीति–2020 को केंद्र में रखकर चिंतन करना और चिंतन को पुस्तक का आकार देना एक सराहनीय प्रयास है। उनके सकारात्मक चिंतन को सँजोए यह रचना समाज के लिए उपयोगी सिद्ध होगी।

ऐसी मंगलकामना के साथ मैं उन्हें बधाई देता हूँ, मेरा आशीर्वाद सदैव उनके साथ रहेगा।

(डॉ. दिनेश शर्मा)

अपनी बात

अस्सी और नब्बे दशक के शिक्षा का काल उबाऊ और नीरस पाठ्यक्रमों से मुक्त था। जिसमें छात्र को अपनी रुचि के अनुरूप विकल्प उपलब्ध नहीं था तथा तब से लेकर अब तक सभी छात्र अपने मनोवुकूल विषय पढ़ने से रहे हैं। संप्रति शिक्षा नीति में छात्रों के बौद्धिक विकास के स्थान पर पाठ्यक्रमों को रटने पर जोर दिया जाता रहा है। विद्यार्थी जीवन से ही मस्तिष्क में एक सपना था कि काश! ऐसी शिक्षा व्यवस्था होती, जिसमें जो विषय मुझे अच्छे लगते हैं, वे पढ़ने को मिल पाते, लेकिन हम परंपरागत ढाँचे में ढली शिक्षा के अनुसार पढ़ने के लिए विवश हैं, हमारे पास रुचि के अनुरूप पढ़ने के लिए कोई विकल्प ही नहीं है। हम लोगों को विज्ञान वर्ग, कला अथवा कॉमर्स आदि निर्धारित पाठ्यक्रम से ही विषय चुनने पड़ते हैं। यदि गणित पढ़नी है तो भौतिक विज्ञान पढ़ना ही पड़ेगा और यदि रसायन विज्ञान अच्छी लगती है तो कक्षा दसवीं में गणित भौतिक और जीव विज्ञान विवश होकर पढ़ना ही पड़ेगा, पसंद-नापसंद का विकल्प ही नहीं। घर में माता-पिता परिश्रम करके मनपसंद खाना, कपड़े आदि सुख-सुविधाएँ तो उपलब्ध करा देते, लेकिन जिन विषयों से मेरा भविष्य बनता, जिनमें मेरी रुचि होती, वैसे विषय मैं नहीं पढ़ सकता था, जिससे मेरे अंदर के विद्यार्थी का मन विचलित ही हुआ। जीवन आगे बढ़ा तो परिस्थितियाँ बदलीं और मैं विद्यार्थी से शिक्षण संस्थाओं का संचालक बन गया। अब एक नई विवशता थी, जो शिक्षा व्यवस्था स्वयं को अच्छी नहीं लगती थी, वही परंपरागत पढ़ाई करने के लिए विद्यार्थियों को प्रेरित करना पड़ रहा है, जो शिक्षा व्यवस्था की विवशता है।

मेरी इलेक्ट्रॉनिक में रुचि थी, मैं सब जरूरत के सामान ढूँढ़कर कुछ बना भी लेता तो शिक्षकों का कभी-कभार थोड़ा प्रोत्साहन तो प्राप्त कर लेता, नहीं तो

अक्सर डाँट ही खाता और यह सुनने को मिलता कि तुम यही सब करते रहो, हाई स्कूल में अच्छे नंबर नहीं आए तो फिर समझ लो, जिससे लगता कि नंबर अच्छे नहीं आए तो जीवन समाप्त हो जाएगा, मतलब अगर नया कुछ करने का मन करे तो भी आप नहीं कर सकते, क्योंकि आपको तो नंबर केंद्रित शिक्षा में ही शिक्षा अर्जित करनी है। इतना डर अभिभावक और शिक्षक की तरफ से कि बेटा, अगर दिए गए विषयों में इधर–उधर कुछ सोचा तो जीवन समाप्त। काश, उन अतिरिक्त क्रियाकलापों, जैसे मॉडल बनाना, कोई नया आविष्कार करने की सोचना आदि का कोई अंक होता तो कितना अच्छा रहता, लेकिन हमारी शिक्षा व्यवस्थाओं में ऐसा कोई प्रावधान नहीं था। राष्ट्रीय शिक्षा नीति–2020 में ए.बी.सी. बैंक के अंतर्गत छात्र को हर अतिरिक्त प्रतिभा प्रदर्शन, क्रियाकलाप का अंक मिलेगा, जिससे उसका कॅरियर उत्तरोत्तर प्रगति–पथ पर अग्रसर होगा।

एक लड़का, जो गणित में बहुत अच्छा था, लेकिन घर का वातावरण, पढ़ाई–लिखाई का न होने के कारण वह कला वर्ग/विज्ञान वर्ग का भेद नहीं जान पाया; परिणामस्वरूप उसका प्रवेश कला वर्ग में हो गया। वह प्रारंभिक गणित पढ़ने लगा। कक्षा 10 में प्रा. गणित में 90 प्रतिशत से अधिक अंक लाने के बाद भी जब वह कक्षा 11 में प्रवेश लेने गया तो उसे रुचि के बावजूद भौतिक विज्ञान, रसायन विज्ञान पढ़ने को नहीं मिले और वह आगे की पढ़ाई न कर सका। इस तरह हमने एक अच्छे छात्र को खो दिया। दोष तो उसका नहीं, बल्कि शिक्षा प्रणाली का था। नई शिक्षा नीति में ऐसे होनहार बच्चों को पूरा–का–पूरा अवसर प्राप्त होगा, वह अपने मनोनुकूल विषयों का अध्ययन करने का अवसर प्राप्त करेगा जिससे एक सुदृढ़ और प्रतिभाशाली भारत का सृजन होगा।

एक बात जो अब तक दिमाग को परेशान करती है, शायद शिक्षा नीति लागू होने के बाद न करे। वह यह है कि गणित के सूत्र रटने से जीवन में क्या लाभ होगा? हिंदी में साहित्य और व्याकरण का पंडित होने से क्या होगा? सामाजिक विज्ञान, शिक्षाशास्त्र, भूगोल, संस्कृत, आर्ट (कला) आदि विषयों को रटकर, यदि हम हमारा युवा छात्र नौकरी न पाए तो क्या होगा? यह तो अकर्मण्य होकर, बेरोजगार होकर घर बैठेगा। पी–एच.डी. करने के बाद भी वह गरीब रहेगा— ऐसी शिक्षा, जिसमें जीवन का महत्त्वपूर्ण समय लगा दिया, हमको एक अच्छे जीवनयापन का कॅरियर न दे सके। वह तो और खतरनाक स्थिति होती है, जिस देश में पी–एच.डी. वाला बेकार हो। परिवार न चला पाए व अनपढ़ मालामाल। यह दोष

तो सिर्फ शिक्षा प्रणाली का है। यही शिक्षा रोजगारोन्मुख होती तो पढ़े-लिखे समाज की जो दुर्दशा है, न होती। सरकारी नौकरी पाने की होड़ न होती। समाज में बेकारी व बेरोजगारी न होती। एक स्वस्थ समाज का निर्माण होता। यद्यपि इधर कुछ वर्षों में पी.एम. कौशल विकास योजना के अंतर्गत रोजगार, स्किल विकास करने के प्रयास किए गए, आज नई शिक्षा नीति में कक्षा 6 से ही व्यावसायिक शिक्षा प्रदान करने की योजना है, वह वाकई राष्ट्र को नई दिशा प्रदान करेगी। अब बच्चा कॉलेज से निकलकर मैकाले के उद्देश्य की पूर्ति नहीं करेगा, मतलब यह है कि वह अब क्लर्क नहीं बनेगा, बल्कि अपना रोजगार करेगा, मालिक बनेगा।

कहीं-कहीं व्यावसायिक शिक्षा विद्यालयों में है भी, तो नाममात्र की है। वहाँ इंटरमीडिएट उत्तीर्ण छात्रों को उच्च शिक्षा में कोई मुख्य कोर्स (पाठ्यक्रम) उपलब्ध नहीं हो पाता है, लेकिन राष्ट्रीय शिक्षा नीति-2020 में उच्च शिक्षा में भी ऐसे अवसर उपलब्ध रहेंगे। निस्संदेह जो सपनों में सोचा करते थे, आज वह हकीकत में बदलता नजर आ रहा है। यह राष्ट्रीय शिक्षा नीति-2020 राष्ट्र को बदलने, राष्ट्र को सुदृढ़ बनाने तथा राष्ट्र को आत्मनिर्भर बनाने की नीति सिद्ध होगी।

राष्ट्रीय शिक्षा नीति-2020 पर पुस्तक लिखने की कल्पना को यथार्थ रूप में परिणत करने में विशेष रूप से सहयोग करनेवाले मेरे सुभाष पी.जी. कॉलेज, कहली, तेरवा, गौसगंज (हरदोई) के श्री नीरज त्रिवेदी (विभागाध्यक्ष—बी.एड.), डॉ. सतीश कुमार सिंह (पूर्व हिंदी प्राध्यापक) को साधुवाद देता हूँ तथा उन सभी का, जिनका रंचमात्र भी सहयोग मिला है, के प्रति कृतज्ञता ज्ञापित करता हूँ।

प्राक्कथन

'ज्ञानं मनुजस्य तृतीयं नेत्रम्', वैदिक काल से ही शिक्षा को वह प्रकाश माना गया है, जो जीवन के प्रत्येक क्षेत्र को प्रकाशित करने का सामर्थ्य रखता है। यह एक निर्विवाद सत्य है कि शिक्षा किसी भी राष्ट्र या समाज की प्राणवायु है, उसकी प्रेरणा है, उसकी ऊर्जा है और किसी भी राष्ट्र का भविष्य उसके द्वारा हासिल किए गए शैक्षिक स्तर पर ही निर्भर करता है। शिक्षाविहीन समाज से विकसित राष्ट्र की कल्पना करना किसी भी देश के लिए संभव नहीं है। शिक्षित समाज ही राष्ट्र विकास की अवधारणा को साकार करने में समर्थ होता है। इंसान जन्म से लेकर अपने अस्तित्व के समाप्त होने तक शिक्षारत रहता है, बस यही कुछ बदलाव है तो वह है 'शिक्षा का स्वरूप', और यहीं से शिक्षा की भूमिका की शुरुआत होती है, जो किसी भी देश के लिए काल निरपेक्ष नहीं, वरन् काल-सापेक्ष होती है तो हमारा देश इससे अछूता कैसे रह सकता है ?

अंग्रेजी डिक्शनरी ऑक्सफोर्ड के अनुसार ज्ञान का अर्थ है—शिक्षा या अनुभव के माध्यम से तथ्य, सूचना या कौशल प्राप्त करना। ज्ञान किसी विषय के सैद्धांतिक या व्यावहारिक समझ को विकसित करता है। आदिम सभ्यता से लेकर आधुनिक सभ्यता तक मनुष्य समाज केवल अपने ज्ञान तथा उसके उपयोग के बल पर सबसे अलग रहा और सभी प्राणियों पर अधिकार स्थापित करने में सफल भी रहा है।

ज्ञान केवल शिक्षा के माध्यम से प्राप्त किया जा सकता है। किसी भी राष्ट्र की प्रगति और विकास वहाँ के निवासियों की शिक्षा के अधिकार की उपलब्धता पर निर्भर करता है। शिक्षा केवल व्यावसायिक कौशल के माध्यम से जीविका चलाने का नाम नहीं है, शिक्षा से ही राष्ट्र के नागरिकों में परिपक्वता तथा उनके व्यक्तित्व में एकीकरण स्थापित होता है। शिक्षा के द्वारा ही समाज सभ्य होता है। सभ्यता

के द्वारा लोकतंत्र की भावना का विकास होता है, जिससे पूरे देश में सामंजस्यपूर्ण वातावरण स्थापित होता है।

वैदिक काल में शिष्य गुरु के पास रहकर विद्या प्राप्त किया करता था। हमारे ऋषियों की दृष्टि में विद्या वही है, जो मनुष्य को अज्ञान के बंधन से मुक्त करा दे। भारत शिक्षा के क्षेत्र में जगत् गुरु कहलाया था। संसार में सबसे पहले सभ्यता संस्कृति और शिक्षा का उदय भारत की ही भूमि पर हुआ था। शिक्षा नगर के शोर से दूर महर्षियों के गुरुकुलों और आश्रमों में दी जाती थी। छात्र पचीस वर्ष तक ब्रह्मचर्य का पालन करता हुआ गुरुजनों के पास रहकर विज्ञान, नीति, युद्ध कला, वेद और शास्त्रों का अध्ययन करता था।

भारत में वैदिक युग से गुरुकुल में पीढ़ी-दर-पीढ़ी शिक्षा प्रदान की जाती रही है। यह शिक्षा केवल वैदिक मंत्र का ज्ञान मात्र नहीं थी, बल्कि छात्रों को पूर्ण व्यक्ति बनाने का माध्यम थी, जिसमें छात्रों के व्यावसायिक कौशल का विकास और उनके समुचित प्रशिक्षण की भी व्यवस्था थी, जिसके परिणामस्वरूप जो वर्ग युद्ध की कला में निपुण हो गया, वह क्षत्रिय कहलाया; जिस वर्ग ने शिक्षा देने, ज्ञान देने के कौशल का विकास कर लिया, वह ब्राह्मण कहलाया; और विशिष्ट व्यावसायिक पाठ्यक्रमों को सीखकर आगे बढ़ते लोग वैश्य कहलाए; जो कुछ नहीं सीख पाए, शिक्षा से वंचित रहे या रखे गए, वे शूद्र कहलाए। वर्तमान में शिक्षा की इस कमी को दूर करने के लिए समाज में सभी को शिक्षा के समान अवसर देने के लिए पूरे समाज में समावेशी विकास को ध्यान में रखते हुए आरक्षण की व्यवस्था की गई। नीची जातियों को निःशुल्क शिक्षा तथा देश की सरकारी नौकरियों में आरक्षित सीटों की व्यवस्था की गई।

भारत की प्राचीन संस्कृति अत्यंत गौरवपूर्ण थी। यहाँ अनेक ऋषि, मुनि, विचारक, दार्शनिक पैदा हुए, जिन्होंने अपने उर्वरक मस्तिष्क से अनेक ग्रंथों का प्रणयन किया। वेद विश्व के प्राचीनतम लिखित ग्रंथ हैं। उनसे ज्ञात होता है कि उन दिनों हमारे देश में शिक्षा का काफी प्रचार व प्रसार था। यह विद्या का केंद्र था। यहाँ विदेशी लोग भी विद्या ग्रहण करने के लिए आते। धीरे-धीरे समय परिवर्तित हुआ, शिक्षा में भी अनेक परिवर्तन हुए। जो भी देश का शासक रहा, उसने शिक्षा प्रणाली को भी अपने अनुरूप बनाने का प्रयास किया। शिक्षा देने की प्राचीन धारा ने आधुनिक शिक्षा प्रणाली का रूप ग्रहण किया, जो अनेक गुण व दोषों से भरी हुई है।

निरक्षरता किसी भी समाज के लिए अभिशाप है। कोई भी राष्ट्र उतना ही उन्नत और सशक्त होगा, जितने वहाँ के निवासी शिक्षित और सभ्य होंगे। शिक्षा सभी बुराइयों को दूर करने में मदद करती है।

किसी ने एकदम सत्य कहा है कि जब आप किसी एक महिला को शिक्षित करते हैं तो आप एक परिवार को शिक्षित करते हैं। दुर्भाग्य है कि 20वीं सदी के अंत तक भारत की महिलाएँ अधिकांशत: शिक्षा से वंचित रही हैं, लेकिन 21वीं सदी के आरंभ से नारी शिक्षा के क्षेत्र में आशातीत प्रगति देखने को मिल रही है। उन्हें विभिन्न प्रकार की सुविधाएँ प्रदान की जा रही हैं। शिक्षा एक व्यक्ति को अपनी क्षमता का पता लगाने में मदद करती है, जो बदले में एक मजबूत और एकजुट समाज को बढ़ावा देती है।

शिक्षा स्त्री और पुरुषों दोनों के लिए समान रूप से आवश्यक है, क्योंकि स्वस्थ और शिक्षित समाज का निर्माण दोनों द्वारा मिलकर ही किया जाता है। यह उज्ज्वल भविष्य के लिए आवश्यक यंत्र होने के साथ ही देश के विकास और प्रगति में भी बहुत महत्त्वपूर्ण भूमिका निभाती है। इस तरह उपयुक्त शिक्षा दोनों के उज्ज्वल भविष्य का निर्माण करती है। शिक्षित समाज राष्ट्र का निर्माण करके इसे सफलता और प्रगति के रास्ते की ओर ले जाता है। शिक्षा जहाँ तक संभव होता है उस सीमा तक लोगों को बेहतर और सज्जन बनाने का कार्य करती है।

किसी भी राष्ट्र अथवा समाज में शिक्षा सामाजिक नियंत्रण, व्यक्तित्व निर्माण तथा सामाजिक व आर्थिक प्रगति का मापदंड होती है। भारत की वर्तमान शिक्षा प्रणाली ब्रिटिश प्रतिरूप पर आधारित है, जिसे सन् 1835 में लागू किया गया। जिस तीव्र गति से भारत के सामाजिक, राजनीतिक व आर्थिक परिदृश्य में बदलाव आ रहा है, उसे देखते हुए यह आवश्यक है कि हम देश की शिक्षा प्रणाली की पृष्ठभूमि, उद्‍देश्य, चुनौतियों तथा संकट पर गहन अवलोकन करें। सन् 1835 में जब वर्तमान शिक्षा प्रणाली की नींव रखी गई थी, तब लार्ड मैकाले ने स्पष्ट शब्दों में कहा था कि अंग्रेजी शिक्षा का उद्‍देश्य भारत में प्रशासन के लिए बिचौलियों की भूमिका निभाने तथा सरकारी कार्य के लिए भारत के विशिष्ट लोगों को तैयार करना है।

सन् 1833 में लार्ड मैकाले की शिक्षा नीति ने ऐसी शिक्षा प्रणाली की नींव डाली, जो आज तक हिल नहीं सकी है। मैकाले ने कहा कि भारत में ऐसी शिक्षा प्रणाली लागू की जाए, जिसके द्वारा ऐसे बच्चों का निर्माण किया जाए,

जो देखने में भारतीय और स्वभाव से अंग्रेज बन जाएँ, वही शिक्षा प्रणाली थोड़े-बहुत युग-परिवर्तन के साथ परिवर्तित होती रहती है। मैकाले की शिक्षा नीति पर आधारित अंग्रेजी शासन काल में उन्होंने निहित स्वार्थ के लिए विद्यालय, कॉलेज व विश्वविद्यालयों का निर्माण किया, जिनमें भारतीयों के लिए ज्ञान-विज्ञान के वातायन खुले हुए थे। इस तरह उन्होंने भारतीयों को आधुनिक शिक्षा के अवसर प्रदान कर दिए।

शिक्षा व्यक्ति के जीवन को आकार देने में महत्त्वपूर्ण भूमिका निभाती है। यह हमें सभ्य और सार्थक जीवन जीने के विभिन्न अवसर प्रदान करती है। शिक्षा के माध्यम से हम सही और गलत के बीच अंतर करने में सक्षम होते हैं और जमीनी स्तर से ऊपर उठने में भी सक्षम बनते हैं। शिक्षा एक उपकरण है, जो हमें हमारे समाज के नियमों और विनियमों को सीखने की अनुमति देता है, जिसमें हम रहते हैं। इसलिए यदि आप एक सफल जीवन जीना चाहते हैं तो आपका पहला कदम सही शिक्षा लेना और अपने कौशल और ज्ञान को सही दिशा में विकसित करना चाहिए। एक राष्ट्र तभी विकसित हो सकता है, जब अधिक-से-अधिक लोग शिक्षित हों। हमारी पहली शिक्षा हमारे बचपन में घर पर शुरू होती है और हमारे पहले शिक्षक हमारे माता-पिता हैं। घर पर हमें विभिन्न चीजों के बारे में सिखाया जाता है, जो हमें जीवन के सही पहलुओं को समझने में मदद करते हैं। ऐसे कई कारण हैं, जिनकी वजह से लोगों को शिक्षा प्राप्त करने की आवश्यकता है। नई चीजों को सीखने के लिए एक सम्मानजनक नौकरी पाने के लिए अथवा सफल जीवन जीने के लिए एक व्यक्ति को शिक्षा प्राप्त करने की आवश्यकता होती ही है।

हम शिक्षा के माध्यम से अपने सामाजिक कौशल को बढ़ाने में सक्षम होते हैं। हम विभिन्न सामाजिक समूहों में रह सकते हैं और फल-फूल सकते हैं और हम समाज के लोगों के साथ संवाद स्थापित करने में बेहतर हो सकते हैं। शिक्षा एक स्वस्थ और बेहतर समाज के विकास में मदद करती है। शिक्षित लोग जीवन में सफलता पाने के लिए एक-दूसरे को समझने और उनकी मदद करने में समर्थ होते हैं। एक बार जब आप शिक्षित हो जाते हैं तो आप यह समझने में सक्षम होते हैं कि कौन सा क्षेत्र आपके लिए सही है, जो आपको जीवन में एक सफल व्यक्ति बना देगा। आप जिस क्षेत्र में रुचि रखते हैं, उस क्षेत्र में उत्कृष्ट प्रदर्शन करके अपने कॅरियर में आगे बढ़ सकते हैं।

शिक्षा का उद्देश्य अनुशासन, आदर-सत्कार की भावना, नम्रता और चरित्र का निर्माण होता है, जो मानव का सर्वोपरि धन है। दया, क्षमा, संतोष, सहानुभूति, आत्मसंयम, परोपकार, स्वदेश भक्ति आदि का ज्ञान होना आज के विद्यार्थियों के लिए बहुत आवश्यक है, क्योंकि विद्यार्थी ही किसी समाज या राष्ट्र की रीढ़ की हड्डी होते हैं। भारत के चारित्रिक पतन को रोकने के लिए प्राचीन भारत की आदर्श शिक्षा प्रणाली की ओर पुन: एक बार निहारना होगा। क्योंकि भारत भारत है और यूरोप यूरोप। दोनों के मूल चिंतन में मौलिक अंतर है। ऋषियों द्वारा तप:पूत शिक्षा ही आज भारत की माँग होनी चाहिए।

शिक्षा ही देश की प्रगति की बुनियाद है। शिक्षा में आवश्यक व आमूल-चूल सुधार के बिना भारत प्रगति की राह पर मंद गति से चल रहा है, इसलिए शिक्षा का बुनियादी ढाँचा बिल्कुल बदल दिया जाए। जीवन के अमूल्य समय को मानव विद्यालयों में खर्च करता है, यदि यह समय व्यावहारिक ज्ञान प्राप्त करने में लग जाए तो हर व्यक्ति अपनी रुचि के अनुकूल आजीविका कमा सकता है।

वाणी, कर्म और विचार की शुद्धि को पाना ही शिक्षा का परम लक्ष्य है, लेकिन आज शिक्षा भ्रष्ट हो चुकी है। विद्यार्थियों को शुद्ध विचार, चरित्र, नई चेतना, प्रेरणा तथा नया दृष्टिकोण प्रदान करना शिक्षा का मुख्य लक्ष्य होता है।

पूँजीवादी अर्थव्यवस्था के नए चेहरे, निजीकरण तथा उदारीकरण की विचारधारा से शिक्षा को भी 'उत्पाद' की दृष्टि से देखा जाने लगा है, जिसे बाजार में खरीदा-बेचा जाता है। इसके अतिरिक्त उदारीकरण के नाम पर राज्य भी अपने दायित्वों से विमुख हो रहे हैं। इस प्रकार सामाजिक संरचना से वर्तमान शिक्षा प्रणाली के संबंधों, पाठ्यक्रमों का गहन विश्लेषण तथा इसकी मूलभूत दुर्बलताओं का गंभीर रूप से विश्लेषण की चेष्टा न होने के कारण भारत की वर्तमान शिक्षा प्रणाली आज भी संकटों के चक्रव्यूह में घिरी हुई है। प्रत्येक दस वर्षों में पाठ्य-पुस्तकें बदल दी जाती हैं, लेकिन शिक्षा का मूलभूत स्वरूप परिवर्तित कर इसे रोजगारोन्मुखी बनाने की आवश्यकता है। हमारी वर्तमान शिक्षा प्रणाली गैर-तकनीकी छात्र-छात्राओं की एक ऐसी फौज तैयार कर रही है, जो अंततोगत्वा अपने परिवार व समाज पर बोझ बनकर रह जाती है। अत: शिक्षा को राष्ट्र-निर्माण व चरित्र-निर्माण से जोड़ने की नितांत आवश्यकता है।

इस देश में जितनी शिक्षा बढ़ रही है, उतना ही चरित्र लोगों का घटता जा रहा है। सदाचार आकाश से नहीं गिरता, अपितु यह मानव के अंदर बचपन से पैदा

किया जाता है। यदि अब भी भारत अपना पूर्व गौरव प्राप्त करना चाहता है तो सभी पाठशालाओं, विद्यालयों, महाविद्यालयों तथा विश्वविद्यालयों के प्रत्येक छात्र तथा छात्रों को नैतिक शिक्षा प्रदान करने पर बल दिना होगा। आज की शिक्षा कलम के कारीगर बनाकर प्रमाण-पत्र तो दे देती है, परंतु जीवन क्षेत्र में उतरने का सबल आधार नहीं देती।

भारत के स्वतंत्र होने पर भारत सरकार ने शिक्षा में सुधार के लिए अनेक शिक्षा आयोग बैठाए, जिनमें राधाकृष्णन आयोग, मुदालियर आयोग, कोठारी आयोग प्रमुख हैं। ये आयोग मैकाले शिक्षा नीति में आमूल-चूल परिवर्तन करने में असफल रहे। इन्हें मैकाले शिक्षा का संशोधन मात्र कहना उचित होगा। आज तक जो भी शिक्षा के संबंध में आयोग बैठे, उन्होंने मैकाले अंग्रेजियत को दूर करने का तनिक भी प्रयास नहीं किया।

अंग्रेजों द्वारा प्रदत्त स्वरूप को आधुनिक शिक्षा प्रणाली बदल नहीं सकी है। कक्षा पाँच तक प्राइमरी शिक्षा, उसके बाद बारहवीं कक्षा तक माध्यमिक शिक्षा और उसके बाद उच्च शिक्षा शुरू होती है। उनके नाम आज भी प्राइमरी, मिडिल, हाई स्कूल, इंटर, बी.ए., एम.ए., बी.एड., एल-एल.बी., पी-एच.डी. आदि अंग्रेजों के दिए हुए नाम ही प्रयोग में लाए जा रहे हैं।

अध्यापक पढ़ाकर खुश नहीं, विद्यार्थी पढ़कर खुश नहीं, विश्वविद्यालय और बोर्ड अपने कार्यों में दृढ़ नहीं। सभी क्षेत्रों में अवहेलना और कर्तव्यहीनता पनपती जा रही है। जब कुएँ में ही पानी नहीं, तब बाल्टी में क्या आएगा! जो अध्यापक स्वयं गुणवान नहीं हैं, वे बच्चों को जिन्हें भविष्य में राष्ट्र-निर्माता बनना है, क्या अच्छी शिक्षा दे सकते हैं? चिकित्सक की गलती श्मशान में छिप जाती है, वकील की गलती कागजात पर छुप जाती है, इंजीनियर की गलती सीमेंट में छुप जाती है, परंतु अध्यापक की गलती छुपने की बजाय समूचे राष्ट्र पर झलक जाती है।

आधुनिक शिक्षा प्रणाली ने राष्ट्र को ऐसे घेरे में लाकर खड़ा कर दिया है, जहाँ केवल पेट की पूर्ति दिखाई देती है। जीवन की सच्चाई का गला घोंटने वाली यह शिक्षा जिंदगी जीने का नहीं, अपितु जिंदगी रोने का पाठ पढ़ाती है। सिर पर उपाधियों का बोझ लिये हुए जीवन की सड़क पर चलता-चलता थक जाता है, परंतु उपाधियों की गठरी उसे ठीक तरह से जीना नहीं सिखा पाती।

राष्ट्रपिता महात्मा गांधीजी ने कहा था, "यदि मेरा वश चले तो मैं इस शिक्षा को जड़-मूल से बदल दूँ और शिक्षा को समाज की आवश्यकता के साथ जोड़

दूँ। बच्चों को जैसी शिक्षा दी जाएगी, वैसे ही बनेंगे।" इन्हें आज ऐसी शिक्षा दी जा रही है, जिससे हमारे देशभक्तों, विद्वानों, ऋषि-मुनियों का इतिहास साफ हो रहा है। आज नंगे नाच, क्लबों और सिनेमाओं की शिक्षा ने युवा पीढ़ी का चरित्र गिरा दिया है। विंध्य पर्वत के वन में भूखा-प्यासा होकर मर जाना अच्छा, तिनकों से ढके सर्पों से भरे हुए कुएँ में गिरकर प्राण दे देना अच्छा है, पानी के भँवर में डूब जाना भी उत्तम है, लेकिन शिष्ट पढ़े-लिखे मनुष्य का चरित्र से वंचित हो जाना ठीक नहीं है। *आचारहीन व पुनर्न्ति वेदा:।* अर्थात् चरित्रहीन को वेद भी पवित्र नहीं कर सकते। जिस प्रकार सोने के लिए कांति और फूल के लिए सुगंध का होना आवश्यक है, उसी प्रकार मनुष्य के लिए सदाचार का होना आवश्यक है। इस देश में जितनी शिक्षा बढ़ रही है, उतना ही चरित्र लोगों का घटता जा रहा है। सदाचार स्वयं उद्भूत होता, अपितु व्यक्ति अपने समाज से, गुरुओं से, आदर्श व्यक्तियों से प्राप्त करता है।

'गांधी, गाँव और गरीब' को अपनी प्रेरणा माननेवाले विद्वान् जन और शिक्षा पर बेतहाशा बढ़ते जा रहे खर्च और आधारभूत शैक्षिक सुविधाओं के अभाव और शिक्षा प्रणाली के तमाम विवादों के बीच यह सवाल और अधिक प्रासंगिक हो जाता है कि असली भारत क्या है? उसकी बुनियादी जरूरतें क्या हैं? लेकिन इस पर सोचे कौन, किसे मतलब है? वही ढाक के तीन पात वाली सरकार की मंशा, जो तमाम उपायों के बावजूद नौकरशाही के सड़े-गले अंशों के बीच रेंग रहे हैं। तो फिर उपाय क्या है? सीधी बात है—'कुछ सरकार करे और कुछ हम करें' तभी बात बन सकती है। हाँ, पूरे भारतवर्ष के लिए शिक्षा के एक ही मॉडल या नियामक नहीं हो सकते। दक्षिण भारत जहाँ साक्षरता अधिक है, वहाँ का मॉडल हम पूर्वोत्तर राज्यों में लागू नहीं कर सकते। हाँ, हमें यह नहीं भूलना चाहिए कि दुनिया में जहाँ कहीं भी क्रांति हुई है, बड़ा सामाजिक परिवर्तन हुआ है या आर्थिक विकास हुआ, स्थानीय भाषा में काम करने से हुआ है। ज्ञान के भंडार का अवतरण अगर जनभाषा में नहीं होता है तो किसी व्यापक सामाजिक परिवर्तन की बात करनी बेईमानी ही है।

समतामूलक समाज या विकसित राष्ट्र का निर्माण कैसे हो सकता है, जब ज्ञान एक खास वर्ग तक ही सीमित हो? शिक्षा इतनी महँगी हो जाए कि आम नागरिक उसे हासिल ही न कर सके?

रवींद्रनाथ टैगोर ने कहा था कि मानव की जितनी भी उपलब्धियाँ हैं, शिक्षा उनमें सबसे बढ़कर है। अंग्रेजी के लोभपूर्ण आतंक के आगे सोचना पड़ जाता है

कि जिस प्रकार गुण के बिना रूप और उपयोग के बिना धन व्यर्थ है, ठीक उसी प्रकार विनम्रता के बिना विद्या, ज्ञान या शिक्षा व्यर्थ है। शिक्षा को प्रचारित-प्रसारित करनेवाली तकनीकें और माध्यमों का विस्तार हुआ है। पाठ्य-पुस्तकें, समाचार-पत्र, रेडियो, टेलीविजन और अब तो इंटरनेट भी जानकारियाँ देने और सूचना पहुँचाने के ही माध्यम हैं, भारत में किसी भी युग में शिक्षा के इतने संसाधन शायद ही रहे हैं। परंतु यह भी उतना ही सच है कि शिक्षा के क्षेत्र में विसंगतियाँ घटने या खत्म होने के बजाय बढ़ती ही गईं। एक शिक्षित समाज मेलजोल सामूहिकता या एकीकरण की अनिवार्य भावनाओं का बोध कहीं अधिक गहराई और तीव्रता से कर सकता है। शिक्षा ही यह भूमिका अदा कर सकती है कि भारत विकास के पथ पर लगातार आगे बढ़ता रहे, भारत के नागरिक मानव जीवन के चरम लक्ष्यों को प्राप्त करने की दिशा में अग्रसर हों और भारत पुनः ज्ञानगुरु का दर्जा प्राप्त कर सके। मैथिलीशरण गुप्त ने कहा है—

"आए नहीं थे स्वप्न में भी जो किसी के ध्यान में,
वे प्रश्न पहले हल हुए थे एक हिंदुस्तान में।"

किसी देश में स्वभाषा, स्व-संस्कृति के ज्ञान से स्वतः ही राष्ट्र-प्रेम, समाज प्रेम व जन-प्रेम पैदा होता है। देश में सबके लिए एक जैसी शिक्षा प्रणाली हो। शिक्षा का माध्यम स्वभाषा हो, इसके द्वारा अपनत्व की भावना बढ़ती है। शिक्षा को जीवनोपयोगी बनाया जाए। दसवीं कक्षा तक थोड़ा-थोड़ा सभी विषयों का ज्ञान देकर उसके बाद केवल व्यावहारिक शिक्षा देनी चाहिए। जापान में बड़े-बड़े विशेषज्ञ शिक्षा में केवल आठवीं व दसवीं पास होते हैं। राष्ट्र-प्रेम व नैतिक-शिक्षा पर विशेष बल दिया जाए। हमारे यहाँ धार्मिक शिक्षा, विज्ञान की शिक्षा व सैनिक शिक्षा अनिवार्य कर देनी चाहिए। शिक्षा ही देश की प्रगति की बुनियाद है। शिक्षा में आवश्यक व आमूल-चूल सुधार के बिना भारत प्रगति की राह पर जिस गति से चलना चाहिए था, नहीं चल पा रहा है, इसलिए अच्छा होगा कि शिक्षा का बुनियादी ढाँचा बिल्कुल ही बदल दिया जाए।

शिक्षा के महत्त्व को समझते हुए भारतीय संविधान ने अनुसूचित जातियों व जनजातियों के लिए शिक्षण संस्थाओं व विभिन्न सरकारी अनुष्ठानों आदि में आरक्षण की व्यवस्था की गई। पिछड़ी जातियों को भी इन सुविधाओं के अंतर्गत लाने का प्रयास किया गया। स्वतंत्रता के बाद हमारी साक्षरता-दर तथा शिक्षण संस्थाओं की संख्या में निस्संदेह वृद्धि हुई है।

वर्तमान युग में सभी के लिए समान अवसर, समाज के समग्र विकास की आवश्यकता को पहचानने के लिए सरकार ने 6 से 14 वर्ष के बीच की आयु वर्ग वाले सभी बच्चों के लिए मुफ्त और अनिवार्य शिक्षा की सुविधा के लिए भारतीय संविधान में विभिन्न प्रावधान किए गए। यही नहीं, भारत सरकार द्वारा बच्चों को प्रोत्साहित करने के लिए मध्याह्न भोजन, यूनिफॉर्म, मुफ्त शिक्षा की व्यवस्था की गई है। एक अन्य महत्त्वपूर्ण पहल में सरकार ने लड़कियों की शिक्षा के लिए आर्थिक सहायता और मुफ्त शिक्षा की घोषणा भी की है। इस योजना से एकल परिवार की सभी लड़कियों को विद्यालय में उच्च स्तर पर मुफ्त शिक्षा प्रदान करने के उद्देश्य से प्रोत्साहित किया गया है।

अनुक्रम

भारत में शिक्षा-पद्धति का विकास

वैदिक और बौद्ध काल में शिक्षा

वेदकालीन युग में शिक्षा का सर्वाधिक प्रमुख उद्देश्य छात्रों में अच्छे संस्कारों का विकास करना था। शिक्षा के द्वारा वैदिक आदर्शों के अनुरूप संस्कारों को छात्रों में विकसित किया जाता था। ब्रह्मचर्य, सदाचार, परमार्थ, जनहित भावना, परोपकार, सामाजिक भोजन, गुरु व बड़ों का आदर, कर्तव्य-पालन, सत्य वादन, धर्म के प्रति निष्ठा, श्रम के प्रति रुचि, उच्च विचार आदि संस्कारों को विकसित करके छात्रों को संस्कार युक्त बनाया जाता था। प्राचीन शिक्षा-पद्धति के अंतर्गत ज्ञान एवं अनुभव का समन्वय करके शिक्षा प्रदान की जाती थी, जिसके फलस्वरूप शिक्षार्थी ज्ञान को आत्मसात् करने में सफल हो पाते थे। इस शिक्षा-पद्धति में चिंतन, मनन, स्वाध्याय इत्यादि के द्वारा शिक्षार्थियों को यथासंभव योग्य व कुशल बनाने को प्रयास गुरुजनों द्वारा किया जाता था। इस उद्देश्य के संदर्भ में डॉ. आर.के. मुखर्जी ने लिखा है—"शिक्षा का उद्देश्य पढ़ना नहीं, वरन् ज्ञान एवं अनुभव का आत्मसात् करना था।"

वैदिक युग में शिक्षा का दूसरा प्रमुख उद्देश्य मानव का आत्मिक विकास करना था। उस काल में मानव जीवन को अत्यधिक सरल, स्वाभाविक तथा पवित्र बनाने का प्रयास किया जाता था। जीवन का अंतिम लक्ष्य मोक्ष की प्राप्ति था। मनुष्य की ईश्वर में पूर्ण आस्था था तथा धर्म के द्वारा सत्य तक पहुँचकर मोक्ष प्राप्त करने का प्रयास किया जा रहा था।

वैदिक कालीन शिक्षा का एक अन्य महत्त्वपूर्ण गुण छात्रों की चित्तवृत्तियों को संयमित करना था। प्राचीन भारतीय शिक्षाविद् जीवन को सफल बनाने हेतु आत्मज्ञान एवं आत्मसंयम का समान महत्त्व मानते थे। इसी कारणवश वैदिक काल में शिक्षार्थियों को न केवल मौखिक या सैद्धांतिक रूप से सत्य का ज्ञान कराया

जाता था, अपितु सत्य के मार्ग पर चलने के लिए उन्हें आत्मसंयम की दिशा में प्रशिक्षण भी प्रदान किया जाता था। इसी उद्‌देश्य से शिक्षार्थियों को भिन्न-भिन्न प्रकार की कठोर परीक्षाओं में अपने को खरा सिद्ध करना आवश्यक था। शिक्षार्थियों को दिनचर्या का कठोरता से पालन करना पड़ता था। डॉ. आर.के. मुखर्जी के अनुसार—"मन के उन कार्यों का निषेध था, जिनके कारण यह भौतिक जगत् में उलझ जाता है।"

वैदिक काल में शिक्षार्थियों के चरित्र-निर्माण तथा विकास पर विशेष ध्यान दिया जाता था। इसी को शिक्षा का प्रमुख उद्‌देश्य समझा जाता था। वैदिक काल में ज्ञान संपन्न, परंतु चरित्रहीन व्यक्ति को अत्यंत निम्न दृष्टि से देखा जाता था। शिक्षार्थियों के चारित्रिक निर्माण हेतु उनमें आरंभ से ही विभिन्न नैतिक प्रवृत्तियों का विकास करना नितांत आवश्यक माना जाता था। गुरुजन शिक्षार्थियों को सदाचरण के उपदेश देते थे एवं स्वयं अपने उन्नत चरित्र को उदाहरणस्वरूप शिक्षार्थियों के सामने प्रस्तुत करते थे।

प्राचीन भारत में जिस शिक्षा व्यवस्था का निर्माण किया गया था, वह समकालीन विश्व की शिक्षा व्यवस्था से समुन्नत व उत्कृष्ट थी, लेकिन कालांतर में भारतीय शिक्षा व्यवस्था का ह्रास हुआ। विदेशियों ने यहाँ की शिक्षा व्यवस्था को उस अनुपात में विकसित नहीं किया, जिस अनुपात में होना चाहिए था। अपने संक्रमण काल में भारतीय शिक्षा को कई चुनौतियों व समस्याओं का सामना करना पड़ा। आज भी ये चुनौतियाँ व समस्याएँ हमारे सामने हैं, जिनसे दो-दो हाथ करना है।

सन् 1850 तक भारत में गुरुकुल की प्रथा चलती आ रही थी, परंतु मैकाले द्वारा अंग्रेजी शिक्षा के संक्रमण के कारण भारत की प्राचीन शिक्षा व्यवस्था का अंत हुआ और भारत में कई गुरुकुल बंद हुए तथा उनके स्थान पर कॉन्वेंट और पब्लिक स्कूल खोले गए।

भारत की प्राचीन शिक्षा आध्यात्मिकता पर आधारित थी। शिक्षा मुक्ति एवं आत्मबोध के साधन के रूप में थी। यह व्यक्ति के लिए नहीं, बल्कि धर्म के लिए थी। भारत की शैक्षिक एवं सांस्कृतिक परंपरा विश्व इतिहास में प्राचीनतम है। डॉ. अल्तेकर के अनुसार, "वैदिक युग से लेकर अब तक भारतवासियों के लिए शिक्षा का अभिप्राय यह रहा है कि शिक्षा प्रकाश का स्रोत है तथा जीवन के विभिन्न कार्यों में यह हमारा मार्ग आलोकित करती है।"

प्राचीन काल में शिक्षा को अत्यधिक महत्त्व दिया गया था। भारत 'विश्वगुरु'

कहलाता था। विभिन्न विद्वानों ने शिक्षा को प्रकाशस्रोत, अंतर्दृष्टि, अंतर्ज्योति, ज्ञानचक्षु और तीसरा नेत्र आदि उपमाओं से विभूषित किया है। उस युग की यह मान्यता थी कि जिस प्रकार अंधकार को दूर करने का साधन प्रकाश है, उसी प्रकार व्यक्ति के सब संशयों और भ्रमों को दूर करने का साधन शिक्षा है। प्राचीन काल में इस बात पर बल दिया गया कि शिक्षा व्यक्ति को जीवन का यथार्थ दर्शन कराती है। तथा इस योग्य बनाती है कि वह भवसागर की बाधाओं को पार करके अंत में मोक्ष को प्राप्त कर सके, जोकि मानव जीवन का चरम लक्ष्य है।

प्राचीन भारत की शिक्षा का प्रारंभिक रूप हम ऋग्वेद में देखते हैं। ऋग्वेद युग की शिक्षा का उद्देश्य था—तत्त्वसाक्षात्कार। ब्रह्मचर्य, तप और योगाभ्यास से तत्त्व का साक्षात्कार करनेवाले ऋषि, विप्र, कवि, मुनि, मनीषी के नामों से प्रसिद्ध थे। साक्षात्कृत तत्त्वों का मंत्रों के आकार में संग्रह होता गया वैदिक संहिताओं में, जिनका स्वाध्याय, सांगोपांग अध्ययन, श्रवण, मनन और निदिध्यासन वैदिक शिक्षा रही।

विद्यालय 'गुरुकुल', 'आचार्यकुल', 'गुरुगृह' इत्यादि नामों से विदित थे। आचार्य के कुल में निवास करता हुआ, गुरुसेवा और ब्रह्मचर्य व्रतधारी विद्यार्थी षडंग वेद का अध्ययन करता था। शिक्षक को 'आचार्य' और 'गुरु' कहा जाता था और विद्यार्थी को ब्रह्मचारी, व्रतधारी, अंतेवासी, आचार्यकुलवासी। मंत्रों के द्रष्टा अर्थात् साक्षात्कार करनेवाले ऋषि अपनी अनुभूति और उसकी व्याख्या और प्रयोग को ब्रह्मचारी, अंतेवासी को देते थे। गुरु के उपदेश पर चलते हुए वेदग्रहण करनेवाले व्रतधारी श्रुतर्षि होते थे। वेदमंत्र कंठस्थ किए जाते थे। आचार्य स्वर से मंत्रों का पारायण करते और ब्रह्मचारी उनको उसी प्रकार दोहराते चले जाते थे। इसके पश्चात अर्थबोध कराया जाता था। ब्रह्मचर्य का पालन सभी विद्यार्थियों के लिए अनिवार्य था, स्त्रियों के लिए भी आवश्यक समझा जाता था। आजीवन ब्रह्मचर्य पालन करनेवाले विद्यार्थी को नैष्ठिक ब्रह्मचारी कहते थे। ऐसी विद्यार्थिनी ब्रह्मवादिनी कही जाती थी।

यज्ञों का अनुष्ठान विधि से हो, इसलिए होता, उद्गाता, अध्वर्यु और ब्रह्मा को आवश्यक शिक्षा दी जाती थी। वेद, शिक्षा, कल्प, व्याकरण, छंद, ज्योतिष और निरुक्त उनके पाठ्य होते थे। पाँच वर्ष के बालक की प्राथमिक शिक्षा आरंभ कर दी जाती थी। गुरुगृह में रहकर गुरुकुल की शिक्षा प्राप्त करने की योग्यता उपनयन संस्कार से प्राप्त होती थी। 8वें वर्ष में ब्राह्मण बालक के, 11वें वर्ष में क्षत्रिय के और 12वें वर्ष में वैश्य के उपनयन की विधि थी। अधिक-से-अधिक यह 16,

22 और 24 वर्षों की अवस्था में होता था। ब्रह्मचर्य का पालन करते हुए विद्यार्थी गुरुगृह में 12 वर्ष वेदाध्ययन करते थे। तब वे 'स्नातक' कहलाते थे। समावर्तन के अवसर पर गुरुदक्षिणा देने की प्रथा थी। समावर्तन के पश्चात भी स्नातक स्वाध्याय करते रहते थे। नैष्ठिक ब्रह्मचारी आजीवन अध्ययन करते थे। समावर्तन के समय ब्रह्मचारी दंड, कमंडलु, मेखला, आदि को त्याग देते थे। ब्रह्मचर्य व्रत में जिन-जिन वस्तुओं का निषेध था, अब से उनका उपयोग हो सकता था। प्राचीन भारत में किसी प्रकार की परीक्षा नहीं होती थी और न कोई उपाधि दी जाती थी। नित्य पाठ पढ़ाने के पूर्व ब्रह्मचारी ने पढ़ाए हुए पृष्ठ को समझा है और उसका अभ्यास नियम से किया है या नहीं, इसका पता आचार्य लगा लेते थे। ब्रह्मचारी अध्ययन और अनुसंधान में सदा लगे रहते थे तथा वाद-विवाद और शास्त्रार्थ में सम्मिलित होकर अपनी योग्यता का प्रमाण देते थे।

भारतीय शिक्षा में आचार्य का स्थान बड़ा ही गौरव का था। उनका बड़ा आदर और सम्मान होता था। आचार्य विद्वान्, सदाचारी, क्रियावान, निःस्पृह, निरभिमान होते थे और विद्यार्थियों के कल्याण के लिए सदा कटिबद्ध रहते थे। अध्यापक छात्रों का चरित्र-निर्माण, उनके लिए भोजन-वस्त्र का प्रबंध, रुग्ण छात्रों की चिकित्सा-शुश्रूषा करते थे। कुल में सम्मिलित ब्रह्मचारी मात्र को आचार्य अपने परिवार का अंग मानते थे और उनसे वैसा ही व्यवहार रखते थे। आचार्य धर्मबुद्धि से निःशुल्क शिक्षा देते थे।

विद्यार्थी गुरु का सम्मान और उनकी आज्ञा का पालन करते थे। आचार्य का चरण-स्पर्श कर दिनचर्या के लिए प्रातः काल ही प्रस्तुत हो जाते थे। गुरु के आसन के नीचे आसन ग्रहण कर, सुसंयत वेश में रहना, गुरु के लिए दातौन इत्यादि की व्यवस्था करना, उनके आसन को उठाना और बिछाना, स्नान के लिए जल ला देना, समय पर वस्त्र और भोजन के पात्र को साफ करना, ईंधन संग्रह करना, पशुओं को चराना इत्यादि छात्रों के कर्तव्य माने जाते थे। विद्यार्थी ब्रह्ममुहूर्त में उठते थे और प्रातः कृत्यों से निवृत्त होकर स्नान, संध्या, होम आदि कर लेते थे, फिर अध्ययन में लग जाते थे। इसके उपरांत भोजन करते थे और विश्राम के पश्चात आचार्य के पाठ ग्रहण करते थे। सायंकाल समिधा एकत्र कर ब्रह्मचारी संध्या और होम का अनुष्ठान करते थे। विद्यार्थी के लिए भिक्षाटन अनिवार्य कृत्य था। भिक्षा से प्राप्त अन्न गुरु को समर्पित कर विद्यार्थी मनन और निदिध्यासन में लग जाते थे।

वेदों का अध्ययन श्रावण पूर्णिमा को उपाकर्म से प्रारंभ होकर पौष पूर्णिमा को

उपसर्जन से समाप्त होता था। शेष महीनों में अधीत पाठों की आवृत्ति, पुनरावृत्ति होती रहती थी। विद्यार्थी पृथक्-पृथक् पाठ ग्रहण करते थे, एक साथ नहीं। प्रतिपदा और अष्टमी को अनध्याय होता था। गाँव, नगर अथवा पड़ोस में आकस्मिक विपत्ति से और शिष्टजनों के आगमन से विशेष अनध्याय होते थे। अनध्याय में अधीत वेदमंत्रों की पुनरावृत्ति और विषयांतर का अध्ययन निषिद्ध न था। विनय के नियमों का उल्लंघन करनेवाले विद्यार्थी को दंड देने की परिपाटी थी। पाठ्यक्रम के विस्तार के साथ वेदों और वेदांगों के अतिरिक्त साहित्य, दर्शन, ज्योतिष, व्याकरण और चिकित्सा-शास्त्र इत्यादि विषयों का अध्यापन होने लगा। टोल, पाठशाला, मठ और विहारों में पढ़ाई होती थी।

काशी, तक्षशिला, नालंदा, विक्रमशिला, वल्लभी, ओदंतपुरी, जगद्दल, नदिया, मिथिला, प्रयाग, अयोध्या आदि शिक्षा के केंद्र थे। दक्षिण भारत के एन्नारियम, सलौत्गि, तिरुमुक्कुदल, मलकपुरम् तिरुवोरियूर में प्रसिद्ध विद्यालय थे। अग्रहारों के द्वारा शिक्षा का प्रचार और प्रसार शताब्दियों होता रहा। कादिपुर और सर्वज्ञपुर के अग्रहार विशिष्ट शिक्षा केंद्र थे। प्राचीन शिक्षा प्रायः वैयक्तिक ही थी। कथा, अभिनय इत्यादि शिक्षा के साधन थे। अध्यापन विद्यार्थी के योग्यतानुसार होता था, अर्थात् विषयों को स्मरण रखने के लिए सूत्र, कारिका और सारनों से काम लिया जाता था। पूर्वपक्ष और उत्तरपक्ष पद्धति किसी भी विषय की गहराई तक पहुँचने के लिए बड़ी उपयोगी थी। भिन्न-भिन्न अवस्था के छात्रों को कोई एक विषय पढ़ाने के लिए समकेंद्रीय विधि का विशेष रूप से उपयोग होता था। सूत्र, वृत्ति, भाष्य, वार्तिक इस विधि के अनुकूल थे। कोई एक ग्रंथ के बृहत् और लघु संस्करण इस परिपाटी के लिए उपयोगी समझे जाते थे।

बौद्धों और जैनों की शिक्षा-पद्धति भी इसी प्रकार की थी।

- डॉ. एस.के. अल्तेकर के अनुसार—"प्राचीन भारत में संभवतः 400 ई.पू. से पहले प्राथमिक शिक्षा की कोई व्यवस्था नहीं थी। उस समय तक बालक का परिवार ही उसकी शिक्षा का केंद्र था। उसके बाद कुछ ब्राह्मणों ने व्यक्तिगत रूप में शिक्षा देने का कार्य आरंभ किया।" इसके परिणामस्वरूप जिस शिक्षा प्रणाली का विकास हुआ, उसमें प्राथमिक और उच्च शिक्षा की समुचित व्यवस्था थी। प्राचीन भारत में शिक्षा के यही दो स्तर थे।
- प्राथमिक शिक्षा का आरंभ 5 वर्ष की आयु में 'विद्यारंभ संस्कार' से

होता था और सभी जातियों के बालकों के लिए अनिवार्य था। इसका अभिप्राय यह है कि सभी जातियों के बालक प्राथमिक शिक्षा ग्रहण कर सकते थे। इस शिक्षा की अवधि का ज्ञान प्राप्त करने के लिए कोई स्रोत उपलब्ध नहीं है, पर डॉ. ए.एस. अल्तेकर के अनुसार इसकी अवधि छह वर्ष की थी।

- प्राथमिक शिक्षा के अंतर्गत बालकों को पहले कुछ वैदिक मंत्रों का उच्चारण करना और बोलना सिखाया जाता था। जब वे उन मंत्रों को कंठस्थ कर लेते थे, तब उनको पढ़ने और लिखने की शिक्षा दी जाती थी। भाषा का वांछित ज्ञान हो जाने के पश्चात उनको साहित्य तथा व्याकरण से परिचित कराया जाता था।
- उच्च शिक्षा प्राप्त करने का अधिकार केवल ब्राह्मणों, क्षत्रियों और वैश्यों को था। इन जातियों के बालक सामान्य रूप से क्रमशः 8, 11 और 12 वर्ष की आयु में शिक्षा-संस्था में प्रवेश करते थे। साहित्य तथा धर्मशास्त्र के अध्ययन की अवधि दस वर्ष और एक वेद के अध्ययन की अवधि 12 वर्ष की थी।
- परिषद् में विभिन्न विषयों की शिक्षा दी जाती थी। एक परिषद् में साधारणतः दस शिक्षक होते थे।
- विद्यापीठ में व्याकरण और तर्कशास्त्र की शिक्षा दी जाती थी। एक विद्यापीठ में अनेक शिक्षक होते थे।
- इस महाविद्यालय को 'चतुष्पथी' कहा जाता था, क्योंकि इसमें चारों शास्त्रों अर्थात् अग्रांकित चार विषयों की शिक्षा दी जाती थी—दर्शन, पुराण, कानून और व्याकरण। एक ब्राह्मणीय महाविद्यालय में एक शिक्षक होता था।
- उच्च शिक्षा की कुछ संस्थाओं ने कालांतर में विश्वविद्यालयों का रूप ग्रहण किया। इनमें धार्मिक शिक्षा के अतिरिक्त वाणिज्य, चित्रकला, चिकित्सा-शास्त्र आदि की भी शिक्षा विभिन्न शिक्षकों द्वारा दी जाती थी। बनारस, नालंदा और तक्षशिला के विश्वविद्यालय सबसे अधिक प्रसिद्ध थे।
- उत्तर-वैदिक युग में शिक्षा के पाठ्यक्रम में विभिन्न ग्रंथों एवं धर्मों को सम्मिलित किए जाने के कारण इस युग की शिक्षा पूर्व वैदिक युगीन शिक्षा की तुलना में अधिक उन्नत बन गई थी।

- उपनयन का अर्थ है—पास ले जाना। शिक्षा के संदर्भ में इसका अर्थ है—शिक्षा का प्रारंभ करने के लिए बालक को गुरु के समीप ले जाना।
- संपूर्ण शिक्षण कार्य संपन्न होने के पश्चात विद्यार्थियों का समावर्तन संस्कार होता था। यह संस्कार गुरुओं की देखरेख में संपन्न किया जाता था। वर्तमान दीक्षांत समारोह समावर्तन उपदेश का आधुनिक रूप है।
- उत्तर-वैदिक काल में नारी की दशा अत्यंत सोचनीय थी। इस युग में नारी शिक्षा को सीमित कर दिया गया था। नारी के घर से बाहर निकलने तथा सामाजिक क्रिया-कलापों पर बंदिशें लगा दी गई थीं। इस युग में नारी का सामाजिक स्तर इतना गिर गया था कि कन्या के जन्म को ही अमंगल समझा जाने लगा था।
- इस काल की शिक्षा के अंतर्गत गुरु छात्र के लिए पिता के समान माना जाता था एवं प्रत्येक परिस्थितियों में छात्र के लिए आदर का पात्र होता था। गुरु भी छात्र को पुत्र के समान समझता था और उसके भविष्य को उज्ज्वल बनाने का पूरा प्रयत्न करता था।
- इस काल में परीक्षाएँ नहीं होती थीं। शिक्षक छात्र को नया पाठ तभी पढ़ाते थे, जब मौखिक प्रश्नों को पूछने के बाद उन्हें विश्वास हो जाता था कि उसने पुराना पाठ याद कर लिया है।
- प्राचीन भारतीय सभ्यताओं में वैदिक सभ्यता को सर्वप्रथम स्थान प्राप्त हुआ है। इस सभ्यता के निर्माता आर्य थे। आर्यों के द्वारा जिस शिक्षा प्रणाली का विकास किया गया, उसके संबंध में वेदों से पर्याप्त जानकारी प्राप्त होती है।
- बालक का उपनयन संस्कार हो जाने पर गुरुकुल में प्रवेश प्राप्त करता था। प्रवेश के उपरांत जिस दिन बालक की शिक्षा आरंभ होती थी, उस दिन उसका विद्यारंभ संस्कार किया जाता था। वैदिक शास्त्रों में इस संस्कार के लिए 'अक्षर स्वीकर्णय' शब्द प्रयोग किया गया है, जिसका अर्थ अक्षर ज्ञान का प्रारंभ, अर्थात् उस दिन उसे अक्षर ज्ञान कराया जाता था।
- प्राचीन भारतीय शिक्षा और आधुनिक भारतीय शिक्षा के मध्य अनेक शताब्दियों का अंतर है। पर फिर भी, प्राचीन शिक्षा के अनेक तत्त्व हैं, जिनको सिद्धांत और व्यवहार, दोनों दृष्टियों से आधुनिक शिक्षा में स्थान दिया जा सकता है।

- आज हम आधुनिक युग में निवास कर रहे हैं, किंतु हमें अपने पूर्वजों से जो सभ्यता और संस्कृति विरासत में मिली है, उस पर हमें आज भी गर्व है। हम आज भी धर्म, ईश्वर तथा निष्काम कर्म को महत्त्व देते हैं। हम आज भी धन की अपेक्षा चरित्र को, भौतिकता की अपेक्षा आध्यात्मिकता को और विज्ञान की अपेक्षा दर्शन को श्रेष्ठतर समझते हैं। आज जबकि संपूर्ण विश्व धन, शक्ति, हिंसा तथा कूटनीति में आस्था रखता है, हम प्रेम, सत्य, अहिंसा, त्याग और तपस्या के समक्ष श्रद्धा से नतमस्तक हो जाते हैं।
- बौद्ध धर्म का विकास मठों में हुआ था। ये मठ न केवल धर्म के, वरन् शिक्षा के भी केंद्र थे और शिक्षा देने का कार्य उनमें निवास करनेवाले भिक्षुओं द्वारा किया जाता था। इन तथ्यों पर प्रकाश डालते हुए डॉ. आर.के. मुखर्जी ने लिखा—"बौद्ध मठ और बौद्ध-शिक्षा ज्ञान के केंद्र थे। बौद्ध-संसार अपने मठों से पृथक् या स्वतंत्र रूप में शिक्षा प्राप्त करने का कोई अवसर नहीं देता था। धार्मिक और लौकिक, सब प्रकार की शिक्षा भिक्षुकों के हाथ में थी।"
- सातवीं शताब्दी में भारत आनेवाले चीनी यात्री ह्वेनसांग (Hiuen-Tsing) ने प्राथमिक शिक्षा के पाठ्यक्रम का वर्णन इस प्रकार किया है—"बालकों को प्रथम 6 माह में 'सिद्धिरस्तु' अक्षर का ज्ञान कराया जाता था, जिनको विभिन्न क्रम में रखकर 300 से अधिक श्लोकों की रचना की गई थी। 16 माह के बाद बालकों को अग्रांकित पाँच विद्याओं की शिक्षा दी जाती थी—शब्द-विद्या, चिकित्सा-विद्या, अध्यात्म-विद्या और शिल्प-स्थान-विद्या। इस प्रकार पाठ्यक्रम में धार्मिक और लौकिक दोनों विषयों को स्थान दिया गया था।"
- उच्च शिक्षा के द्वार सभी धर्मों और जातियों के बालकों के लिए खुले हुए थे। इस शिक्षा के प्रमुख केंद्र बौद्ध-मठ थे, पर सब मठों में समान विषयों की शिक्षा नहीं दी जाती थी। इस शिक्षा की प्रशंसा में डॉ. ए.एस. अल्तेकर ने लिखा है—"मठों ने उच्च शिक्षा में अपनी दक्षता से कोरिया, चीन, तिब्बत और जावा जैसे सुदूर देशों के छात्रों को आकर्षित करके भारत की अंतर्राष्ट्रीय ख्याति में वृद्धि की।"
- पाठ्यक्रम दो भागों में बँटा हुआ था—धार्मिक और लौकिक। धार्मिक

पाठ्यक्रम भिक्षुओं और भिक्षुणियों के लिए था। इसका मुख्य उद्देश्य उनको निर्वाण प्राप्त करने और धर्म का प्रचार करने की योग्यता प्रदान करना था। उनको धार्मिक और जीवनोपयोगी दोनों प्रकार की शिक्षा दी जाती थी। मुख्य धार्मिक विषय थे—बौद्ध धर्म, साहित्य, त्रिपिटक, विनय, धम्म आदि।

- बौद्ध काल में चांडालों को छोड़कर सभी जातियों को शिक्षा प्राप्त करने का अधिकार था। विकलांग, रोगी, अस्वस्थ, दंडित एवं असम्मानित लोगों को शिक्षा का अधिकार नहीं था। विद्यारंभ 8 वर्ष की आयु में होता था। 12 वर्ष तक भ्रमण की स्थिति में रहता था। 20 वर्ष की आयु के पश्चात वह भिक्षु बन सकता था।
- इस काल में शिक्षण की पद्धति मुख्यतः मौखिक थी, रटने पर बल दिया जाता था। वाद-विवाद, तर्क-विश्लेषण, व्याख्या और स्पष्टीकरण विधियों का प्रयोग किया जाता था।
- प्रवज्जा का शाब्दिक अर्थ है—'बाहर जाना' (Going Out)। इस संस्कार का अभिप्राय था—बालक अपने परिवार एवं पूर्व स्थिति का परित्याग करके संघ में प्रवेश करता था, जिनके जीवन का उद्देश्य बौद्ध भिक्षु बनना था। यह संस्कार 8 वर्ष की आयु से पहले संपन्न नहीं हो सकता था।
- इस संस्कार में 12 वर्ष की आयु से 22 वर्ष की आयु तक की शिक्षा प्राप्त करने के पश्चात छात्र को मठ छोड़ना अनिवार्य होता था, परंतु वह 'उपसंपदा संस्कार' संपादित करके पूर्ण भिक्षु के रूप में संघ में रहने का अधिकारी बन जाता था।
- बौद्ध काल में व्यावसायिक शिक्षा भी दी जाती थी, जैसे—औषधि विज्ञान, कताई-बुनाई, भविष्य कथन आदि। डॉ. सुरेश भटनागर के अनुसार—"बौद्ध काल में लेखन, गणना, रूपम, कृषि, वाणिज्य, कुटीर उद्योग और पशु-पालन, हस्तज्ञान, इंद्रजाल, मृतकों को जीवित करने का मंत्र, पशुओं की बोली का ज्ञान, धनुर्विद्या, भविष्य कथन, इंद्रिय संबंधी क्रियाओं का वशीकरण, शारीरिक संकेत आदि पाठ्यक्रम में थे।"
- बौद्धकालीन शिक्षा में स्त्रियों को शिक्षा नहीं दी जाती थी। बौद्ध भिक्षुकों के लिए स्त्रियों का समीप्य निषिद्ध था, परंतु कुछ समय पश्चात गौतम

बुद्ध की विमाता महाप्रजापति के आग्रह पर स्त्रियों को संघ में प्रवेश की आज्ञा प्राप्त हो गई।

- बौद्ध काल का पाठ्यक्रम उच्च-स्तर का माना जाता था। इस काल में बौद्ध धर्म, जैन धर्म, हिंदू दर्शन, संस्कृत, पाली, अध्यात्मशास्त्र, खगोलशास्त्र तथा औषधशास्त्र की शिक्षा दी जाती थी।

भारत में मध्यकालीन (इस्लामिक) शिक्षा

मुस्लिम शिक्षा का प्रारंभ बिस्मिल्लाह रस्म से होता था। बिस्मिल्लाह रस्म वैदिक काल के उपनयन संस्कार और बौद्ध काल के प्रवज्जा संस्कार से मिलती-जुलती थी। इसमें बालक की आयु 4 वर्ष, 4 माह और 4 दिन की हो जाने पर उसे नए कपड़े पहनाकर मौलवी साहब के यहाँ ले जाते थे। यहाँ पर बालक को मौलवी साहब के द्वारा उच्चारित कुरान की कुछ आयतों को दोहराना पड़ता था। यदि बालक उन आयतों को नहीं दोहरा पाता था, तब बिस्मिल्लाह शब्द कहना ही पर्याप्त समझा जाता था और बालक की औपचारिक पढ़ाई शुरू हो जाती थी। मौलवी साहब को कुछ नजराना देकर बालक को मकतब में प्रवेश दिया जाता था। मुस्लिम काल में शिक्षा की व्यवस्था के लिए दो प्रमुख अभिकरण मकतब और मदरसा थे। मकतबों में प्रारंभिक शिक्षा दी जाती थी और मदरसों में उच्च शिक्षा दी जाती थी। मौलवी साहब के द्वारा बिस्मिल्लाह की रस्म के साथ बालक को मकतब में शिक्षा के लिए प्रवेश दिया जाता था। मकतब मस्जिदों से जुड़े होते थे और मस्जिद के मौलवी साहब ही मकतब में शिक्षा का कार्य करते थे। मकतबों में बालक को शब्दज्ञान और धार्मिक प्रार्थनाएँ सिखानी जाती थीं। मकतब की शिक्षा पूरी करके छात्र मदरसों में प्रवेश लेते थे। मदरसों में भिन्न-भिन्न विषयों के विद्वान् शिक्षक नियमित रूप से शिक्षण कार्य करते थे।

मकतबों में दी जानेवाली प्रारंभिक शिक्षा के अंतर्गत छात्रों को लिखना-पढ़ना, पत्र-व्यवहार, साधारण गणित, अरबी-फारसी की शिक्षा देकर उसमें जीविकोपार्जन की क्षमता का विकास किया जाता था। इस्लाम धर्म का ज्ञान देकर तथा कुरान को कंठस्थ कराकर छात्रों में धार्मिक और नैतिक आचरण से संबंधित प्रवृत्ति का विकास किया जाता था। मदरसों में प्रदान की जानेवाली उच्च शिक्षा के संपूर्ण पाठ्यक्रम को दो भागों—धार्मिक तथा लौकिक में बाँटा जाता था। धार्मिक शिक्षा के अंतर्गत कुरान, हदीस व फिक्र (धर्मशास्त्र) का गहन तथा विस्तृत अध्ययन छात्रों

को कराया जाता था। लौकिक शिक्षा के अंतर्गत अरबी, इतिहास, भूगोल, गणित, ज्योतिषशास्त्र, यूनानी चिकित्सा, व्याकरण, तर्कशास्त्र, कानून तथा कृषि आदि विषयों का विस्तृत ज्ञान प्रदान किया जाता था। मुस्लिम काल में शिक्षण की पद्धति मुख्यत: मौखिक थी, रटने तथा स्मरण पर बल दिया जाता था। व्याख्यान, प्रश्नोत्तर और वाद-विवाद विधियों का प्रयोग किया जाता था। छात्रों को स्वाध्याय विधि से ज्ञान प्राप्त करने के लिए प्रोत्साहित किया जाता था। अध्यापक की उपस्थिति में बड़ी कक्षा के कुशल और योग्य छात्र छोटी कक्षा के छात्रों को पढ़ाने का कार्य करते थे। राजदरबारों में महत्त्वपूर्ण विषयों पर शास्त्रार्थ भी कराया जाता था। शिक्षा अरबी, फारसी के माध्यम से दी जाती थी, लेकिन बाद में प्रारंभिक शिक्षा उर्दू के माध्यम से प्रदान की जाने लगी।

मुस्लिम काल में गुरु और शिष्यों के संबंध बहुत घनिष्ठ थे। शिक्षकों को समाज में अत्यंत सम्माननीय स्थान दिया जाता था। शिक्षकों को वेतन बहुत कम मिलता था, फिर भी उन्हें सभी स्थानों पर बहुत सम्मान मिलता था। छात्र गुरु के आदेशों का पालन करके अनुशासित, विनम्र और सहनशील बन जाते थे तथा गुरु छात्रों से श्रद्धा पाकर पूजनीय बन जाता था। मुस्लिम काल में छात्र अत्यधिक अनुशासित रहते थे। नैतिक व व्यावहारिक शिष्टाचार, आत्मानुशासन और विनयशीलता सभी छात्रों के लिए अनिवार्य था। अनैतिक आचरण करने पर, झूठ बोलने पर, दैनिक पाठ याद न करने पर और अशिष्ट आचरण करने पर छात्रों को कठोर शारीरिक दंड दिया जाता था। शिक्षक छात्रों को अपनी इच्छानुसार दंड देते थे। बेंत, लात-घूँसे, कोड़े लगाने, उठक-बैठक कराने, खड़ा करने तथा मुर्गा बनाने जैसे दंड दिए जाते थे।

भारत में मुस्लिम राज्य की स्थापना होते ही इस्लामी शिक्षा का प्रसार होने लगा। फारसी जाननेवाले ही सरकारी कार्य के योग्य समझे जाने लगे। हिंदू अरबी और फारसी पढ़ने लगे। बादशाहों और अन्य शासकों की व्यक्तिगत रुचि के अनुसार इस्लामी आधार पर शिक्षा दी जाने लगी। इस्लाम के संरक्षण और प्रचार के लिए मस्जिदें बनती गईं, साथ ही मकतबों, मदरसों और पुस्तकालयों की स्थापना होने लगी। मकतब प्रारंभिक शिक्षा के केंद्र होते थे और मदरसे उच्च शिक्षा के। मकतबों की शिक्षा धार्मिक होती थी। विद्यार्थी कुरान के कुछ अंशों को कंठस्थ करते थे। वे पढ़ना, लिखना, गणित, अर्जी-नवीसी और चिट्ठी-पत्री लिखना भी सीखते थे। इनमें हिंदू बालक भी पढ़ते थे।

मकतबों में शिक्षा प्राप्त कर विद्यार्थी मदरसों में प्रविष्ट होते थे। यहाँ प्रधानत:

धार्मिक शिक्षा दी जाती थी। साथ-साथ इतिहास, साहित्य, व्याकरण, तर्कशास्त्र, गणित, कानून इत्यादि की पढ़ाई होती थी। सरकार शिक्षकों को नियुक्त करती थी। कहीं-कहीं प्रभावशाली व्यक्तियों के द्वारा भी उनकी नियुक्ति होती थी। अध्यापन फारसी के माध्यम से होता था। अरबी मुसलमानों के लिए अनिवार्य पाठ्य विषय था। छात्रावास का प्रबंध किसी-किसी मदरसे में होता था। दरिद्र विद्यार्थियों को छात्रवृत्ति मिलती थी। अनाथालयों का संचालन होता था। शिक्षा निःशुल्क थी। हस्तलिखित पुस्तकें पढ़ी और पढ़ाई जाती थीं।

राजकुमारों के लिए महलों के भीतर शिक्षा का प्रबंध था। राज्य-व्यवस्था, सैनिक संगठन, युद्ध-संचालन, साहित्य, इतिहास, व्याकरण, कानून आदि का ज्ञान गृह शिक्षक से प्राप्त होता था। राजकुमारियाँ भी शिक्षा पाती थीं। शिक्षकों का बड़ा सम्मान था। वे विद्वान् और सच्चरित्र होते थे। छात्र और शिक्षकों का आपसी संबंध प्रेम और सम्मान का था। सादगी, सदाचार, विद्या-प्रेम और धर्माचरण पर जोर दिया जाता था। कंठस्थ करने की परंपरा थी। प्रश्नोत्तर, व्याख्या और उदाहरणों द्वारा पाठ पढ़ाए जाते थे। कोई परीक्षा नहीं थी। अध्ययन अध्यापन में प्राप्त अवसरों में शिक्षक छात्रों की योग्यता और विद्वत्ता के विषय में तथ्य प्राप्त करते थे। दंड प्रयोग किया जाता था। जीविका उपार्जन के लिए भी शिक्षा दी जाती थी। दिल्ली, आगरा, बीदर, जौनपुर, मालवा मुस्लिम शिक्षा के केंद्र थे। मुसलमान शासकों के संरक्षण के अभाव में भी संस्कृत काव्य, नाटक, व्याकरण, दर्शन-ग्रंथों की रचना और उनका पठन-पाठन बराबर होता रहा।

- भारत में मुस्लिम शासकों ने केंद्रीय या प्रांतीय स्तर पर शिक्षा के किसी विभाग की स्थापना नहीं की, पर उन्होंने साधारणत: शिक्षा में रुचि अवश्य ली। फलस्वरूप लगभग संपूर्ण मुस्लिम काल में प्राथमिक और उच्च शिक्षा की व्यवस्था थी। उस काल में शिक्षा के केवल यही दो स्तर थे। इन दोनों स्तरों पर शिक्षा प्रदान करने के लिए मुस्लिम शासकों और विद्या-प्रेमी, धनी व्यक्तियों द्वारा मकतबों और मदरसों की स्थापना की गई थी।
- प्राथमिक शिक्षा के मुख्य केंद्र मकतब थे। उनके अतिरिक्त, खानकाहों और दरगाहों में भी प्राथमिक शिक्षा प्रदान की जाती थी। इन शिक्षा-संस्थाओं में केवल मुसलमान बच्चे ही शिक्षा प्राप्त कर सकते थे।
- जिस प्रकार वैदिक युग में 'उपनयन संस्कार' के पश्चात और बौद्ध-युग में 'प्रवज्या संस्कार' के उपरांत बालक की शिक्षा आरंभ होती थी, उसी

प्रकार मुस्लिम युग में 'बिस्मिल्लाह-खानी' की रस्म के बाद बालक अपनी शिक्षा आरंभ करता था। यह रस्म उस समय होती थी, जब बालक 4 वर्ष, 4 माह और 4 दिन का होता था।

- मकतबों का पाठ्यक्रम विभिन्न स्थानों में अलग-अलग था। साधारणत: बालकों को पढ़ने, लिखने और साधारण अंकगणित की शिक्षा दी जाती थी। उनको सबसे पहले वर्णमाला के अक्षरों का ज्ञान कराया जाता था तथा उसके पश्चात कुरान की कुछ आयतें कंठस्थ कराई जाती थीं। बालक के लिए उनका अर्थ समझना आवश्यक नहीं था, पर उनका शुद्ध उच्चारण करना अनिवार्य था।
- उच्च शिक्षा की संस्थाएँ मदरसे थे। बालक अपनी प्राथमिक शिक्षा समाप्त करने के पश्चात उच्च शिक्षा ग्रहण करने के लिए मदरसे में प्रवेश करता था। उसे प्रवेश के समय कोई संस्कार संपन्न नहीं करना पड़ता था। उच्च शिक्षा के केंद्र संपूर्ण देश में बिखरे हुए थे। इनमें आगरा, दिल्ली, लाहौर, मुल्तान, अजमेर, लखनऊ, स्यालकोट और मुर्शिदाबाद के मदरसों ने शिक्षा के क्षेत्र में विशेष ख्याति अर्जित की थी। इसीलिए बुखारा, अफगानिस्तान और अन्य मुस्लिम देशों के छात्र उनमें ज्ञान का अर्जन करने के लिए आते थे।
- लौकिक शिक्षा के अंतर्गत छात्रों को अग्रांकित विषयों की शिक्षा दी जाती थी—अरबी और फारसी भाषाओं का साहित्य एवं व्याकरण, कृषि, गणित, भूगोल, कानून, ज्योतिष, अर्थशास्त्र, नीतिशास्त्र, दर्शनशास्त्र, यूनानी चिकित्सा आदि।
- धार्मिक शिक्षा के अंतर्गत छात्र को कुरान की आयतें कंठस्थ करनी पड़ती थीं और उनका सूक्ष्म एवं आलोचनात्मक अध्ययन करना पड़ता था। इसके अतिरिक्त उसे सूफी सिद्धांतों एवं इस्लामी इतिहास, कानूनों, सिद्धांतों और परंपराओं का अध्ययन करना पड़ता था।
- मुस्लिम शासनकाल में राज्य की भाषा फारसी थी। इस भाषा का ज्ञान प्राप्त करके ही मनुष्यों को राजपद प्राप्त हो सकते थे। इस कार्य में सहायता देने के लिए फारसी को शिक्षा के माध्यम के रूप में प्रतिष्ठित किया गया था।
- 'मकतब' शब्द की उत्पत्ति अरबी के 'कुतुब' (Kutub) शब्द से

हुई है, जिसका अर्थ है—'उसने लिखा' (He wrote)। उर्दू भाषा में 'कुतुब' शब्द 'किताब' का बहुवचन है। इस प्रकार 'मकतब' वह स्थान है, जहाँ बालकों को पढ़ना तथा लिखना सिखाया जाता है। मकतब माध्यमिक शिक्षा के केंद्र थे और साधारणत: किसी मस्जिद से संबद्ध होते थे। कहीं-कहीं मौलवी लोग व्यक्तिगत रूप से अपने घरों अथवा अन्य सुविधाजनक स्थानों पर मकतब चलाते थे।

- 'खानकाह' प्रारंभिक शिक्षा के केंद्र थे। इनमें केवल मुसलमान बालक ही शिक्षा प्राप्त कर सकते थे। इनका व्यय दान में प्राप्त होनेवाले धन से चलता था।
- 'खानकाहो' की भाँति 'दरगाह' भी प्राथमिक शिक्षा के केंद्र थे। इनकी स्थिति बहुत कुछ खानकाहों के समान थी। इनमें भी केवल मुसलमान बालक ही शिक्षा प्राप्त कर सकते थे।
- "इन स्कूलों में केवल कुरान की शिक्षा दी जाती थी।" इसका वर्णन करते हुए डी ला फॉस ने 'Quinqunnial Review of India, 1907-1912' में लिखा है—"कुरान स्कूल साधारणत: किसी मस्जिद से संलग्न होते थे। इनमें छात्रों को पहले अरबी लिपि का ज्ञान कराया जाता था और फिर कुरान की आयतें कंठस्थ कराई जाती थीं। उनको लिखने की और गणित की शिक्षा नहीं दी जाती थी।"
- 'मदरसा' शब्द की उत्पत्ति अरबी भाषा के 'दरस' शब्द से हुई, जिसका अर्थ है—'भाषण'। इस प्रकार 'मदरसा' वह स्थान है, जहाँ शिक्षण के लिए भाषण या व्याख्यान विधि का प्रयोग किया जाता था। मदरसे उच्च शिक्षा के केंद्र थे और सामान्यतया किसी मस्जिद से संलग्न होते थे। इनकी स्थापना राज्य और धनी विद्या-प्रेमियों द्वारा की जाती थी। इनमें विभिन्न शिक्षकों द्वारा विभिन्न विषयों की शिक्षा दी जाती थी। शिक्षा का माध्यम फारसी था।
- परदा-प्रथा के कारण केवल छोटी आयु की बालिकाएँ मकतबों में जाकर बालकों के साथ विद्या का अर्जन करती थीं, पर उन्हें कुछ समय के बाद यह कार्य स्थगित करना पड़ता था। उनको उच्च शिक्षा की सुविधाएँ उपलब्ध नहीं थीं, क्योंकि राज्य या समाज की ओर से उनके लिए पृथक् शिक्षा संस्थाओं की कोई व्यवस्था नहीं की गई थी।

- मध्यम वर्ग की बालिकाओं को शिक्षा के अधिक अवसर प्राप्त थे। वे विद्याध्ययन के लिए सामान्य मकतबों में न जाकर, व्यक्तिगत रूप से स्त्रियों द्वारा अपने घरों पर चलाए जानेवाले मकतबों में जाकर विभिन्न विषयों का ज्ञान प्राप्त कर लेती थीं।
- दिल्ली के सुल्तानों और मुगल सम्राटों को व्यावसायिक शिक्षा के प्रति किसी-न-किसी रूप में कम या अधिक रुचि अवश्य थी। ऐसी परिस्थिति में व्यावसायिक शिक्षा का विकास होना स्वाभाविक था।
- चिकित्साशास्त्र की उपयुक्त शिक्षा देने के लिए संस्कृत व ग्रंथों का फारसी में अनुवाद किया गया था। इन ग्रंथों के आधार पर फारसी में पुस्तकों की रचना की गई। इस प्रकार की कुछ उल्लेखनीय पुस्तकें थीं— 'मदानुश-शिफाए-सिकंदरी', 'दस्तूर-उल-अतिब्बा' और 'तुहफत-अल-मोमिन'।
- भारत में सभी मुस्लिम शासकों का लक्ष्य अपने राज्य को स्थायी और सुदृढ़ बनाना था। विदेशी और विधर्मी होने कारण वे भारतीयों को सदैव शंका की दृष्टि से देखते थे। उन पर अपना प्रभुत्व स्थापित करने और बनाए रखने के लिए मुस्लिम शासकों को समय-समय पर हिंदू राजाओं से युद्ध करने पड़ते थे।
- ऐसी परिस्थिति में मुस्लिम शासकों द्वारा सैनिक शिक्षा पर बल दिया जाना आवश्यक था। यह शिक्षा साधारण सैनिकों और राजकुमारों के लिए भिन्न प्रकार की थी।

ब्रिटिश कालीन भारतीय शिक्षा

ब्रिटिश कालीन शिक्षा में औपचारिक गुरु-शिष्य संबंध की शुरुआत हुई और गुरु अब आदर्शवाद के दायरे से बाहर आ गया। प्राचीन तथा मध्यकालीन स्नेहपूर्णता व घनिष्ठता लगभग समाप्त हो गई थी। यद्यपि शिष्य अपने गुरुओं का सम्मान करते थे। ब्रिटिश काल के दौरान व्यावसायिक व तकनीकी शिक्षा का विधिवत् शिक्षण कार्य प्रारंभ हुआ। कृषि कॉलेज, इंजीनियरिंग कॉलेज व तकनीकी शिक्षा संस्थान आदि संस्थाएँ खोली गईं।

भारत में आधुनिक शिक्षा की नींव यूरोपीय ईसाई धर्म प्रचारक तथा व्यापारियों के हाथों से डाली गई। उन्होंने कई विद्यालय स्थापित किए। प्रारंभ में मद्रास ही

उनका कार्यक्षेत्र रहा। धीरे-धीरे कार्यक्षेत्र का विस्तार बंगाल में भी होने लगा। इन विद्यालयों में ईसाई धर्म की शिक्षा के साथ-साथ इतिहास, भूगोल, व्याकरण, गणित, साहित्य आदि विषय भी पढ़ाए जाते थे। रविवार को विद्यालय बंद रहता था। अनेक शिक्षक छात्रों की पढ़ाई अनेक श्रेणियों में कराते थे। अध्यापन का समय नियत था। साल भर में छोटी-बड़ी अनेक छुट्टियाँ हुआ करती थीं।

प्राय: 150 वर्षों के बीतते-बीतते व्यापारी ईस्ट इंडिया कंपनी राज करने लगी। विस्तार में बाधा पड़ने के डर से कंपनी शिक्षा के विषय में उदासीन रही। फिर भी विशेष कारण और उद्देश्य से 1781 में कलकत्ते में 'कलकत्ता मदरसा' कंपनी द्वारा और 1792 में बनारस में 'संस्कृत कॉलेज' जोनाथन डंकन द्वारा स्थापित किए गए। धर्म-प्रचार के विषय में भी कंपनी की पूर्व नीति बदलने लगी। कंपनी अब अपने राज्य के भारतीयों को शिक्षा देने की आवश्यकता को समझने लगी। 1813 के आज्ञापत्र के अनुसार शिक्षा में धन व्यय करने का निश्चय किया गया। किस प्रकार की शिक्षा दी जाए, इस पर प्राच्य और पाश्चात्य शिक्षा के समर्थकों में मतभेद रहा। वाद-विवाद चलता चला। अंत में लार्ड मैकाले के तर्क-वितर्क और राजा राममोहन राय के समर्थन से प्रभावित हो, 1835 ई. में लार्ड बेंटिक ने निश्चय किया कि अंग्रेजी भाषा और साहित्य और यूरोपीय इतिहास, विज्ञान, इत्यादि की पढ़ाई हो और इसी में 1813 के आज्ञापत्र में अनुमोदित धन का व्यय हो। प्राच्य शिक्षा चलती चले, परंतु अंग्रेजी और पश्चिमी विषयों के अध्ययन और अध्यापन पर जोर दिया जाए।

पाश्चात्य रीति से शिक्षित भारतीयों की आर्थिक स्थिति सुधरते देख जनता इधर झुकने लगी। अंग्रेजी विद्यालयों में अधिक संख्या में विद्यार्थी प्रविष्ट होने लगे, क्योंकि अंग्रेजी पढ़े भारतीयों को सरकारी पदों पर नियुक्त करने की नीति की सरकारी घोषणा हो गई थी। सरकारी प्रोत्साहन के साथ-साथ अंग्रेजी शिक्षा को पर्याप्त मात्रा में व्यक्तिगत सहयोग भी मिलता गया। अंग्रेजी साम्राज्य के विस्तार के साथ-साथ अधिक कर्मचारियों की और चिकित्सकों, इंजीनियरों और कानून जाननेवालों की आवश्यकता पड़ने लगी। उपयोगी शिक्षा की ओर सरकार की दृष्टि गई। मेडिकल, इंजीनियरिंग और लॉ कॉलेजों की स्थापना होने लगी। स्त्रियों की दशा सुधारने और उनकी शिक्षा के लिए ज्योतिबा फुले ने 1848 में एक स्कूल खोला। यह इस काम के लिए देश में पहला विद्यालय था। लड़कियों को पढ़ाने के लिए अध्यापिका नहीं मिली तो उन्होंने कुछ दिन स्वयं यह काम करके अपनी पत्नी सावित्री को इस योग्य बना दिया। उच्च वर्ग के लोगों ने आरंभ से ही उनके काम

में बाधा डालने की चेष्टा की, किंतु जब फुले आगे बढ़ते ही गए तो उनके पिता पर दवाब डालकर पति-पत्नी को घर से निकालवा दिया। इससे कुछ समय के लिए उनका काम रुका अवश्य, पर शीघ्र ही उन्होंने एक के बाद एक बालिकाओं के तीन स्कूल खोल दिए। स्त्री-शिक्षा पर ध्यान दिया जाने लगा।

सन् 1853 में शिक्षा की प्रगति की जाँच के लिए एक समिति बनी। 1854 में वुड के शिक्षा संदेश-पत्र में समिति के निर्णय कंपनी के पास भेज दिए गए। संस्कृत, अरबी और फारसी का ज्ञान आवश्यक समझा गया। औद्योगिक विद्यालयों और विश्वविद्यालयों की स्थापना का प्रस्ताव रखा गया। प्रांतों में शिक्षा विभाग, अध्यापक प्रशिक्षण, नारी शिक्षा इत्यादि की सिफारिश की गई। 1857 में स्वतंत्रता युद्ध छिड़ गया, जिससे शिक्षा की प्रगति में बाधा पड़ी। प्राथमिक शिक्षा उपेक्षित ही रही। उच्च शिक्षा की उन्नति होती गई। 1857 में कलकत्ता, बंबई और मद्रास में विश्वविद्यालय स्थापित हुए।

मुख्यतः प्राथमिक शिक्षा की दशा की जाँच करते हुए शिक्षा के प्रश्नों पर विचार करने के लिए 1882 में सर विलियम विल्सन हंटर की अध्यक्षता में भारतीय शिक्षा आयोग की नियुक्ति हुई। आयोग ने प्राथमिक शिक्षा के लिए उचित सुझाव दिए। सरकारी प्रयत्न को माध्यमिक शिक्षा से हटाकर प्राथमिक शिक्षा के संगठन में लगाने की सिफारिश की। सरकारी माध्यमिक स्कूल प्रत्येक जिले में एक से अधिक न हों, शिक्षा का माध्यम माध्यमिक स्तर में अंग्रेजी रहे। माध्यमिक स्कूलों के सुधार और व्यावसायिक शिक्षा के प्रसार के लिए आयोग ने सिफारिशें कीं। सहायता अनुदान प्रथा और सरकारी शिक्षा विभागों का सुधार, धार्मिक शिक्षा, स्त्री शिक्षा, मुसलमानों की शिक्षा इत्यादि पर भी आयोग ने प्रकाश डाला।

आयोग की सिफारिशों से भारतीय शिक्षा में उन्नति हुई। विद्यालयों की संख्या बढ़ी। नगरों में नगरपालिका और गाँवों में जिला परिषद् का निर्माण हुआ और शिक्षा आयोग ने प्राथमिक शिक्षा को इन पर छोड़ दिया, परंतु इससे विशेष लाभ न हो पाया। प्राथमिक शिक्षा की दशा सुधर न पाई। सरकारी शिक्षा विभाग माध्यमिक शिक्षा की सहायता करता रहा। शिक्षा का माध्यम अंग्रेजी ही रही। मातृभाषा की उपेक्षा होती गई। शिक्षा संस्थाओं और शिक्षितों की संख्या बढ़ी, परंतु शिक्षा का स्तर गिरता गया। देश की उन्नति चाहनेवाले भारतीयों में व्यापक और स्वतंत्र राष्ट्रीय शिक्षा की आवश्यकता का बोध होने लगा। स्वतंत्रता-प्रेमी भारतीयों और भारत-प्रेमियों ने सुधार का काम उठा लिया। 1870 में बाल गंगाधर तिलक और उनके

सहयोगियों द्वारा पूना में 'फर्ग्युसन कॉलेज', 1886 में आर्य समाज द्वारा लाहौर में 'दयानंद ऐंग्लो वैदिक कॉलेज' और 1898 में काशी में श्रीमती एनी बेसेंट द्वारा 'सेंट्रल हिंदू कॉलेज' स्थापित किए गए।

सन् 1894 में कोल्हापुर रियासत के राजा छत्रपति साहूजी महाराज ने दलित और पिछड़ी जाति के लोगों के लिए विद्यालय खोले और छात्रावास बनवाए। इससे उनमें शिक्षा का प्रचार हुआ और सामाजिक स्थिति बदलने लगी। 1894 से 1922 तक पिछड़ी जातियों समेत समाज के सभी वर्गों के लिए अलग-अलग सरकारी संस्थाएँ खोलने की पहल की। यह अनूठी पहल थी उन जातियों को शिक्षित करने के लिए, जो सदियों से उपेक्षित थीं। इस पहल में दलित-पिछड़ी जातियों के बच्चों की शिक्षा के लिए खास प्रयास किए गए थे। वंचित और गरीब घरों के बच्चों को उच्च शिक्षा के लिए उन्होंने आर्थिक सहायता उपलब्ध कराई। 1920 को नासिक में छात्रावास की नींव रखी। साहू महाराज के प्रयासों का परिणाम उनके शासन में ही दिखने लग गया था। साहूजी महाराज ने जब देखा कि अछूत-पिछड़ी जाति के छात्रों की राज्य के स्कूल-कॉलेजों में पर्याप्त संख्या है, तब उन्होंने वंचितों के लिए खुलवाए गए पृथक् स्कूल और छात्रावासों को बंद करवा दिया और उन्हें सामान्य छात्रों के साथ ही पढ़ने की सुविधा प्रदान की। डॉ. भीमराव अंबेडकर बड़ौदा नरेश की छात्रवृत्ति पर पढ़ने के लिए विदेश गए, लेकिन छात्रवृत्ति बीच में ही रोक दिए जाने के कारण उन्हें वापस भारत आना पड़ा। इसकी जानकारी जब साहूजी महाराज को हुई तो महाराज ने आगे की पढ़ाई जारी रखने के लिए उन्हें सहयोग दिया।

सन् 1901 में लार्ड कर्जन ने शिमला में एक गुप्त शिक्षा सम्मेलन किया था, जिसमें 152 प्रस्ताव स्वीकृत हुए थे। इसमें कोई भारतीय नहीं बुलाया गया था और न सम्मेलन के निर्णयों का प्रकाशन ही हुआ। इसको भारतीयों ने अपने विरुद्ध रचा हुआ षड्यंत्र समझा। कर्जन को भारतीयों का सहयोग न मिल सका। प्राथमिक शिक्षा की उन्नति के लिए कर्जन ने उचित रकम की स्वीकृति दी, शिक्षकों के प्रशिक्षण की व्यवस्था की तथा शिक्षा अनुदान पद्धति और पाठ्यक्रम में सुधार किया। कर्जन का मत था कि प्राथमिक शिक्षा मातृभाषा के माध्यम से ही दी जानी चाहिए। माध्यमिक स्कूलों पर सरकारी शिक्षा विभाग और विश्वविद्यालय दोनों का नियंत्रण आवश्यक मान लिया गया। आर्थिक सहायता बढ़ा दी गई। पाठ्यक्रम में सुधार किया गया। कर्जन माध्यमिक शिक्षा के क्षेत्र में सरकार का हटना उचित नहीं समझता था, प्रत्युत सरकारी प्रभाव को बढ़ाना आवश्यक मानता था, इसलिए वह

सरकारी स्कूलों की संख्या बढ़ाना चाहता था। लार्ड कर्जन ने विश्वविद्यालय और उच्च शिक्षा की उन्नति के लिए 1902 में भारतीय विश्वविद्यालय आयोग नियुक्त किया। पाठ्यक्रम, परीक्षा, शिक्षण, कॉलेजों की शिक्षा, विश्वविद्यालयों का पुनर्गठन इत्यादि विषयों पर विचार करते हुए आयोग ने सुझाव उपस्थित किए। इस आयोग में भी कोई भारतीय न था। इस पर भारतीयों में क्षोभ बढ़ा। उन्होंने विरोध किया। 1904 में भारतीय विश्वविद्यालय कानून बना। पुरातत्त्व विभाग की स्थापना से प्राचीन भारत के इतिहास की सामग्रियों का संरक्षण होने लगा। 1905 के स्वदेशी आंदोलन के समय कलकत्ते में जातीय शिक्षा परिषद् की स्थापना हुई और नेशनल कॉलेज स्थापित हुआ, जिसके प्रथम प्राचार्य अरविंद घोष थे। बंगाल टेक्निकल इंस्टीट्यूट की स्थापना भी हुई।

सन् 1911 में गोपाल कृष्ण गोखले ने प्राथमिक शिक्षा को निःशुल्क और अनिवार्य करने का प्रयास किया। अंग्रेज सरकार और उसके समर्थकों के विरोध के कारण वे सफल न हो सके। 1913 में भारत सरकार ने शिक्षा नीति में अनेक परिवर्तनों की कल्पना की, परंतु प्रथम विश्वयुद्ध के कारण कुछ हो न पाया। प्रथम महायुद्ध के समाप्त होने पर कलकत्ता विश्वविद्यालय आयोग नियुक्त हुआ। आयोग ने शिक्षकों का प्रशिक्षण, इंटरमीडिएट कॉलेजों की स्थापना, हाई स्कूल और इंटरमीडिएट बोर्डों का संगठन, शिक्षा का माध्यम, ढाका में विश्वविद्यालय की स्थापना, कलकत्ते में कॉलेजों की व्यवस्था, वैतनिक उपकुलपति, परीक्षा, मुस्लिम शिक्षा, स्त्री शिक्षा, व्यावसायिक और औद्योगिक शिक्षा आदि विषयों पर सिफारिशें कीं। बंबई, बंगाल, बिहार, असम आदि प्रांतों में प्राथमिक शिक्षा कानून बनाए जाने लगे। माध्यमिक क्षेत्र में भी उन्नति होती गई। छात्रों की संख्या बढ़ी। माध्यमिक पाठ्य में वाणिज्य और व्यवसाय रख दिए गए। स्कूल लीविंग सर्टिफिकेट परीक्षा चली। अंग्रेजी का महत्त्व बढ़ता गया। अधिक संख्या में शिक्षकों का प्रशिक्षण होने लगा।

सन् 1916 तक भारत में पाँच विश्वविद्यालय थे। अब सात नए विश्वविद्यालय स्थापित किए गए। बनारस हिंदू विश्वविद्यालय तथा मैसूर विश्वविद्यालय 1916 में, पटना विश्वविद्यालय 1917 में, उसमानिया विश्वविद्यालय 1918 में, अलीगढ़ मुस्लिम विश्वविद्यालय 1920 में और लखनऊ तथा ढाका विश्वविद्यालय 1921 में स्थापित हुए। असहयोग आंदोलन से राष्ट्रीय शिक्षा की प्रगति में बल और वेग आए। बिहार विद्यापीठ, काशी विद्यापीठ, गौड़ीय सर्वविद्यायतन, तिलक विद्यापीठ,

गुजरात विद्यापीठ, जामिया मिल्लिया इस्लामिया आदि राष्ट्रीय संस्थाओं की स्थापना हुई। शिक्षा में व्यावहारिकता लाने की चेष्टा की गई। 1921 से नए शासन सुधार कानून के अनुसार सभी प्रांतों में शिक्षा भारतीय मंत्रियों के अधिकार में आ गई, परंतु सरकारी सहयोग के अभाव के कारण उपयोगी योजनाओं को कार्यान्वित करना संभव न हुआ। प्राय: सभी प्रांतों में प्राथमिक शिक्षा अनिवार्य करने की कोशिश व्यर्थ हुई। माध्यमिक शिक्षा में विस्तार होता गया, परंतु उचित संगठन के अभाव से उसकी समस्याएँ हल न हो पाईं। शिक्षा समाप्त कर विद्यार्थी कुछ करने के योग्य न बन पाते। दिल्ली (1922), नागपुर (1923), आगरा (1927), आंध्र (1926) और अन्नामलाई (1926) में विश्वविद्यालय स्थापित हुए। बंबई, पटना, कलकत्ता, पंजाब, मद्रास और इलाहाबाद विश्वविद्यालयों का पुनर्गठन हुआ। कॉलेजों की संख्या में वृद्धि होती गई। व्यावसायिक शिक्षा, स्त्री शिक्षा, मुसलमानों की शिक्षा, हरिजनों की शिक्षा तथा अपराधी जातियों की शिक्षा में उन्नति होती गई।

अगले शासन सुधार के लिए साइमन आयोग की नियुक्ति हुई। हर्टांग समिति इस आयोग का एक आवश्यक अंग थी। इसका काम था—भारतीय शिक्षा की समस्याओं की सांगोपांग जाँच करना। समिति ने रिपोर्ट में 1918 से 1927 तक प्रचलित शिक्षा के गुण और दोष का विवेचन किया और सुधार के लिए निर्देश दिया।

वर्ष 1930-1935 के बीच संयुक्त प्रदेश में बेकारी की समस्या के समाधान के लिए समिति बनी। व्यावहारिक शिक्षा पर जोर दिया गया। इंटरमीडिएट की पढ़ाई के दो वर्षों में से एक वर्ष स्कूल के साथ कर दिया जाए, जिससे पढ़ाई 11 वर्ष की हो, बाकी एक वर्ष बी.ए. के साथ जोड़कर बी.ए. पाठ्यक्रम तीन वर्ष का कर दिया जाए। माध्यमिक छह वर्ष के दो भाग हों—तीन वर्ष का निम्न माध्यमिक और तीन वर्ष का उच्च माध्यमिक। अंतिम तीन वर्षों में साधारण पढ़ाई के साथ-साथ कृषि, शिल्प, व्यवसाय सिखाए जाए। समिति की यह सिफारिशें कार्यान्वित नहीं हुईं।

सन् 1937 में शिक्षा की एक योजना तैयार की गई, जो 1938 में 'बुनियादी शिक्षा' के नाम से प्रसिद्ध हुई। सात से 11 वर्ष के बालक-बालिकाओं की शिक्षा अनिवार्य हो। शिक्षा मातृभाषा में हो। हिंदुस्तानी पढ़ाई जाए। चरखा, करघा, कृषि, लकड़ी का काम शिक्षा का केंद्र हो, जिसकी बुनियाद पर साहित्य, भूगोल, इतिहास, गणित की पढ़ाई हो। 1945 में इसमें परिवर्तन किए गए और परिवर्तित योजना का नाम रखा गया 'नई तालीम'। इसके चार भाग थे—(1) पूर्व बुनियादी, (2) बुनियादी, (3) उच्च बुनियादी और (4) वयस्क शिक्षा। हिंदुस्तानी तालीमी संघ

(भारतीय शैक्षिक संघ) पर इसका संचालन-भार छोड़ दिया गया।

सन् 1945 में द्वितीय विश्वयुद्ध समाप्त होते-होते 'सार्जेंट योजना' का निर्माण हुआ। 6 से 14 वर्ष की अवस्था के बालकों तथा बालिकाओं के लिए अनिवार्य शिक्षा हो। जूनियर बेसिक स्कूल, सीनियर बेसिक स्कूल, साहित्यिक हाई स्कूल और व्यावसायिक हाई स्कूल की पढ़ाई 11 वर्ष की अवस्था से 17 वर्ष की अवस्था तक हो। इसके बाद विश्वविद्यालय में प्रवेश हो। डिग्री पाठ्यक्रम तीन वर्ष का हो। इंटरमीडिएट कक्षा समाप्त कर दी जाए। पाँच से कम अवस्था वालों के लिए नर्सरी स्कूल हो। माध्यम मातृभाषा हो।

भारत के लिए अंग्रेजों की शिक्षा नीति

ब्रिटिश काल में शिक्षा में मिशनरियों का प्रवेश हुआ। इस काल में महत्त्वपूर्ण शिक्षा दस्तावेज में मैकाले का घोषणा-पत्र 1835, वुड का घोषणा-पत्र 1854, हंटर आयोग 1882 सम्मिलित हैं। इस काल में शिक्षा का उद्देश्य अंग्रेजों के राज्य के शासन संबंधी हितों को ध्यान में रखकर बनाया गया था।

प्राय: लोग इसे मैकाले की शिक्षा प्रणाली के नाम से पुकारते हैं। लार्ड मैकाले ब्रिटिश पार्लियामेंट के ऊपरी सदन (हाउस ऑफ लाड्र्स) का सदस्य था। 1857 की क्रांति के बाद जब 1860 में भारत के शासन को ईस्ट इंडिया कंपनी से छीनकर रानी विक्टोरिया के अधीन किया गया, तब मैकाले को भारत में अंग्रेजों के शासन को मजबूत बनाने के लिए आवश्यक नीतियाँ सुझाने का महत्त्वपूर्ण कार्य सौंपा गया था। उसने सारे देश का भ्रमण किया। उसे यह देखकर आश्चर्य हुआ कि यहाँ झाड़ू देनेवाला, चमड़ा उतारनेवाला, करघा चलानेवाला, कृषक, व्यापारी (वैश्य), मंत्र पढ़नेवाला आदि सभी वर्ण के लोग अपने-अपने कर्म को बड़ी श्रद्धा से हँसते-गाते कर रहे थे। सारा समाज संबंधों की डोर से बँधा हुआ था। शूद्र भी समाज में किसी का भाई, चाचा या दादा था तथा ब्राह्मण भी ऐसे ही रिश्तों से बँधा था। बेटी गाँव की हुआ करती थी तथा दामाद, मामा आदि रिश्ते गाँव के हुआ करते थे। इस प्रकार भारतीय समाज भिन्नता के बीच भी एकता के सूत्र में बँधा हुआ था। इस समय धार्मिक संप्रदायों के बीच भी सौहार्दपूर्ण संबंध था। यह एक ऐतिहासिक तथ्य है कि 1857 की क्रांति में हिंदू-मुसलमान दोनों ने मिलकर अंग्रेजों का विरोध किया था। मैकाले को लगा कि जब तक हिंदू-मुसलमानों के बीच वैमनस्यता नहीं होगी तथा वर्ण-व्यवस्था के अंतर्गत संचालित समाज की एकता नहीं टूटेगी, तब तक भारत पर

अंग्रेजों का शासन मजबूत नहीं होगा।

भारतीय समाज की एकता को नष्ट करने तथा वर्णाश्रित कर्म के प्रति घृणा उत्पन्न करने के लिए मैकाले ने वर्तमान शिक्षा प्रणाली को बनाया। अंग्रेजों की इस शिक्षा नीति का लक्ष्य था—संस्कृत, फारसी तथा लोकभाषाओं के वर्चस्व को तोड़कर अंग्रेजी का वर्चस्व कायम करना, साथ ही सरकार चलाने के लिए देशी अंग्रेजों को तैयार करना। इस प्रणाली के जरिए वंशानुगत कर्म के प्रति घृणा पैदा करने और परस्पर विद्वेष फैलाने की भी कोशिश की गई थी। इसके अलावा पश्चिमी सभ्यता एवं जीवन–पद्धति के प्रति आकर्षण पैदा करना भी मैकाले का लक्ष्य था। इन लक्ष्यों को प्राप्त करने में ईसाई मिशनरियों ने भी महत्त्वपूर्ण भूमिका निभाई। ईसाई मिशनरियों ने ही सर्वप्रथम मैकाले की शिक्षा–नीति को लागू किया।

मार्च 1890 में गोपाल कृष्ण गोखले द्वारा पहली बार अनिवार्य प्राथमिक शिक्षा संबंधी प्रस्ताव किया गया था। हर्टांग समिति 1929 ने प्राथमिक विद्यालयों की संख्यात्मक वृद्धि पर बल न देकर गुणात्मक उन्नति पर जोर दिया था। गांधीजी द्वारा प्रतिपादित बुनियादी शिक्षा का महत्त्वपूर्ण लक्ष्य शिल्प आधारित शिक्षा द्वारा बालक का सर्वांगीण विकास कर उसे आत्मनिर्भर आदर्श नागरिक बनाना था। मैकाले ने सुझाव दिया कि अंग्रेजी सीखने से ही विकास संभव है।

स्वतंत्रता के पश्चात भारत में शिक्षा

आजादी के बाद राधाकृष्णन आयोग (1948–49), माध्यमिक शिक्षा आयोग (मुदालियर आयोग) 1953, विश्वविद्यालय अनुदान आयोग (1953), कोठारी शिक्षा आयोग (1964), राष्ट्रीय शिक्षा नीति (1968) एवं नवीन शिक्षा नीति (1986) आदि के द्वारा भारतीय शिक्षा व्यवस्था को समय–समय पर सही दिशा देने की गंभीर कोशिशें की गईं।

वर्ष 1948–49 में विश्वविद्यालयों के सुधार के लिए भारतीय विश्वविद्यालय आयोग की नियुक्ति हुई। आयोग की सिफारिशों को बड़ी तत्परता के साथ कार्यान्वित किया गया। उच्च शिक्षा में पर्याप्त सफलता प्राप्त हुई। पंजाब, गुवाहाटी, पूना, रुड़की, कश्मीर, बड़ौदा, कर्नाटक, गुजरात, महिला विश्वविद्यालय, विश्वभारती, बिहार, श्रीवेंकटेश्वर, यादवपुर, वल्लभभाई, कुरुक्षेत्र, गोरखपुर, विक्रम, संस्कृत वि.वि. आदि अनेक नए विश्वविद्यालयों की स्थापना हुई। स्वतंत्रता–प्राप्ति के पश्चात शिक्षा में प्रगति होने लगी। विश्वभारती, गुरुकुल, अरविंद आश्रम, जामिया

मिल्लिया इस्लामिया, विद्याभवन, महिला शिक्षा क्षेत्र में प्रशंसनीय वनस्थली विद्यापीठ आधुनिक भारतीय शिक्षा के विद्यालय और प्रयोग हैं।

वर्ष 1952–53 में माध्यमिक शिक्षा आयोग ने माध्यमिक शिक्षा की उन्नति के लिए अनेक सुझाव दिए। माध्यमिक शिक्षा के पुनर्गठन से शिक्षा में पर्याप्त सफलता प्राप्त हुई।

- 10 जून, 1834 को लार्ड मैकाले गवर्नर–जनरल की काउंसिल के 'कानून–सदस्य' के रूप में भारत आया। उस समय तक 'प्राच्य–पाश्चात्य विवाद' उग्रतम रूप धारण कर चुका था। बैंटिक का विश्वास था कि मैकाले जैसा विद्वान् ही इस विवाद को समाप्त कर सकता था।
- उसने मैकाले से सन् 1813 के 'आज्ञा–पत्र' की 43वीं धारा में अंकित एक लाख रुपए की धनराशि को व्यय करने की विधि तथा अन्य विवादग्रस्त विषयों के संबंध में कानूनी सलाह देने का अनुरोध किया।
- मैकाले ने सर्वप्रथम 'आज्ञा–पत्र' की उक्त धारा और दोनों दलों के वक्तव्यों का सूक्ष्म अध्ययन किया। फिर उसने तर्कपूर्ण और बलवती भाषा में अपनी सलाह को अपने प्रसिद्ध 'विवरण–पत्र' में लेखबद्ध करके 2 फरवरी, 1835 को बैंटिक के पास भेज दिया।
- सबसे पहले मैकाले ने भारतीय भाषाओं को अध्ययन के लिए पूर्णतया निरर्थक बताते हुए लिखा—"भारत के निवासियों में प्रचलित देशी भाषाओं में साहित्यिक तथा वैज्ञानिक ज्ञान–कोष का अभाव है और वे इतनी अविकसित तथा गँवारू हैं कि जब तक उनको बाह्य भंडार से संपन्न नहीं किया जाएगा, तब तक उनसे किसी भी महत्त्वपूर्ण पुस्तक का सरलता से अनुवाद न हो सकेगा।"
- भारतीय भाषाओं की निरर्थकता सिद्ध करने के पश्चात मैकाले ने अरबी, फारसी तथा संस्कृत की अपेक्षा अंग्रेजी को कहीं अधिक उच्च स्थान देते हुए लिखा—"एक अच्छे यूरोपीय पुस्तकालय की एक अलमारी का साहित्य भारत और अरब के संपूर्ण साहित्य से कम महत्त्वपूर्ण नहीं है।"
- अंग्रेजी के 'Filtration' शब्द का अर्थ है—'निस्यंदन' अर्थात् 'छानने की क्रिया'। व्यापारियों की कंपनी होने के कारण वह भारतीयों की शिक्षा पर कम–से–कम धन व्यय करना चाहती थी। अत: उसने यह सिद्धांत प्रतिपादित किया कि शिक्षा का नियोजन केवल उच्च वर्गों के लिए किया

जाए, क्योंकि शिक्षा इन वर्गों के व्यक्तियों तक पहुँच जाएगी।

- भारत के तत्कालीन गवर्नर जनरल, लार्ड ऑकलैंड ने 'निस्यंदन-सिद्धांत' को शिक्षा की सरकारी नीति के रूप में स्वीकार किया और 24 नवंबर, 1839 के अपने 'विवरण-पत्र' द्वारा अग्रांकित घोषणा की—"सरकार के प्रयास समाज के उन उच्च वर्गों में उच्च शिक्षा का प्रसार करने तक सीमित रहने चाहिए, जिनके पास अध्ययन के लिए अवकाश है और जिनकी संस्कृति छन-छनकर जनसाधरण तक पहुँचेगी।"
- लार्ड विलियम बैंटिक ने मैकाले के 'विवरण-पत्र' में व्यक्त किए गए सभी विचारों का अनुमोदन किया। फिर 7 मार्च, 1835 को एक विज्ञप्ति (Proclamation) द्वारा उसने सरकार की शिक्षा नीति को अग्रांकित शब्दों में घोषित किया—"शिक्षा के लिए निर्धारित संपूर्ण धन का सर्वोत्कृष्ट प्रयोग केवल अंग्रेजी की शिक्षा के लिए ही किया जा सकता है।"
- ब्रिटिश संसद् को यह अनुभूति हो चुकी थी कि भारतीय शिक्षा नीति में कुछ परिवर्तन किया जाना चाहिए एवं एक स्थायी नीति का निर्माण किया जाना चाहिए। इसलिए ब्रिटिश संसद् ने एक संसदीय समिति नियुक्त की तथा इस समिति द्वारा प्रस्तुत कुछ आधारभूत सिद्धांतों के आधार पर 1854 में शिक्षा संबंधी एक घोषणा-पत्र प्रस्तुत किया गया, जिसे संचालन समिति के अध्यक्ष चार्ल्स वुड के नाम पर वुड का घोषणा-पत्र (Wood's Despatch) कहा जाता है।
- 1882 में सरकार ने डब्ल्यू.डब्ल्यू. हंटर की अध्यक्षता में एक आयोग शिक्षा के क्षेत्र में 1854 के पश्चात हुई प्रगति की समीक्षा करने के लिए नियुक्त किया। एक कारण यह भी था कि इंग्लैंड में पादरी लोग यह प्रचार कर रहे थे कि भारत में शिक्षा वुड के पत्र के प्रस्तावों के अनुसार नहीं हो रही है।
- इस आयोग के सुझावों के पश्चात आनेवाले 20 वर्षों में माध्यमिक और कॉलेज शिक्षा का अभूतपूर्व विस्तार हुआ। इस क्षेत्र में दानी लोगों का विशेष सहयोग था।
- 1882 में पंजाब और 1887 में इलाहाबाद विश्वविद्यालय स्थापित किए गए।
- कर्जन ने अपने प्रशासन को सुधारने के स्वाभाविक जोश में भारतीय शिक्षा

को भी सुधारने का प्रयत्न किया। उसने मैकाले की नीति की आलोचना की और कहा कि उसमें देशी भाषाओं के विरुद्ध पक्षपात था। उसने हीन स्तर के अध्यापक वर्ग और परीक्षाओं पर बल देनेवाली शिक्षा-पद्धति की भी कटु आलोचना की। परंतु उसके मुख्य उद्‌देश्य राजनीतिक थे और केवल आंशिक रूप से शैक्षिक। उसने विश्वविद्यालयों पर सरकारी नियंत्रण बढ़ाया और उसे गुण तथा दक्षता के नाम पर उचित ठहराया। राष्ट्रवादियों ने इसे साम्राज्यवाद को दृढ़ करने और राष्ट्रीयता की भावना के विकास को समाप्त करने का प्रयत्न कहा।

स्वतंत्रता-प्राप्ति के पश्चात भारत सरकार ने देश की शिक्षा को सुनियोजित और सुसंगठित करने का दृढ़ निश्चय किया। उसने यह कार्य विश्वविद्यालयी शिक्षा से आरंभ किया। इसका प्रमुख कारण यह था कि स्वाधीनता के युग में प्रवेश करने के समय से भारतीय विश्वविद्यालयों में अध्ययन करनेवाले छात्रों की संख्या में निरंतर वृद्धि हो रही थी।

इन परिस्थितियों में समन्वय स्थापित करने के लिए माध्यमिक शिक्षा के पुनर्गठन की आवश्यकता अनुभव की जाने लगी। इसलिए सन् 1948 में 'केंद्रीय शिक्षा सलाहकार बोर्ड' ने भारत सरकार को एक आयोग नियुक्त करने का सुझाव दिया।

सन् 1951 में उसने अपने सुझाव की यह कहकर पुनरावृत्ति की कि माध्यमिक शिक्षा एकमार्गीय (Unilateral) है और उसे ग्रहण करनेवाले विद्यार्थियों के समक्ष उच्च शिक्षा प्राप्त करने अथवा नौकरी खोजने के अतिरिक्त और कोई मार्ग नहीं है। अतः माध्यमिक शिक्षा का पुनर्गठन इस प्रकार किया जाना चाहिए कि विद्यार्थी अपनी अभिरुचियों एवं आवश्यकताओं के अनुसार माध्यमिक शिक्षा से लाभान्वित हो सकें। 'बोर्ड' के सुझाव से संतुष्ट होकर, भारत सरकार ने 23 सितंबर, 1952 को मद्रास विश्वविद्यालय के उपकुलपति डॉ. ए. लक्ष्मणस्वामी मुदालियर की अध्यक्षता में 'माध्यमिक शिक्षा आयोग' की नियुक्ति की घोषणा की। अध्यक्ष के नाम पर इस 'आयोग' को 'मुदालियर कमीशन' भी कहा जाता है।

- 'आयोग' के शब्दों में, आयोग के जाँच के विषय थे—"भारत की तत्कालीन माध्यमिक शिक्षा के सब पक्षों की जाँच करना एवं उनके विषय में रिपोर्ट देना और उसके पुनर्गठन एवं सुधार के संबंध में सुझाव प्रस्तुत करना।"
- 'आयोग' के अनुसार, माध्यमिक शिक्षा के प्रमुख दोष निम्नलिखित हैं—

(i) माध्यमिक शिक्षा एकपक्षीय है। अतः यह छात्रों को केवल उच्च शिक्षा के लिए तैयार करती है।

(ii) माध्यमिक शिक्षा नीरस, पुस्तकीय, संकुचित एवं रूढ़िबद्ध है। अतः यह छात्रों के व्यक्तित्व का पूर्ण विकास नहीं करती है।

(iii) माध्यमिक शिक्षा छात्रों में नैतिकता, सहयोग, अनुशासन एवं नेतृत्व के गुणों का विकास नहीं करती है। अतः यह उनको उत्तम नागरिक नहीं बनाती है।

(iv) माध्यमिक शिक्षा का पाठ्यक्रम संकीर्ण है, अतः यह छात्रों को अपनी रुचियों और मनोवृत्तियों के अनुसार विषयों का चयन करने का अवसर नहीं देती है।

(v) माध्यमिक शिक्षा छात्रों के लिए चरित्र–निर्माण के प्रति रंचमात्र भी ध्यान नहीं देती है। अतः यह उनमें अनुशासनहीनता की भावना उत्पन्न करती है।

- 'आयोग' ने भारत की आर्थिक, सामाजिक एवं राजनीतिक आवश्यकताओं को ध्यान में रखकर माध्यमिक शिक्षा के निम्नलिखित उद्देश्य निर्धारित किए हैं—

(i) माध्यमिक शिक्षा का पहला उद्देश्य छात्रों में व्यावसायिक कुशलता की उन्नति करना होना चाहिए। अतः माध्यमिक शिक्षा में औद्योगिक एवं व्यावसायिक विषयों को स्थान दिया जाना चाहिए। इन विषयों की शिक्षा से छात्रों और देश दोनों का हित होगा।

(ii) माध्यमिक शिक्षा का दूसरा उद्देश्य छात्रों में नेतृत्व ग्रहण करने की क्षमता का विकास करना होना चाहिए।

(iii) माध्यमिक शिक्षा का तीसरा उद्देश्य छात्रों में जनतंत्रीय नागरिकता का विकास करना होना चाहिए। अतः माध्यमिक शिक्षा की व्यवस्था इस प्रकार की जानी चाहिए, जिससे छात्रों में अनुशासन, देश प्रेम, सहयोग, सहिष्णुता, स्पष्ट विचार आदि गुणों का विकास हो।

(iv) माध्यमिक शिक्षा का चौथा और अंतिम उद्देश्य छात्रों के व्यक्तित्व का सर्वांगीण विकास करना होना चाहिए। अतः माध्यमिक शिक्षा का संगठन इस प्रकार किया जाना चाहिए, जिससे छात्रों का साहित्यिक, सांस्कृतिक एवं कलात्मक विकास हो। इस विकास के फलस्वरूप छात्र अपनी

सांस्कृतिक विरासत के महत्त्व को समझ सकेंगे और उसकी वृद्धि में योग दे सकेंगे।

- 'आयोग' ने मुख्यतः तीन भाषाओं के स्थान एवं अध्ययन के संबंध में अपने सुझाव दिए हैं, यथा—

(i) 'आयोग' ने इस बात पर जोर दिया है कि हिंदी को विद्यालय स्तर पर अध्ययन का अनिवार्य विषय बनाया जाना चाहिए।

(ii) 'आयोग' का कथन है कि अंग्रेजी लगभग सभी राज्यों में माध्यमिक स्तर पर अध्ययन का अनिवार्य विषय है। 'आयोग' का मत है कि भविष्य में भी अंग्रेजी को इसी स्थान पर रखा जाना चाहिए। इस संबंध में 'आयोग' ने निम्नलिखित तर्क प्रस्तुत किए हैं—

(A) अंग्रेजी भारत के शिक्षित वर्गों की अत्यंत लोकप्रिय भाषा है।

(B) भारत की अंतर्राष्ट्रीय क्षेत्र में जो स्थिति है, वह अंग्रेजी के अध्ययन का परिणाम है।

(iii) 'आयोग' ने माध्यमिक विद्यालयों के पाठ्यक्रम में संस्कृत को स्थान दिए जाने के पक्ष में अनेक अकाट्य तर्क दिए हैं; यथा—

(A) संस्कृत ने धार्मिक एवं सांस्कृतिक दृष्टियों से व्यक्तियों को सदैव अपनी ओर आकृष्ट किया है। अतः इसकी उपेक्षा करना विवेक का प्रमाण नहीं है।

(B) संस्कृत भारत की अधिकांश भाषाओं की जननी है, अतः इसका ज्ञान अनिवार्य है।

(C) संस्कृत का अध्ययन करके ही भारत के प्राचीन ग्रंथों में विद्यमान ज्ञान की जानकारी प्राप्त की जा सकती है। अतः इसके अध्ययन को प्रोत्साहित करना आवश्यक है।

(iv) मिडिल या जूनियर माध्यमिक या सीनियर बेसिक स्कूल, इन तीनों प्रकार के स्कूलों के पाठ्यक्रमों में निम्नलिखित विषयों को सम्मिलित किया जाना चाहिए—

(A) भाषाएँ (Languages)।

(B) सामाजिक अध्ययन (Social Studies)।

(C) सामान्य विज्ञान (General Science)।

(D) गणित (Mathematics)।

(E) कला तथा संगीत (Art and Music)।

(F) शिल्प (Craft)।

(G) शारीरिक शिक्षा (Physical Education)।

- 'आयोग' का विचार है कि चरित्र के निर्माण में धार्मिक शिक्षा का महत्त्वपूर्ण स्थान है। अत: उसने धार्मिक शिक्षा के विषय में निम्नलिखित सुझाव दिए हैं—

(i) धार्मिक शिक्षा विद्यालय के शिक्षण के समय से पहले या बाद में दी जानी चाहिए।

(ii) धार्मिक शिक्षा विद्यालयों में दी जा सकती है।

(iii) धार्मिक शिक्षा छात्रों के अभिभावकों की अनुमति प्राप्त करने के बाद दी जानी चाहिए।

- 'आयोग' ने चरित्र-निर्माण की शिक्षा पर अत्यधिक बल दिया है और इसके विषय में निम्नलिखित सुझाव दिए हैं—

(i) छात्रों में उत्तम अनुशासन की भावना का विकास करने के लिए उनमें और शिक्षकों में घनिष्ठ संबंध स्थापित किए जाने चाहिए।

(ii) विद्यालयों में 'अतिरिक्त पाठ्यक्रम क्रियाओं (Extra Curricular Activities) एवं 'पाठ्यक्रम सहगामी क्रियाओं' (Co-Curricular Activities) को स्थान दिया जाना चाहिए।

(iii) सभी विद्यालयों में एन.सी.सी., फर्स्ट-एड, स्काउटिंग, सेंट जॉन्स एंबुलेंस एवं जूनियर रेड-क्रॉस की व्यवस्था की जानी चाहिए।

- 'आयोग' की धारणा है कि प्रचलित परीक्षा-प्रणाली छात्रों के वास्तविक ज्ञान का मूल्यांकन करने में असमर्थ है। अत: 'आयोग' ने अधोलिखित सुझावों द्वारा एक नवीन परीक्षा-प्रणाली की रूपरेखा प्रदर्शित की है—

(i) माध्यमिक शिक्षा का संपूर्ण पाठ्यक्रम समाप्त करने के पश्चात केवल एक 'सार्वजनिक परीक्षा' (Public Examination) होनी चाहिए।

(ii) बाह्य परीक्षाओं (External Examinations) की संख्या में कमी की जानी चाहिए।

(iii) परीक्षाओं में पूछे जानेवाले प्रश्न निबंधात्मक ढंग के न होकर वस्तुनिष्ठ प्रकार के होने चाहिए, ताकि परीक्षाओं में 'आत्मगत तत्त्वों' का अंत किया जा सके।

(iv) छात्रों के कार्य का अंतिम मूल्यांकन करते समय अग्रलिखित को उचित महत्त्व दिया जाना चाहिए—आंतरिक परीक्षाएँ, नियतकालिक परीक्षाएँ एवं विद्यालय अभिलेख।

भारतीय शिक्षा आयोग (1964-66)

- 'आयोग' का मत है, "शिक्षा में सबसे महत्त्वपूर्ण तथा आवश्यक सुधार होगा कि इसको इस प्रकार परिवर्तित करने का प्रयास किया जाए कि इसका व्यक्तियों के जीवन, आवश्यकताओं तथा आकांक्षाओं से संबंध स्थापित हो जाए। इस प्रकार शिक्षा को उस सामाजिक, आर्थिक एवं सांस्कृतिक परिवर्तनों का शक्तिशाली साधन बनाया जाए, जो राष्ट्रीय लक्ष्यों की प्राप्ति के लिए आवश्यक है।"
- 'आयोग' ने शिक्षा द्वारा सामाजिक एवं राष्ट्रीय एकता का विकास करने के विचार से अधोलिखित सुझाव दिए हैं—

(i) शिक्षा के सभी स्तरों पर सामाजिक एवं राष्ट्रीय सेवा (Social and National Service) को सभी विद्यार्थियों के लिए अनिवार्य बना दिया जाना चाहिए।

(ii) प्रत्येक शिक्षा संस्था में सामाजिक एवं सामुदायिक सेवा के कार्यक्रमों को आरंभ किया जाना चाहिए और प्रत्येक छात्र द्वारा इन कार्यक्रमों में उचित ढंग से भाग लिया जाना चाहिए।

(iii) सार्वजनिक शिक्षा के लिए 'सामान्य विद्यालय प्रणाली' को राष्ट्रीय लक्ष्य माना जाना चाहिए और इस प्रणाली को दो वर्ष की अवधि में पूर्ण कर दिया जाना चाहिए।

(iv) मातृभाषा अर्थात् प्रादेशिक भाषा को सभी स्तरों पर शिक्षा का माध्यम बनाया जाना चाहिए और इस कार्यक्रम को 10 वर्ष में पूर्ण कर दिया जाना चाहिए।

- प्रौढ़ शिक्षा के कार्यक्रमों को दो उद्देश्यों को सामने रखकर आयोजित किया जाना चाहिए—
  (i) निरक्षरता का उन्मूलन।
  (ii) व्यक्ति को नागरिक एवं राष्ट्रीय कुशलता और सामान्य संस्कृति स्तर का उन्नयन।
- सब व्यक्तियों में वैज्ञानिक विचार एवं दृष्टिकोण का और सहिष्णुता,

पहलकदमी, जनहित, समाज-सेवा, आत्मनिर्भरता एवं आत्मानुशासन के गुणों का विकास किया जाना चाहिए।

- चौदह वर्ष की आयु तक के बालकों एवं बालिकाओं को निःशुल्क एवं अनिवार्य शिक्षा प्रदान की जानी चाहिए।
- धर्म, वर्ण, लिंग, जाति एवं स्थिति का भेदभाव किए बिना सब बालकों एवं बालिकाओं को शिक्षा के समान अवसर दिए जाने चाहिए।
- आधुनिकीकरण करने के लिए शिक्षा को महत्त्वपूर्ण साधन बनाया जाना चाहिए और आधुनिकीकरण की प्रगति एवं शैक्षिक प्रसार की गतियों में समन्वय स्थापित किया जाना चाहिए।
- 'आयोग' के शब्दों में, "शिक्षा का एक महत्त्वपूर्ण सामाजिक उद्‌देश्य शिक्षा प्राप्त करने के अवसरों में समानता स्थापित करना है, ताकि पिछड़े हुए या कम अधिकारों वाले वर्ग एवं व्यक्ति अपनी दशा सुधार करने के लिए शिक्षा को साधन के रूप में प्रयोग कर सकें।"
- 'आयोग' ने शिक्षा के क्षेत्र में दो प्रमुख प्रकार की व्यापक असमानताएँ बताई हैं—

(i) शिक्षा के सभी पक्षों एवं स्तरों पर बालकों और बालिकाओं की शिक्षा में व्यापक असमानता।

(ii) उच्च वर्गों, पिछड़े वर्गों, अछूत जातियों, पहाड़ी जातियों एवं आदिवासियों की शिक्षा में व्यापक असमानता।

इन दोनों प्रकार की असमानताओं को दूर करने के लिए 'आयोग' ने चार सुझाव दिए हैं—

(A) निःशुल्क शिक्षा की व्यवस्था।

(B) शिक्षा के खर्चों में कमी।

(C) छात्रवृत्तियों की व्यवस्था।

(D) छात्रवृत्तियों की योजना।

- 'आयोग' की धारणा है कि यद्यपि पिछले समय में विद्यालय-शिक्षा का पर्याप्त विस्तार हुआ है, फिर भी देश की आवश्यकताओं को पूर्ण न कर सकने के कारण उसको संतोषजनक नहीं कहा जा सकता है। अपनी इस धारणा के फलस्वरूप 'आयोग' ने विद्यालय-शिक्षा के विभिन्न अंगों के विस्तार के विषय में अपने विचार प्रकट किए हैं और सुझाव भी दिए हैं।

- प्रत्येक राज्य के 'राज्य-शिक्षा-संस्थान' (State Institute of Education) में पूर्व प्राथमिक शिक्षा के विस्तार के लिए राज्य स्तर पर केंद्र की स्थापना की जानी चाहिए।
- व्यक्तिगत प्रबंधकों को उदार आर्थिक सहायता देकर पूर्व प्राथमिक विद्यालयों की स्थापना एवं संचालन करने के लिए प्रेरणा दी जानी चाहिए।
- पूर्व प्राथमिक शिक्षा में परीक्षण-कार्य (Experimentation) को प्रोत्साहित किया जाना चाहिए, ताकि इस शिक्षा के विस्तार के लिए कम खर्चीले उपायों की खोज की जा सके।
- सन् 1975-76 तक देश के सभी बच्चों के लिए पाँच वर्ष की उत्तम प्राथमिक शिक्षा की व्यवस्था की जानी चाहिए।
- सन् 1985-86 तक देश के सब बच्चों के लिए सात वर्ष की उत्तम प्राथमिक शिक्षा की योजना पूर्ण कर दी जानी चाहिए और भारतीय संविधान द्वारा प्रतिपादित लक्ष्य की प्राप्ति हो जानी चाहिए।
- 'आयोग' का मत है कि धनाभाव के कारण कुछ वर्षों में माध्यमिक शिक्षा को सार्वभौमिक बनाया जाना संभव नहीं है। अतः माध्यमिक शिक्षा का विस्तार निम्नांकित उपायों एवं सिद्धांतों को ध्यान में रखकर किया जाना चाहिए—
  - (i) माध्यमिक शिक्षा का व्यवसायीकरण (Vocationalization) इस प्रकार किया जाना चाहिए कि निम्न-माध्यमिक स्तर पर 20 प्रतिशत छात्रों को एवं उच्चतर माध्यमिक स्तर पर 50 प्रतिशत छात्रों को व्यावसायिक शिक्षा प्रदान की जा सके।
  - (ii) बालिकाओं, जनजातियों एवं अछूत जातियों में माध्यमिक शिक्षा का प्रसार करने के लिए विशेष योजनाओं का निर्माण किया जाना चाहिए।
  - (iii) माध्यमिक विद्यालयों में अध्ययन करने के लिए केवल योग्य छात्रों का ही चयन किया जाना चाहिए।
- 'आयोग' ने माध्यमिक शिक्षा के व्यवसायीकरण पर विशेष बल दिया है और इसका कारण बताते हुए लिखा है, "माध्यमिक स्कूल के स्तर पर शिक्षा का व्यवसायीकरण करके शिक्षा और उत्पादन में संबंध स्थापित किया जा सकता है।"

- 'आयोग' का मत है कि विद्यालय-पाठ्यक्रम में अनेक दोषों का समावेश हो गया है। इन दोषों को दूर करने और पाठ्यक्रम में सुधार करने के लिए 'आयोग' ने विभिन्न कक्षाओं के लिए निम्न पाठ्यक्रम निर्धारित किए हैं—
  - (i) निम्न प्राथमिक स्तर—(A) एक भाषा-मातृभाषा या क्षेत्रीय भाषा, (B) वातावरण का अध्ययन (Study of Environment) कक्षा 3 और 4 में विज्ञान एवं सामाजिक अध्ययन की शिक्षा, (C) कार्य-अनुभव एवं समाज-सेवा (Work-Experience and Social Service), (D) गणित (Mathematics), (E) स्वास्थ्य शिक्षा (Health Education), (F) सृजनात्मक क्रियाएँ (Creative Activities)।
  - (ii) उच्चतर प्राथमिक स्तर—(A) दो भाषाएँ—(a) मातृभाषा या क्षेत्रीय भाषा, (b) हिंदी या अंग्रेजी, (B) विज्ञान, (C) कार्य अनुभव एवं समाज-सेवा, (D) नैतिक एवं आध्यात्मिक मूल्यों की शिक्षा (Education in Moral and Spiritual Values), (E) सामाजिक अध्ययन (इतिहास, भूगोल एवं नागरिक-शास्त्र), (F) गणित, (G) कला (Art), (H) शारीरिक शिक्षा (Physical Education)।
  - (iii) निम्न माध्यमिक स्तर—(A) तीन भाषाएँ—अहिंदी-भाषी क्षेत्रों में सामान्य रूप से निम्नांकित भाषाएँ होनी चाहिए—(a) मातृभाषा या क्षेत्रीय भाषा, (b) उच्च या निम्न स्तर की हिंदी, (c) उच्च या निम्न स्तर की अंग्रेजी। हिंदीभाषी क्षेत्रों में सामान्य रूप से निम्नांकित भाषाएँ होनी चाहिए—(a) मातृभाषा या क्षेत्रीय भाषा, (b) अंग्रेजी (या हिंदी, यदि अंग्रेजी मातृभाषा के रूप में ली गई है), (c) हिंदी के अतिरिक्त एक अन्य आधुनिक भारतीय भाषा, (B) इतिहास, भूगोल तथा नागरिक शास्त्र, (C) शारीरिक शिक्षा, (D) गणित, (E) नैतिक एवं आध्यात्मिक मूल्यों की शिक्षा, (F) कला, (G) विज्ञान, (H) कार्य-अनुभव एवं समाज-सेवा।
  - (iv) उच्चतर माध्यमिक स्तर—(A) कोई दो भाषाएँ, जिसमें कोई

आधुनिक भारतीय भाषा, कोई आधुनिक विदेशी भाषा एवं कोई शास्त्रीय भाषा सम्मिलित हों, (B) निम्नलिखित में से कोई तीन विषय—(a) एक अतिरिक्त भाषा, (b) इतिहास, (c) भूगोल, (d) अर्थशास्त्र, (e) तर्कशास्त्र (logic), (f) मनोविज्ञान, (g) समाजशास्त्र, (h) कला, (i) भौतिकशास्त्र, (j) रसायनशास्त्र, (k) गणित, (l) जीव-विज्ञान, (m) भूगर्भशास्त्र (Geology), (n) गृह-विज्ञान (Home Science), (C) शारीरिक-शिक्षा, (D) नैतिक एवं आध्यात्मिक मूल्यों की शिक्षा, (E) कार्य-अनुभव एवं समाज-सेवा, (F) कला या शिल्प (Art or Craft)।

- स्त्री-शिक्षा के महत्त्व पर प्रकाश डालते हुए 'आयोग' ने लिखा है—"हमारे मानव-साधनों के पूर्ण विकास, परिवारों की उन्नति तथा शैशवावस्था के वर्षों में अत्यधिक सरलता से प्रभावित होनेवाले बच्चों के चरित्र का निर्माण करने के लिए स्त्रियों की शिक्षा का महत्त्व पुरुषों की शिक्षा से भी अधिक है।" 'आयोग' ने स्त्री-शिक्षा के निम्न अंगों के विषय में अपने विचारों को लेखबद्ध किया है।
- 'आयोग' ने बालिकाओं की प्राथमिक एवं माध्यमिक शिक्षा के विषय में निम्नांकित सुझाव दिए हैं—

(i) माध्यमिक स्तर पर बालिकाओं की शिक्षा के विस्तार की गति इतनी तीव्र कर दी जानी चाहिए, जिससे बीस वर्ष के अंत में निम्न माध्यमिक स्तर पर बालिकाओं और बालकों की संख्या का अनुपात 1:3 और उच्चतर माध्यमिक स्तर पर 1:2 हो जाए।

(ii) भारतीय संविधान में अंकित लक्ष्य की प्राप्ति के लिए बालिकाओं को प्राथमिक शिक्षा का अधिक-से-अधिक विस्तार किया जाना चाहिए।

(iii) बालिकाओं के लिए पृथक् विद्यालयों एवं छात्रावासों और छात्रवृत्तियों की व्यवस्था की जानी चाहिए।

- 'आयोग' ने प्रौढ़ शिक्षा का पर्याप्त विस्तार में वर्णन किया है। 'आयोग' के अनुसार—"विद्यालय शिक्षा के बाद शिक्षा का अंत नहीं होता है, क्योंकि शिक्षा आजीवन चलनेवाली प्रक्रिया है। आज के वयस्क को तीव्र गति से

परिवर्तित होनेवाले संसार की और समाज की बढ़ती हुई जटिलताओं की जानकारी होनी आवश्यक है। जिन व्यक्तियों ने सर्वोत्तम प्रकार की शिक्षा प्राप्त की है, उनके लिए भी जीवन में शिक्षा की आवश्यकता है।" अत: वयस्क शिक्षा का संगठन अनिवार्य है।

- विज्ञान एवं प्रौद्योगिकी शिक्षा को देश के आर्थिक एवं औद्योगिक विकास से संबंधित किया जाना चाहिए।
- विज्ञान एवं गणित की शिक्षा के लिए उच्च अध्ययन केंद्रों की स्थापना की जानी चाहिए और उनमें योग्य एवं अनुभवी अध्यापकों की नियुक्ति की जानी चाहिए।
- विज्ञान से संबंधित विषयों के सैद्धांतिक एवं प्रयोगात्मक पक्षों में समन्वय स्थापित किया जाना चाहिए।
- प्रायोगिक भौतिकशास्त्र एवं रसायनशास्त्र का विकास करने के लिए विशेष प्रयास किए जाने चाहिए।
- वर्तमान वैज्ञानिक, औद्योगिक एवं अन्य आवश्यकताओं को पूर्ण करने के लिए दो वर्ष के एम.एस.सी. के कोर्स के अतिरिक्त एक वर्ष या कम अवधि का कोई विशेष कोर्स आरंभ किया जाना चाहिए।
- कृषि–प्रधान देश, भारत में कृषि की हीन दशा और देश के लिए उसके महत्त्व को ध्यान में रखते हुए, 'आयोग' ने कृषि की शिक्षा में सुधार एवं विस्तार करने के लिए सुझाव दिए हैं—
- 'आयोग' ने कृषि विश्वविद्यालयों की स्थापना, कार्यों आदि के विषय में निम्नलिखित सुझाव दिए हैं—
    (i) प्रत्येक राज्य में कम–से–कम एक कृषि विश्वविद्यालय की स्थापना की जानी चाहिए।
    (ii) कृषि विश्वविद्यालयों में कक्षा–शिक्षण की अपेक्षा प्रायोगिक एवं प्रयोगशाला के कार्यों पर अधिक बल दिया जाना चाहिए।
    (iii) कृषि विश्वविद्यालयों में कृषि–शिक्षा के अध्यापकों के लिए प्रशिक्षण–केंद्रों की स्थापना की जानी चाहिए।
    (iv) कृषि विश्वविद्यालयों में कृषि की शिक्षा, अनुसंधान एवं प्रसार–कार्यक्रमों की उत्तम व्यवस्था होनी चाहिए।

राष्ट्रीय शिक्षा नीति-1986

सन् 1952-53 में 'मुदालियर कमीशन' ने 8+3+3 शिक्षा प्रणाली प्रस्तावित की। 8 वर्ष की प्राथमिक, 3 वर्ष की हाई स्कूल एवं 3 वर्ष की स्नातक व्यवस्था को प्रस्तावित किया। माध्यमिक शिक्षा को समाप्त करने पर बल दिया। सन् 1960 में योजना आयोग ने 12 वर्ष की विद्यालयी शिक्षा तथा 3 वर्ष की स्नातक शिक्षा पर बल दिया। 1961 में कुलपतियों के अधिवेशन में भी यही तथ्य दोहराया गया। सन् 1962 में केंद्रीय शिक्षा सलाहकार परिषद् ने इसी संकल्प को दोहराया एवं 'कोठारी कमीशन' ने भी यही सिफारिश की और अंत में सन् 1986 की राष्ट्रीय शिक्षा नीति के तहत संपूर्ण देश में 10+2+3 शिक्षा व्यवस्था लागू कर दी गई।

- प्राचीन काल में भारत में बालक की शिक्षा का प्रारंभ 5 वर्ष की आयु से होता था, जिसमें ब्राह्मण 6, क्षत्रिय 11 और वैश्य 12 वर्ष की आयु में उपनयन संस्कार के पश्चात गुरुकुलों में शिक्षा ग्रहण करने जाते थे। शूद्रों को शिक्षा ग्रहण करने की व्यवस्था न थी। शिक्षा के दो स्तर होते थे—(1) प्रारंभिक, (2) उच्च।
- शिक्षा प्रणाली का सर्वप्रथम 1882 में हंटर कमीशन ने विचार किया। उसने शिक्षा के अनेक चरण प्रस्तावित किए। उस समय दस वर्ष की एंट्रेंस, दो वर्ष की अंतर स्नातक दो वर्ष की स्नातक और दो वर्ष की परास्नातक/स्नातकोत्तर प्रणाली प्रचलित थी।
- 1917-19 में सैडलर कमीशन ने अनुभव किया कि शिक्षा की प्रकृति में परिवर्तन लाना आवश्यक है। अतएव उसने 10+2+3 शिक्षा प्रणाली प्रस्तावित की तथा विद्यालयी शिक्षा के लिए पृथक् बोर्ड गठित करने की सिफारिश की।
- 10+2+3 का अर्थ इस प्रकार समझा जा सकता है कि 10 के अंतर्गत कक्षा 1 से 10 तक की प्राप्त की जानेवाली शिक्षा। यह शिक्षा 6 से 16 वर्ष की आयु तक प्राप्त की जा सकती है। +2 के अंतर्गत कक्षा 11 व 12 तक की प्राप्त की जानेवाली शिक्षा आती है। इन दो वर्षों में सामान्य एवं विशेष दोनों प्रकार की शिक्षा प्रदान की जाएगी। वह शिक्षा 16 से 18 वर्ष की आयु तक चलेगी। +3 से तात्पर्य है कि 12 वर्ष की शिक्षा के पश्चात 3 वर्षीय उच्च शिक्षा की प्रथम उपाधि (स्नातक उपाधि) हेतु निर्धारित अवधि होगी। इस अवधि में शिक्षार्थी को सामान्य एवं विशेष दोनों में

किसी भी शिक्षा के विषयों की शिक्षा प्रदान की जाएगी। यह शिक्षा 18 से 21 वर्ष की आयु तक प्राप्त की जा सकती है।

- राष्ट्रीय शिक्षा प्रणाली सामान्य शैक्षिक संरचना पर विचार करती है। देश के सभी भागों में 10+2+3 प्रणाली को स्वीकार कर लिया गया है। 10 वर्षीय व्यवस्था के पुनर्विभाजन—5 वर्षीय आरंभिक, 3 वर्षीय अपर प्राइमरी एवं 2 वर्षीय हाई स्कूल के प्रयास चल रहे हैं।
- समानता के विकास के लिए समानता के अधिकतम अवसर प्रदान करने के साथ उसमें सफलता प्राप्त करना भी आवश्यक है। आधारभूत पाठ्यक्रम के माध्यम से आंतरिक समानता को जाग्रत् करना है, जन्म से प्राप्त तथा सामाजिक परिवेश से उत्पन्न पूर्वाग्रहों तथा जटिलताओं को समाप्त करना है।
- राष्ट्रीय शिक्षा प्रणाली को आकार देने तथा सशक्त बनाने में सहयोग देनेवाली संस्थाएँ—विश्वविद्यालय अनुदान आयोग, अखिल भारतीय तकनीकी शिक्षा परिषद्, अखिल भारतीय कृषि शिक्षा परिषद् तथा अखिल भारतीय चिकित्सा परिषद् हैं। इन संस्थाओं के मध्य सम्मिलित योजना बनाई जाएगी, जिससे कार्यात्मक संपर्क के द्वारा कार्यक्रमों का क्रियान्वयन किया जा सके।
- 1976 के संविधान संशोधन के अनुसार शिक्षा को समवर्ती सूची में रखा गया। इसके अनुसार केंद्र तथा राज्य सरकारों का दायित्व महत्त्वपूर्ण है। यह दायित्व आर्थिक, प्रशासनिक रूप से सातत्यपूर्ण है। राज्यों के शैक्षिक दायित्वों में कोई परिवर्तन नहीं होगा। केंद्र सरकार राष्ट्रीय एवं सम्मिलित विशेषता वाली शिक्षा को लागू करने का दायित्व वहन करेगी।
- नई नीति असमानता को दूर करने तथा उन लोगों को शैक्षिक अवसरों की समानता प्रदान करने पर बल देगी, जिन्हें समानता से दूर रखा गया है।
- शिक्षा का प्रयोग नारी के स्तर में परिवर्तन के अभिकरण (Agency) के रूप में किया जाएगा। भूतकाल की विसंगतियों को समाप्त कर नारी के पक्ष में सुविचारित शस्त्र तैयार किया जाएगा। नारीशक्ति के जागरण हेतु नई शिक्षा प्रणाली में इसकी भूमिका सकारात्मक हस्तक्षेप की होगी। पुनरीक्षित पाठ्यक्रम, पाठ्य-पुस्तकों शिक्षाओं से प्रशिक्षण तथा अभिनवन, निर्णय

लेने की क्षमता तथा शिक्षा संस्थाओं के सक्रिय सहयोग द्वारा उनमें नवीन मूल्यों का विकास होगा।

- नारी-निरक्षरता, निरक्षरता वृद्धि को दूर करने, प्राथमिक शिक्षा में अनुसंधान को समाप्त करने की दिशा में, सहयोगी (Support) सेवा, काल तथा लक्ष्य विभिन्न स्तरों पर व्यावसायिक प्रशिक्षण प्रदान किया जाएगा। अविभेदीकरण की नीति का पालन करके लिंगभेद को समाप्त कर अपारंपरिक व्यवसायों का, पेशों का प्रशिक्षण दिया जाएगा। यह कार्य विद्यमान विकासशील प्रौद्योगिकी में भी होगा।
- अनुसूचित जातियों के शैक्षिक विकास का केंद्रीय तत्त्व अनुसूचित जातियों के समान शिक्षा के सभी स्तरों पर सभी क्षेत्रों में चार आयामों—ग्रामीण पुरुष, ग्रामीण स्त्री, नगरीय पुरुष तथा नगरीय स्त्रियों में है।
- अनुसूचित जनजातियों को अन्य लोगों के समानांतर लाने के लिए ये उपाय किए जाएँगे।
- जनजातिय क्षेत्रों में प्राथमिक विद्यालय खोलने हेतु प्राथमिकता दी जाएगी। इन क्षेत्रों में एन.आर.ई.पी., आर.एल.ई.जी.पी. के साथ-साथ शिक्षा के सामान्य कोष से भी भवन-निर्माण हेतु सहायता ली जाएगी।
- अनुसूचित जनजातियों के सामाजिक-सांस्कृतिक वातावरण की अपनी ही विशेषताएँ हैं, उनमें से उनकी आंचलिक भाषा है। इससे यह आवश्यकता अनुभव की जाती है कि आरंभिक स्तर पर पाठ्यक्रम तथा निर्देशात्मक सामग्री का निर्माण स्थानीय भाषा के आधार पर किया जाए। यह भी ध्यान रखा जाए कि क्षेत्रीय भाषा में परिवर्तन करने में इससे कठिनाई न हो।
- विस्तृत पैमाने पर आश्रम तथा आवासीय विद्यालयों की स्थापना की जाएगी।
- स्वाधीनता-प्राप्ति के पश्चात यद्यपि राष्ट्रीय शिक्षा के स्वरूप तथा राष्ट्रीय शिक्षा नीति की आवश्यकता चौथे दशक की समाप्ति पर तीव्रतर हुई इस दिशा में देश के पहले राष्ट्रीय शिक्षा आयोग (कोठारी कमीशन) ने पहली बार विचार किया और 1968 में 'राष्ट्रीय शिक्षा नीति' प्रस्तावित की।
- भारत सरकार ने 1986 में नई शिक्षा नीति राष्ट्र विकास के व्यापक एवं महत्त्वपूर्ण संकल्प की पूर्ति के लिए प्रकाशित की। गुजरात के राज्यपाल माननीय रामकृष्ण त्रिवेदी ने नई शिक्षा नीति की सार्थकता पर प्रकाश

डालते हुए कहा, "देश के सर्वोन्मुखी विकास का उद्देश्य रखकर नई शिक्षा नीति का ढाँचा तैयार किया गया है। शिक्षण केवल चार दीवारों के बीच की एक जड़ प्रक्रिया न रहकर देश के सर्वांगीण विकास को गतिशील और ठोस बनाए और राष्ट्रीय एकता अपनी पुरातन सभ्यता और भारतीय संस्कारों के अनुसार इस देश के विद्यार्थियों को आधुनिक शिक्षा प्रवाह से इस तरह अवगत कराया जाए, ताकि वे सब इस देश के आदर्श नागरिक बन सकें, यह नई शिक्षा नीति का परम ध्येय है, यही है इसका मुख्य लक्ष्य।"

- शिक्षा नीति किसी भी राष्ट्र के निर्माण में महत्त्वपूर्ण योग देती है। भारत में प्रत्येक शासन काल में शासकों ने अपने आदर्शों तथा दर्शन के संदर्भ में शिक्षा नीति का निर्माण किया। इसका प्रमुख कारण रहा है कि शिक्षा सदा से मानव इतिहास को विकसित करती रही है। इसने काल की चेतावनी तथा सामाजिक, सांस्कृतिक चुनौती का सामना किया है। आदिकाल से चली आ रही शिक्षा की प्रक्रिया आज भी किसी-न-किसी रूप में विद्यमान है।
- तकनीकी शिक्षा के उच्च स्तरों पर नवीनीकरण आवश्यक है। इस दृष्टि से अनुसंधान तथा विकास पर विशेष बल दिया जाएगा। शिक्षा के सभी स्तरों पर कुशलता तथा प्रभावशीलता के विकास के लिए प्रयास करने होंगे। देश, काल और परिस्थिति के अनुसार पाठ्यक्रमों का पुनर्निर्माण करना होगा।

शिक्षा की संशोधित राष्ट्रीय शिक्षा नीति (1986-92)

- समिति ने देखा कि राष्ट्रीय शिक्षा नीति-1986 के तहत शिशुओं की देखभाल एवं शिक्षा (ECCE) की व्यवस्था की गति बहुत मंद है। उसने सुझाव दिया कि समाज के सुविधाविहीन शिशुओं की देखभाल एवं शिक्षा के लिए आँगनवाड़ी व्यवस्था का विस्तार किया जाए, साथ ही आँगनवाड़ी के कार्य को समुन्नत किया जाए।
- समिति ने स्पष्ट किया कि प्राथमिक शिक्षा के सार्वभौमीकरण के कार्य को गंभीरता से नहीं लिया जा रहा है। उसने यह स्पष्ट किया कि 'ब्लैक बोर्ड योजना' के अंतर्गत 1990-91 तक 50 प्रतिशत प्राथमिक विद्यालयों

को इसका लाभ पहुँचाया जाना था, परंतु अब तक केवल 30 प्रतिशत प्राथमिक विद्यालयों को ही इसका लाभ पहुँचाया जा सका है और इन 30 प्रतिशत के भी जो भवन बनाए गए हैं, वे अच्छे नहीं हैं, एकदम घटिया किस्म के हैं और इनमें जो सामग्री भेजी गई है, वह भी अच्छी किस्म की नहीं है। उसने सुझाव दिया कि प्राथमिक स्तर पर शत-प्रतिशत नामांकन, शत-प्रतिशत उपस्थिति और शत-प्रतिशत सफलता के लिए ठोस कदम उठाए जाएँ और ब्लैक बोर्ड योजना का क्रियान्वयन उचित ढंग और सही गति से किया जाए।

- राष्ट्रीय शिक्षा नीति-1886 के अनुसार पूरे देश में 10+2+3 शिक्षा संरचना लागू होनी थी, अभी तक नहीं हो पाई। देश में अभी तक जो 261 नवोदय विद्यालय खोले गए हैं, उनसे कोई लाभ नहीं हुआ है। +2 पर 1995 तक 25 प्रतिशत छात्र-छात्राओं को व्यावसायिक धारा में लाने का लक्ष्य है, परंतु अभी (1990) तक केवल 2.5 प्रतिशत छात्रों को ही इस धारा में लाया जा सका है। इस संदर्भ में समिति ने पहला सुझाव तो यह दिया कि इस स्तर पर राष्ट्रीय शिक्षा नीति का ईमानदारी से क्रियान्वयन किया जाए और दूसरा सुझाव यह दिया कि सार्वजनिक स्कूल प्रणाली (Common School System) को ईमानदारी से लागू किया जाए।
- राष्ट्रीय शिक्षा नीति-1986 में उच्च शिक्षा को सर्वसुलभ बनाने हेतु विश्वविद्यालयों की स्थापना की बात कही गई थी और 1986 में इंदिरा गांधी राष्ट्रीय मुक्त विश्वविद्यालय की स्थापना भी की गई है और इसमें अनेक पाठ्यक्रम भी प्रारंभ किए गए हैं, परंतु इससे उच्च शिक्षा के स्तर में गिरावट आई है।
- राष्ट्रीय शिक्षा नीति-1986 में व्यावसायिक एवं तकनीकी शिक्षा की उचित व्यवस्था की बात कही गई थी, कंप्यूटर शिक्षा पर बल दिया गया था और निम्न स्तर की तकनीकी शिक्षा संस्थाओं को बंद करने की बात कही गई थी। इस बीच कंप्यूटर शिक्षा में तो काफी सुधार हुआ है, शेष सब यथावत् चल रहा है, कोई सुधार नहीं हुआ है। इस संदर्भ में समिति ने शिक्षा को रोजगारपरक बनाने पर बल दिया और साथ ही रोजगारपरक शिक्षा की व्यावसायिक एवं तकनीकी शिक्षा संस्थाओं के स्तर को उन्नत बनाने की बात कही।

- समिति ने स्पष्ट किया कि प्रौढ़ शिक्षा कार्यक्रम उचित ढंग से नहीं चलाए जा रहे हैं। उसने सुझाव दिया कि प्रौढ़ शिक्षा का उत्तरदायित्व मानव संसाधन मंत्रालय के शिक्षा विभाग, ग्रामीण विकास मंत्रालय और श्रम मंत्रालय तीनों के ऊपर होना चाहिए।
- समिति ने देखा कि प्राथमिक शिक्षा के सार्वभौमीकरण के लिए किए जा रहे प्रयास पर्याप्त नहीं हैं। उसने 20वीं शताब्दी के अंत तक 14 वर्ष तक के बच्चों की अनिवार्य एवं नि:शुल्क शिक्षा की व्यवस्था के लिए पहला सुझाव यह दिया कि 8वीं योजना के दौरान सभी बच्चों को एक किमी. क्षेत्र के अंदर प्राथमिक स्कूल उपलब्ध कराए जाएँ, सभी बच्चों का नामांकन सुनिश्चित किया जाए और अपव्यय एवं अवरोधन को कम किया जाए।
- समिति ने देखा कि उस समय प्राथमिक एवं उच्च प्राथमिक विद्यालयों का अनुपात 4:1 था, उसने इसे 2:1 अनुपात में लाने का सुझाव दिया। उसने यह भी सुझाव दिया कि ब्लैक बोर्ड योजना उच्च प्राथमिक स्कूलों में भी लागू की जाए। उसने प्राथमिक स्तर के लिए न्यूनतम अधिगम स्तर की प्राप्ति पर भी बल दिया।
- समिति ने देखा कि उस समय माध्यमिक शिक्षा परिषदें अपने कार्य का संपादन ठीक ढंग से नहीं कर पा रही थीं।
- उसने माध्यमिक स्तर पर खुली शिक्षा के विस्तार की बात भी कही। माध्यमिक स्तर के पाठ्यक्रम में व्यावसायिक पाठ्यक्रमों को लागू करने और इस स्तर पर कंप्यूटर शिक्षा की व्यवस्था करने पर इसने विशेष बल दिया। +2 पर व्यावसायिक धारा को सुदृढ़ किया जाए, इसके लिए उच्च माध्यमिक विद्यालयों को साधन-संपन्न किया जाए।
- समिति ने अनुभव किया कि उच्च शिक्षा का स्तर सही नहीं है। इस संबंध में उसने पहला सुझाव यह दिया कि विश्वविद्यालयों अनुदान आयोग के क्षेत्रीय कार्यालय अति शीघ्र स्थापित किए जाएँ। दूसरा सुझाव यह दिया कि पाठ्यक्रम विकास केंद्र योजना जारी रखी जाए। तीसरा सुझाव यह दिया कि नए-नए पाठ्यक्रम लागू किए जाएँ। चौथा सुझाव यह दिया कि उच्च शिक्षा शिक्षकों के प्रशिक्षण के लिए अकादमिक स्टाफ कॉलेज योजना का विस्तार किया जाए और पाँचवाँ सुझाव यह दिया कि निम्न

स्तर की उच्च शिक्षा संस्थाएँ बंद कर दी जाएँ।

- समिति ने देखा कि उस समय तकनीकी शिक्षा की व्यवस्था सही नहीं थी। उसने सुझाव दिया कि अखिल भारतीय तकनीकी शिक्षा परिषद् (AICTE) की क्षेत्रीय समितियाँ गठित की जाएँ, जो नए तकनीकी शिक्षा संस्थान खोलने, नए पाठ्यक्रम लागू करने और तकनीकी शिक्षा का स्तर मान बनाए रखने के लिए उत्तरदायी हों।
- नीति निर्धारण के साथ-साथ शिक्षा विभाग राज्यों से मिलकर शैक्षिक नियोजन का दायित्व भी निभाता है। शिक्षा को छठीं योजना तक विकास प्रक्रिया के संसाधन की जगह सामाजिक सेवा मात्र समझा जाता था, लेकिन अब शिक्षा को मानव संसाधनों के द्वारा देश के सामाजिक और आर्थिक विकास का महत्त्वपूर्ण कारक माना जाने लगा है। यह बात सन् 1986 की राष्ट्रीय शिक्षा नीति तथा बजट में संसाधनों के आवंटन में प्रतिबिंबित होती है।

वर्ष 1986 की राष्ट्रीय शिक्षा नीति देश के शैक्षिक विकास में मील का पत्थर है। 1990 में आचार्य राममूर्ति की अध्यक्षता में एक समिति ने इसकी समीक्षा की। इसकी सिफारिशों पर शिक्षा के केंद्रीय सलाहकार बोर्ड ने विचार किया और आंध्र प्रदेश के तत्कालीन मुख्यमंत्री श्री एन. जनार्दन की अध्यक्षता में 22 जनवरी, 1992 को समिति ने अपनी रिपोर्ट पेश की। शिक्षा के केंद्रीय सलाहकार बोर्ड ने इस रिपोर्ट पर विचार करके इसमें कुछ परिवर्तनों का सुझाव दिया था। परिणामस्वरूप संसद् के समक्ष 7 मई, 1992 को शिक्षा के 'केंद्रीय सलाहकार बोर्ड' द्वारा अनुमोदित एवं संशोधित नीतियाँ कुछ सूत्रों के साथ रखी गईं। साथ-ही-साथ नीति को लागू करने की संशोधित कार्य-योजना तैयार की गई और 19 अगस्त, 1992 को संशोधित कार्य नीति-1992 संसद् के समक्ष रखी गईं।

□

राष्ट्रीय शिक्षा नीति-2020

प्रत्येक देश की अपनी एक शिक्षा नीति होती है, जो उस देश का भविष्य तय करती है। शिक्षा नीति ही वहाँ की 'शिक्षा की रूपरेखा किस तरह की होगी', का निर्धारण करती है; शिक्षा नीति विजन स्टेटमेंट या विजन डॉक्यूमेंट होती है, जो यह बताती है कि आनेवाले वर्षों में देश में शिक्षा किस दिशा में जाएगी; साथ ही शिक्षा व्यवस्था को एक आकार प्रदान करती है; यह नीति इस चीज के लिए रास्ता तैयार करती है कि देश में गैर-बराबरी खत्म होगी कि नहीं, समाज में प्रत्येक वर्ग के व्यक्ति को अवसर मिलेगा या नहीं।

भारतीय संविधान के नीति-निर्देशक तत्त्वों में कहा गया है कि 6 से 14 वर्ष तक के बच्चों के लिए एवं निशुल्क शिक्षा की व्यवस्था की जाए। आजादी के बाद सन् 1948 में डॉ. राधाकृष्णन की अध्यक्षता में 'विश्वविद्यालय शिक्षा आयोग' का गठन हुआ था, तभी से राष्ट्रीय शिक्षा नीति का निर्माण होना भी शुरू हुआ था।

कोठारी आयोग 1964-66 की सिफारिशों पर आधारित 1968 में पहली बार महत्त्वपूर्ण बदलाव वाला प्रस्ताव इंदिरा गांधी के प्रधानमंत्री काल में पारित हुआ था। अगस्त 1985 में 'शिक्षा की चुनौती' नामक एक दस्तावेज तैयार किया गया, जिसमें भारत के विभिन्न वर्गों (बौद्धिक, सामाजिक, राजनीतिक, व्यावसायिक, प्रशासकीय) आदि ने अपनी शिक्षा संबंधी सलाह दी और 1986 में भारत सरकार ने नई शिक्षा नीति-1986 का प्रारूप तैयार किया। इस नीति की सर्वाधिक विशेषता यह थी कि इसमें सारे देश के लिए समान शैक्षिक ढाँचा तैयार किया गया और स्वीकार भी किया गया। अधिकांश राज्यों द्वारा 10+2+3 की संरचना को अपनाया गया। इसे राजीव गांधी के प्रधानमंत्रित्व काल में जारी किया गया। इस नीति को 1992 में संशोधित किया गया था। उसके बाद 2014 के आम चुनाव में भारतीय जनता

पार्टी के चुनावी घोषणा-पत्र में एक नवीन शिक्षा नीति बनाने का विषय शामिल था। परिणामस्वरूप 2020 में शिक्षा क्षेत्र में व्यापक बदलाव के लिए केंद्र सरकार द्वारा राष्ट्रीय शिक्षा नीति को मंजूरी दे दी गई। इस नीति के पहले, आजादी के बाद दो शिक्षा नीतियाँ लागू हुईं, जिनकी विशेषताएँ इस प्रकार हैं—

- भारतीय संविधान के अनुच्छेद 45 के अनुसार 14 वर्ष तक की आयु तक अनिवार्य और मुफ्त शिक्षा होनी चाहिए। यह सुनिश्चित हो कि नामांकन के बाद हर बच्चा पढ़ाई बीच में न छोड़े।
- इस नीति में भारतीय भाषाओं के साथ ही विदेशी भाषाओं के विकास पर भी जोर दिया गया था। 3 भाषा का फॉर्मूला इस तरह पेश किया जाना चाहिए, जिसमें माध्यमिक स्तर पर एक छात्र को हिंदी और अंग्रेजी के साथ ही अपने क्षेत्र की भाषा को जानना चाहिए।
- देश में गुणवत्तापूर्ण शिक्षा के निर्धारण के लिए शिक्षक सबसे महत्त्वपूर्ण होता है, इसलिए उन्हें समाज में सम्मान मिलना चाहिए। इसके लिए उनकी योग्यता और प्रशिक्षण बेहतर होना चाहिए, साथ ही उन्हें राष्ट्रीय और अंतर्राष्ट्रीय मामलों में लिखने, पढ़ने और बोलने की आजादी होनी चाहिए।
- देश के प्रत्येक बच्चे को, चाहे उसकी जाति, धर्म, क्षेत्र कुछ भी हो, शिक्षा प्राप्त करने का समान अवसर होना चाहिए। शिक्षा सुविधाओं का लाभ उठाने के लिए पिछड़े वर्गों के बच्चों, लड़कियों और शारीरिक रूप से अक्षम बच्चों पर विशेष ध्यान दिया जाना चाहिए।

आधुनिकीकरण पर केंद्रित रही राष्ट्रीय शिक्षा नीति-1986 को 1992 में पेश किया गया, जिसमें देश में शिक्षा के विकास के लिए व्यापक ढाँचा पेश किया गया; शिक्षा के आधुनिकीकरण और बुनियादी सुविधाएँ मुहैया कराने पर जोर रहा।

- पिछड़े वर्ग, दिव्यांग और अल्पसंख्यक बच्चों की शिक्षा पर अधिक ध्यान दिया जाना चाहिए।
- इस शिक्षा नीति में प्राथमिक स्तर पर बच्चों के स्कूल छोड़ने पर रोक लगाने पर जोर दिया गया और कहा गया कि देश में गैर-औपचारिक शिक्षा के नेटवर्क को पेश किया जाना चाहिए, साथ ही 14 वर्ष की आयु के बच्चों की शिक्षा को अनिवार्य किया जाना चाहिए।
- महिलाओं के मध्य अशिक्षा की दर को कम करने के लिए उनकी शिक्षा पर अधिक जोर दिया जाना चाहिए। उन्हें विभिन्न शैक्षणिक संस्थानों में

प्राथमिकता दी जाए, साथ ही व्यावसायिक एवं तकनीकी शिक्षा में उनके लिए विशेष प्रावधान किए जाएँ।

- संस्थानों में आधारभूत संसाधन, जैसे कंप्यूटर, पुस्तकालय आदि उपलब्ध कराए जाएँ। छात्रों को विशेष रूप से छात्राओं को आवास उपलब्ध कराए जाएँगे।
- शैक्षिक विकास की समीक्षा करने और सुधार के लिए आवश्यक परिवर्तनों के निर्धारण में सलाहकार बोर्ड ऑफ एजुकेशन महत्त्वपूर्ण भूमिका निभाएगा।
- गैर–सरकारी संगठनों को देश में शिक्षा की सुविधा प्रदान करने के लिए प्रोत्साहित किया जाएगा।

29 जुलाई, 2020 में राष्ट्रीय शिक्षा नीति–2020 को कैबिनेट की मंजूरी मिल गई। वास्तव में यह राष्ट्रीय शिक्षा नीति ऐतिहासिक है, वह इस दृष्टिकोण से कि जितना राय–मशविरा इसे लागू करने से पहले लिया गया, इससे पहले कभी ऐसा नहीं हुआ था। लाखों की संख्या में ग्राम पंचायतों, ब्लॉक स्तर और सैकड़ों की तादाद में जिला स्तर पर इस पूरे विषय की चर्चा की गई, तब कहीं जाकर इसे अंतिम रूप दिया गया। प्रत्येक राज्य सरकार के इस प्रकार सुझाव माँगे गए। मेरे विचार से इससे ज्यादा समावेशी राष्ट्रीय शिक्षा नीति हो ही नहीं सकती। नई शिक्षा नीति का लक्ष्य भारत के स्कूलों और उच्च शिक्षा प्रणाली में इस तरह सुधार करना है कि भारत दुनिया में ज्ञान का सुपरपावर कहलाए और बच्चों में राष्ट्रवादी गौरव का भाव उत्पन्न हो सके। राष्ट्रीय शिक्षा नीति–2020 में 'मानव संसाधन विकास मंत्रालय' का नाम बदलकर 'शिक्षा मंत्रालय' कर दिया गया है।

राष्ट्रीय शिक्षा नीति–2020 में स्कूली शिक्षा से लेकर उच्च शिक्षा तक हुए बदलाव

स्कूली शिक्षा

बच्चे देश का भविष्य होते हैं। उनके बचपन की स्कूली शिक्षा ही उनके जीवन का आधार होती है। स्कूल की शिक्षा ही वह नींव है, जिस पर उच्च शिक्षा की इमारत खड़ी होती है। राष्ट्रीय शिक्षा नीति में बच्चों को इस तरह शिक्षित करने पर जोर दिया दिया गया है, जिससे वे रट्टा मारने से बचें और चीजों को समझने का प्रयास करें। इसके लिए प्राथमिक स्कूल के बच्चों के लिए लाइफ स्किल पर

भी चर्चा होगी, साथ ही एक नेशनल असेसमेंट सेंटर बनाया जा रहा है, जिसका नाम 'परख' होगा। यह संस्था 'बच्चो के समय-समय पर मूल्यांकन कैसे किया जाए', का सुझाव देगी। बच्चों को दैनिक उपयोग वाली वस्तुओं के विषय के ज्ञान का भी मूल्यांकन किया जाएगा। राष्ट्रीय शिक्षा नीति-2020 में सभी बच्चों के लिए स्कूल की पहुँच आसान बनाने पर जोर दिया गया है और स्कूल छोड़ने के कारणों पर विचार होना चाहिए तथा उनका यथाशीघ्र निवारण भी होना चाहिए।

इन सबके अतिरिक्त पुरानी नीति (10+2) के ढाँचे में बदलाव करते हुए नई शिक्षा नीति में (5+3+3+4) का ढाँचा लागू करने की बात कही गई है। इसके लिए आयु-सीमा क्रमशः 3 से 8 साल, 8 से 11 साल, 11 से 14 साल और 14 से 18 साल तय की गई है। सबसे प्रमुख बात यह है कि अब तक का आर.टी.ई. शिक्षा का अधिकार कानून 2009 में 6 से 14 साल तक के उम्र वाले बच्चे लाभान्वित होते थे, वह अब बढ़कर 3 से 18 साल तक की उम्र वाले बच्चों पर लागू करने के लिए कहा गया है। इसी कानून के तहत निजी स्कूलों में 25 प्रतिशत सीटों को आर्थिक रूप से पिछड़े वर्ग के बच्चों के लिए आरक्षित किया गया है। नई शिक्षा नीति का सरकारी तथा प्राइवेट दोनों संस्थाओं को पालन करना होगा। इसमें स्कूली शिक्षा को चार चरणों में बाँटा गया है, जो इस प्रकार हैं—

फाउंडेशन स्टेज

फाउंडेशन स्टेज में 3 से 8 साल तक के बच्चों को शामिल किया गया है, जिसमें प्रारंभिक 3 वर्ष की प्री-स्कूली शिक्षा तथा 2 साल की स्कूली शिक्षा (कक्षा 1 तथा 2) को सम्मिलित किया गया है। फाउंडेशन स्टेज में बच्चों के भाषा कौशल और शिक्षण के विकास पर ध्यान केंद्रित किया जाएगा। 5 वर्ष की आयु से पहले हर बच्चा एक प्रारंभिक कक्षा या 'बाल वाटिका' कक्षा एक से पहले जाएगा।

प्रिप्रेटरी स्टेज

इस स्टेज में 8 साल से 11 साल तक की उम्र के बच्चे आएँगे, जिसमें कक्षा 3 से कक्षा 5 तक के बच्चे शामिल होंगे। इस उम्र के बच्चों की संख्यात्मक और भाषायी दक्षता (योग्यता) का विकास करना शिक्षक का उद्देश्य होगा। इस स्टेज में बच्चों के क्षेत्रीय भाषाओं में अध्ययन-अध्यापन पर जोर दिया गया है। इस चरण में खेल, खोज और गतिविधि आधारित सीखना होगा।

मिडिल स्टेज

मिडिल स्टेट के अंतर्गत कक्षा 6 से कक्षा 8 तक के बच्चे आएँगे। कक्षा 6 से ही बच्चों को कोडिंग सिखाई जाएगी और उन्हें व्यावसायिक परीक्षण के साथ-साथ इंटर्नशिप भी कराई जाएगी। इस चरण में बच्चा विज्ञान, गणित, सामाजिक विज्ञान और मानविकी, अनुभवात्मक शिक्षा प्राप्त करेगा।

सेकेंडरी स्टेज

यह स्टेज बड़े बदलाव की स्टेज है। यह स्टेज परंपरागत शिक्षा के ढाँचे को तमाम बंदिशों से मुक्त कर देगी और छात्रों को मनोनुकूल विषय चयन की स्वतंत्रता मिलेगी, जिसे वह और रुचि के साथ पढ़ेंगे। इस स्टेज में कक्षा 9 से कक्षा 12 तक के बच्चे आएँगे। पहले की व्यवस्था विज्ञान वर्ग, कला वर्ग, वाणिज्य वर्ग के बंधन समाप्त हो गए हैं। अब छात्र मनपसंद विषय ले सकता है, जैसे—विज्ञान वर्ग का बच्चा कला वर्ग के विषय पढ़ सकता है, कला वर्ग का बच्चा कॉमर्स विषय ले सकता है, आदि।

ऐसा पहली बार हो रहा है कि राष्ट्रीय शिक्षा नीति ने स्कूल में दाखिले से पहले की पढ़ाई (प्री-स्कूलिंग) के लिए सरकारी मदद देने की बात कही गई है। प्री-स्कूलिंग में नर्सरी से केजी तक की शिक्षा का प्रावधान है। इस योजना को बचपन की देखभाल और शिक्षा के लिए राष्ट्रीय पाठ्यक्रम तथा शैक्षणिक ढाँचा नाम दिया गया है

विद्वानों का मानना है कि बच्चों में प्रारंभिक तीसरे वर्ष से मनोरंजन के अंदाज में खेल-खेल में शिक्षा प्रारूप पर थोड़ी-थोड़ी पढ़ाई शुरू करानी चाहिए। इसके लिए आँगनवाड़ी केंद्रों को जोड़ा जाए या विद्यालय में अलग से कक्षाएँ संचालित की जाएँ। राष्ट्रीय शिक्षा नीति में वार्षिक परीक्षाओं के ग्रेड 3, 5 और 8, 10, 12 में मॉडल पर बोर्ड परीक्षाएँ कराने तथा छात्रों की वैचारिक समझ के परीक्षण पर प्रकाश डाला जाए। नई शिक्षा नीति में स्कूल शिक्षकों की नियुक्ति को पारदर्शी बनाने के लिए एक राष्ट्रीय पेशेवर मानक 'एम.पी.एस.टी.' (MPST) की स्थापना का सुझाव दिया गया। इसमें शिक्षामित्रों, पैरा टीचर, अतिथि शिक्षकों की नियुक्ति बंद करने का सुझाव दिया गया और तीन भाषा फॉर्मूला—हिंदी, अंग्रेजी और स्थानीय भाषाओं में शिक्षा देने को कहा गया है। कक्षा 5 तक की पढ़ाई को मातृभाषा (क्षेत्रीय भाषा) में कराने का सुझाव दिया गया है, लेकिन यह अनिवार्य नहीं होगा।

नई शिक्षा नीति में सामाजिक और आर्थिक रूप से वंचित समूहों के लिए जेंडर 'इंक्लूजन फंड लैंगिक समावेश कोष' की स्थापना का सुझाव दिया गया है।

स्कूली शिक्षा को बेहतर बनाने के लिए बच्चों को 21वीं सदी के कौशल से लैस करने पर ध्यान दिया गया है। इसके लिए कक्षा 6 से कोडिंग जैसे नए विषयों की शुरुआत की जाएगी।

स्कूल लेवल पर वोकेशनल स्टडीज पर फोकस किया गया है। हमारे देश में वोकेशनल स्टडी करनेवाले छात्र 5 प्रतिशत से भी कम हैं, इसी बात को ध्यान में रखते हुए नई शिक्षा नीति के अंतर्गत कक्षा छठी से कक्षा आठवीं तक के छात्रों को वोकेशनल स्टडीज सीखने पर ध्यान दिया जाएगा, जिसमें बागवानी, लकड़ी का काम, मिट्टी के बरतन, बिजली का काम आदि शामिल है। सन् 2025 के अंत तक कम-से-कम 50 छात्रों को वोकेशनल स्टडीज पढ़ाने का लक्ष्य निर्धारित किया गया है। समय-समय पर स्कूलों में 10 दिन का बैगलेस पीरियड होगा, जिसमें स्थानीय व्यवसाय विशेषज्ञों, जैसे—बढ़ई, माली, कुम्हार, कलाकार आदि को बुलाकर बच्चों को ज्ञान प्रदान किया जाएगा।

स्कूली शिक्षा में हुए बदलाव

- 3 से 6 साल के बच्चों के लिए अर्ली चाइल्डहुड केयर एजुकेशन।
- एन.सी.ई.आर.टी. द्वारा फाउंडेशन लिटरेसी एवं न्यूमरेसी नेशनल मिशन शुरू।
- 9वीं से 12वीं की पढ़ाई की रूपरेखा 5+3+3+4 के आधार पर।
- बच्चों के लिए नए कौशल कोडिंग कोर्स शुरू।
- एक्स्ट्रा करिकुलर एक्टिविटीज मुख्य करिकुलम में शामिल।
- वोकेशनल पर जोर, कक्षा 6 से ही शुरू होगी पढ़ाई।
- नई नेशनल करिकुलम फ्रेमवर्क तैयार, बोर्ड परीक्षा दो भाग में होगी।
- रिपोर्ट कार्ड में लाइफ स्किल शामिल।
- सन् 2030 तक हर बच्चे के लिए शिक्षा सुनिश्चित।
- पूर्व माध्यमिक शाला को प्राथमिक स्कूलों के साथ जोड़ा जाएगा।
- आदिवासी समुदाय के बच्चों की शिक्षा पर विशेष जोर रहेगा।
- ट्रांसजेंडर बच्चों का डेटाबेस तैयार कर उनकी शिक्षा व्यवस्था की जाएगी।

- सामान्य स्कूलों में विशेष आवश्यकता वाले बच्चों को पढ़ाया जाएगा।
- गंभीर विकलांग बच्चों के लिए घर पर ही शिक्षा की व्यवस्था की जाएगी।

नई शिक्षा नीति में बदलाव

5+3+3+4 का अर्थ—पुरानी शिक्षा नीति में 10+2 की परंपरा थी, उसे समाप्त कर दिया गया है। उसके स्थान पर 5+3+3+4 प्रणाली को लागू करने की बात कही गई है, इस प्रणाली को इस प्रकार समझा जा सकता है--

5 से आशय है—3 साल प्री-स्कूल+कक्षा 1 और कक्षा 2

3 से आशय है—कक्षा 3, 4 और 5

पुनः 3 से तात्पर्य है—कक्षा 6, 7 और 8

अंतिम 4 का मतलब है—कक्षा 9, 10, 11 और 12

कहने का आशय यह है कि पहले जो बच्चा 6 साल में स्कूल जाता था, वह 3 वर्ष की आयु में ही, फॉर्मल स्कूल जाने लगेगा। प्ले स्कूल के शुरुआती साल भी अब स्कूली शिक्षा में जुड़ेंगे।

इससे सबसे बड़ा सुधार 'राइट टू एजुकेशन' के क्षेत्र विस्तार में होगा। पहले 6 से 14 साल के बच्चों के लिए आर.टी.ई. लागू किया गया था, वह अब 3 से 18 साल के बच्चों के लिए लागू किया गया है।

यह फॉर्मूला सरकारी और प्राइवेट दोनों पर लागू होगा।

यह अच्छी बात है, क्योंकि पहली में बच्चा सीधे स्कूल में आता था तो उस समय दिमागी तौर पर पढ़ने के लिए तैयार नहीं होता था। 3 साल के प्री-स्कूल के बाद अगर अब वह पहली कक्षा में आएगा तो मानसिक तौर पर सीखने के लिहाज से पहले की अपेक्षा अधिक सीखेगा।

त्रिभाषा सूत्र (थ्री लैंग्वेज फॉर्मूला)

राष्ट्रीय शिक्षा नीति-2020 के अनुसार बच्चों के संज्ञात्मक विकास में भाषा की बड़ी भूमिका है, जिसका प्रथम उद्देश्य बहूद्देशीय शिक्षा और राष्ट्रीय सद्भावना को बढ़ावा देना है।

त्रिभाषा सूत्र का उद्देश्य हिंदी और गैर-हिंदी भाषी राज्यों में भाषा के अंतर को समाप्त कर देना है। इसके अंतर्गत एक आधुनिक भारतीय भाषा का अध्ययन शामिल था—हिंदी भाषी प्रदेशों में हिंदी और अंग्रेजी के अलावा दक्षिण भारतीय भाषाओं में से एक।

गैर-हिंदी भाषी राज्यों में हिंदी भाषा, क्षेत्रीय भाषा और अंग्रेजी भाषा का अध्ययन किया जाना शामिल था।

त्रिभाषा सूत्र में कहा गया है कि तीन भाषाओं में से दो भारतीय भाषा होनी चाहिए, जिसमें अंग्रेजी को एक नहीं माना जाएगा। शिक्षा नीति में यह भी कहा गया है कि दो भारतीय भाषाओं को चुनने की स्वतंत्रता को राज्यों, क्षेत्रों या छात्रों पर छोड़ देना चाहिए। नई राष्ट्रीय शिक्षा नीति में कम-से-कम कक्षा 5 तक या तो मातृभाषा, क्षेत्रीय भाषा या स्थानीय भाषा को निर्देश के माध्यम के रूप में उपयोग पर बल दिया गया है। साथ ही यह भी कहा गया है कि जहाँ संभव है, वहाँ कक्षा 8 तक इसी प्रक्रिया को अपनाया जाए। संस्कृत भाषा के साथ तमिल, तेलुगू और कन्नड़ जैसी भारतीय भाषाओं में पढ़ाई पर भी जोर दिया गया है। सेकेंडरी सेक्शन में स्कूल चाहे तो विदेशी भाषा भी विकल्प के तौर पर दे सकेंगे। नई शिक्षा नीति में जहाँ मातृभाषा में पुस्तकें उपलब्ध नहीं हैं, वहाँ मातृभाषा में किताबें भी छापने का प्रस्ताव दिया है। मातृभाषा में पढ़ाई बहुत अच्छा कदम है। बचपन में बच्चे दुनिया में नहीं होते हैं, इसलिए उसका अन्य भाषाओं पर उतना अधिकार नहीं होता है, घर की भाषा को स्कूल की भाषा बनाना बहुत लाभदायक होगा।

बोर्ड परीक्षा

नई राष्ट्रीय शिक्षा नीति में बोर्ड परीक्षा के तरीके बदलने की बात कही गई है—

1. अब बोर्ड परीक्षाओं में विद्यार्थियों की वास्तविक क्षमता एवं योग्यताओं को परखा जाएगा।
2. विभिन्न बोर्ड आनेवाले समय में बोर्ड परीक्षाओं के व्यवहारार्थ मॉडल तैयार करेंगे, जैसे—वार्षिक, सेमेस्टर, मॉडलर बोर्ड आदि परीक्षाएँ।
3. बोर्ड परीक्षाओं को दो भागों या दो लेवल की परीक्षा के तौर पर बाँटा जाएगा, जिसमें ऑब्जेक्टिव और डिस्क्रिप्टिव टाइप के प्रश्न होंगे।
4. बोर्ड परीक्षाओं में मुख्य जोर छात्रों के ज्ञान परीक्षण पर होगा, ताकि छात्रों में रटने की प्रवृत्ति समाप्त होगी।
5. बोर्ड परीक्षाओं को लेकर छात्र हमेशा दबाव में रहते हैं और ज्यादा अंक लाने के चक्कर में कोचिंग पर निर्भर हो जाते हैं, भविष्य में उन्हें इससे मुक्ति मिल सकती है।

नई शिक्षा नीति में बच्चों में जिज्ञासा पैदा करने पर जोर दिया गया है, उसे सबकुछ पढ़ने के बजाय जिंदगी भर सीखने के लिए तैयार करने पर जोर दिया गया है। साथ-ही-साथ एक बदलाव करते हुए खेलो और 'एक्स्ट्रा करिकुलर एक्टिविटीज' को भी शिक्षा के दायरे में लाने की बात कही गई है।

रिपोर्ट कार्ड

नई शिक्षा नीति में बच्चों के रिपोर्ट कार्ड के भी बदलाव का प्रस्ताव शामिल है। रिपोर्ट कार्ड में 3 लोग बच्चे का असेसमेंट करेंगे—प्रथम, बच्चा स्वयं अपना असेसमेंट करेगा; दूसरा असेसमेंट उसका सहपाठी करेगा; तीसरा, उस छात्र का असेसमेंट उसका टीचर करेगा। बच्चे को कौन सी स्किल्स सिखाई जानी चाहिए, वह रिपोर्ट कार्ड में लिखा जाएगा। पेरेंट्स से बच्चे के स्किल्स और काबिलीयत के बारे में बात की जाएगी, इस तरह नए रिपोर्ट कार्ड के बारे में बताया गया कि छात्र जब 12वीं कक्षा पास होकर निकलेगा तो रिपोर्ट कार्ड पर लिखा होगा कि उसने क्या हासिल किया और कौन-कौन से स्किल्स सीखे हैं। इस तरह बच्चों में लाइफ स्किल्स का भी विकास होगा। अभी तक रिपोर्ट कार्ड में ऐसा कोई प्रावधान नहीं है। नेशनल असेसमेंट सेंटर 'परख' बनाया जाएगा, जो बच्चों की सीखने की क्षमता का समय-समय पर परीक्षण करेगा। इन बोर्ड परीक्षाओं के अतिरिक्त राज्य सरकारें 3, 5 और 8 में भी परीक्षाएँ लेंगी। इन परीक्षाओं को करवाने के लिए गाइडलाइन बनवाने का काम नई एजेंसी को सौंपा जाएगा।

केंद्रीय शिक्षामंत्री रमेश पोखरियाल 'निशंक' ने कहा कि राष्ट्रीय शिक्षा नीति में बच्चों को स्वयं मूल्यांकन पर जोर दिया जाएगा तथा 360 डिग्री समग्र मूल्यांकन पद्धति के तहत बच्चों का 'रिपोर्ट कार्ड' नहीं, बल्कि 'प्रोग्रेस कार्ड' तैयार होगा।

उच्च शिक्षा

मनुष्य और उसके सामाजिक कल्याण के विकास में उच्च शिक्षा का अपना योगदान होता है। 21वीं सदी की आवश्यकताओं को देखते हुए गुणवत्तापूर्ण उच्च शिक्षा का उद्देश्य अच्छे चिंतनशील बहुमुखी प्रतिभा वाले रचनात्मक व्यक्तियों का विकास करना होना चाहिए। उच्च शिक्षा व्यक्ति को एक या एक से अधिक विशिष्ट क्षेत्रों में गहन स्तर पर अध्ययन करने में सक्षम बनाती है। साथ ही चरित्र, नैतिक, बौद्धिक, जिज्ञासा, सेवा की भावना का विकास होता है। उच्च शिक्षा देश

में ज्ञान, निर्माण और नवाचार का आधार भी बनाती है और इसके चलते राष्ट्रीय अर्थव्यवस्था के विकास में महत्त्वपूर्ण भूमिका निभाती है।

राष्ट्रीय शिक्षा नीति-2020 में निम्नलिखित बदलाव किए गए हैं—

उच्च शिक्षा में बदलाव

- उच्च शिक्षा में मल्टीपल एंट्री और पाँच एग्जिट का विकल्प।
- कॉलेजों के एक्रेडिटेशन के आधार पर ऑटोनॉमी।
- मेंटरिंग के लिए राष्ट्रीय मिशन।
- हायर एजुकेशन के लिए एक ही रेगुलेटर।
- लीगल मेडिकल एजुकेशन शामिल नहीं।
- सरकारी और प्राइवेट शिक्षा मानक समान।
- नेशनल रिसर्च फाउंडेशन की होगी स्थापना।
- शिक्षा में तकनीकी को बढ़ावा।
- दिव्यांग जनों के लिए शिक्षा में बदलाव।
- क्षेत्रीय भाषाओं में ई-कोर्सेस शुरू।

उच्चतर शिक्षा में होनेवाले परिवर्तन

1. विश्वविद्यालयों की परिभाषा बदलते हुए बहुविषयों का विश्वविद्यालय (मल्टीडिसिप्लिनरी यूनिवर्सिटी) बनाने को कहा गया है। कहने का तात्पर्य है कि किसी विद्यालय में एक या दो या तीन विषय नहीं, बल्कि सभी संभावित विषयों की पढ़ाई कराई जाएगी।
2. पाठ्यक्रम में बदलाव कर समग्र शिक्षा बनाने का सुझाव दिया गया है, इसे अमेरिका में 'लिबरल एजुकेशन' कहते हैं। इसका उद्देश्य उच्च शिक्षा व्यवस्था में परिवर्तन करना है, जिसमें आर्ट्स का छात्र सिर्फ आर्ट्स के विषयों में पढ़ाई ही करता है। साइंस या कॉमर्स का छात्र सिर्फ इसी श्रेणी के विषयों को पढ़ता है, लेकिन इस शिक्षा नीति में बी.कॉम. के छात्र के लिए पॉलिटिकल साइंस या साइंस इतिहास इत्यादि पढ़ने का विकल्प होगा। इसी तरह मेडिकल छात्र के पास अर्थशास्त्र, कला, साहित्य जैसे विषयों को पढ़ने की स्वतंत्रता होगी। इसी प्रकार विज्ञान के छात्र को सामाजिक अध्ययन या समाजशास्त्र पढ़ने का अवसर होगा।
3. शिक्षा नीति में यह भी प्रस्ताव किया गया है कि संपूर्ण उच्च शिक्षा के लिए

भारतीय उच्चतर शिक्षा आयोग की स्थापना की जाए।

4. भारतीय उच्चतर शिक्षा आयोग (एच.ई.सी.आई.) चिकित्सा और कानूनी अध्ययन को छोड़कर सभी उच्च शिक्षा के लिए एकल नियामक निकाय के रूप में कार्य करेगा और पहले से कार्य कर रही संस्थाओं, जैसे विश्वविद्यालय अनुदान आयोग (यू.जी.सी.) तकनीकी शिक्षा के लिए अखिल भारतीय परिषद् को बंद करने का भी सुझाव दिया गया।

उच्च शिक्षा और कॉलेज प्रवेश परीक्षा

'नेशनल टेस्टिंग एजेंसी' साल में दो बार कॉमन कॉलेज प्रवेश परीक्षा आयोजित करेगी। इसे 2022 सत्र से लागू किया जाएगा।

स्नातक की डिग्री इन विकल्पों के साथ 4 वर्ष की होगी—

- 1 वर्ष के बाद प्रमाण–पत्र।
- 2 साल के बाद डिप्लोमा।
- ब्रेक के बाद डिग्री पूरी करने के लिए मिड टर्म ड्रॉपआउट का विकल्प दिया जाएगा।
- स्नातक कार्यक्रम प्रकृत में वह विषय होंगे जिनमें कला तथा विकास के बीच कठोर अलगाव नहीं होगा।
- भारतीय कला भाषा और संस्कृति को सभी स्तरों पर बढ़ावा दिया जाएगा।
- एम.फिल. डिग्री बंद कर दी जाएगी।
- 2040 तक आई.आई.टी. जैसे सभी उच्च शिक्षा संस्थान बहुविषयक बन जाएँगे। विज्ञान के छात्रों और उनके विपरीत कला और मानविकी विषयों का अधिक समावेश होगा।
- दुनिया के शीर्ष 100 विश्वविद्यालयों में से चयनित विश्वविद्यालयों को भारत में काम करने की सुविधा प्रदान की जाएगी।
- संबद्ध महाविद्यालयों की प्रणाली को 15 वर्षों में चरणबद्ध किया जाएगा और महाविद्यालयों को डिग्री प्रदान करने के लिए अधिक स्वायत्तता और शक्ति दी जाएगी, विश्वविद्यालय का दर्जा समाप्त हो जाएगा।
- उच्च शिक्षा और ओपन लर्निंग सिस्टम के डिजिटलीकरण पर अधिक जोर दिया गया है।
- इस नीति में शिक्षा के वैश्वीकरण पर भी जोर दिया गया है, परिणामस्वरूप

भारत में विदेशी विश्वविद्यालयों को अपनी शाखाएँ खोलने का अवसर मिलेगा।

- उच्च शिक्षा में सिर्फ नौकरी के लिए नहीं, उद्योग के लिए भी विद्यार्थियों को तैयार करने की बात कहाँ है। इससे स्टार्टअप को नई ऊर्जा मिलेगी। इस तरह नई शिक्षा नीति आज हमारे देश और समाज की जरूरत तथा चुनौतियों का सामना करनेवाली है।

उच्च शिक्षा की एक बड़ी कमी थी—ढेर सारी संस्थाओं के हाथ में नियंत्रण। इस नियंत्रण के कारण विश्वविद्यालयों को आजादी नहीं मिल पाती थी। यू.जी.सी. के नियम ए.आई.सी.टी.ई. के निर्देश तालमेल बिठाते-बिठाते शिक्षण संस्थान परेशान हो जाते थे, लेकिन अब एक संस्थान के हाथ में संचालन आने से सुविधा होगी और विश्वविद्यालय क्रिएटिव हो पाएँगे, प्रयोग कर पाएँगे। अलग-अलग बोर्ड के बच्चों को दाखिले में दिक्कत होती थी, कॉलेजों को कट ऑफ निकालने में दिक्कत होती थी, अब कॉमन एंट्रेंस से ये दिक्कतें खत्म होंगी।

विश्वविद्यालय की परिभाषाओं में संस्थानों की विस्तृत श्रेणी होगी, जिसमें अनुसंधान केंद्रित विश्वविद्यालयों; शिक्षण केंद्र विश्वविद्यालय तथा स्वायत्तशासी डिग्री प्रदान करनेवाले महाविद्यालय शामिल होंगे।

भारत उच्च शिक्षा आयोग (एच.ई.सी.आई.) के 4 स्वतंत्र वर्टिकल होंगे।

1. विनियमन के लिए राष्ट्रीय उच्चतर शिक्षा नियामिकीय परिषद् (एन.एच.ई.आर.सी.)।
2. मानक निर्धारण के लिए सामान्य शिक्षा परिषद् (जी.ई.सी.)।
3. वित्तपोषण के लिए उच्चतर शिक्षा अनुदान परिषद् (एच.ई.जी.सी.)।
4. प्रत्यायन के लिए राष्ट्रीय प्रत्यायन परिषद् (एन.ए.सी.) आदि होंगे। इसमें नियमों तथा मानकों का अनुपालन न करनेवाले एन.एच.ई.आई.सी. को दंडित करने की शक्ति होगी।
5. महाविद्यालयों को क्रमिक स्वायत्तता प्रदान करने के लिए राज्यवार तंत्र की स्थापना की जाएगी। ऐसी परिकल्पना की जाती है कि कुछ समय बाद प्रत्येक महाविद्यालय या तो एक स्वायत्तशासी डिग्री प्रदान करनेवाले महाविद्यालय में विकसित हो जाएँगे या किसी विश्वविद्यालय के संघटक महाविद्यालय बन जाएँगे।

6. देश में वैश्विक मानकों के सर्वश्रेष्ठ बहुविषयक शिक्षा के मॉडलों के रूप में आई.आई.टी., आई.आई.एम. के समकक्ष बहुविषयक शिक्षा एवं अनुसंधान विश्वविद्यालय स्थापित किए जाएँगे।
7. पूरी उच्च शिक्षा में एक मजबूत अनुसंधान संस्कृति तथा अनुसंधान क्षमता को बढ़ावा देने के लिए एक शीर्ष निकाय के रूप में 'राष्ट्रीय अनुसंधान फाउंडेशन' का सृजन किया जाएगा।
8. नीति में लचीले पाठ्यक्रम, विषयों के रचनात्मक संयोजन, व्यावसायिक शिक्षा एवं उपयुक्त प्रमाणन के साथ मल्टीपल एंट्री एवं एग्जिट बिंदुओं के साथ व्यापक बहुविषयक समग्र अवर स्नातक शिक्षा की परिकल्पना की गई है।
9. ई–पाठ्यक्रम को बढ़ावा देने के लिए एक राष्ट्रीय टेक्नोलॉजी फोरम (ई.टी.एफ.) बनाया जा रहा है, जिसके लिए वर्चुअल लैब विकसित की जा रही है।
10. वर्ष 2030 तक उच्च शिक्षा में सकल नामांकन अनुपात (ग्रॉस इनरोलमेंट रेशिय) 50 प्रतिशत पहुँचाने का लक्ष्य है, जोकि वर्ष 2018 में 26.3 प्रतिशत था।
11. राष्ट्रीय शिक्षा नीति–2020 का सबसे महत्त्वपूर्ण तथ्य है—मल्टीपल एंट्री एग्जिट सिस्टम और एक सिस्टम लागू होना।
12. अभी यदि कोई छात्र 3 साल इंजीनियरिंग पढ़ने या 6 सेमेस्टर पढ़ने के बाद किसी कारण से आगे की पढ़ाई नहीं कर पाता है तो उसको कुछ भी हासिल नहीं होता है, लेकिन अब मल्टीपल एंट्री और एग्जिट सिस्टम में एक साल के बाद पढ़ाई छोड़ने पर सर्टिफिकेट, दो साल के बाद डिप्लोमा, तीन साल के बाद पढ़ाई छोड़ने पर डिग्री और चार वर्षों के बाद शोध के साथ स्नातक माना जाएगा। इससे देश में ड्रॉप आउट अनुपात कम होगा।
13. अगर कोई छात्र किसी कोर्स को बीच में छोड़कर दूसरे कोर्स में एडमिशन लेना चाहे, तो वह पहले कोर्स से एक खास निश्चित समय तक ब्रेक ले सकता है और दूसरा कोर्स ज्वॉइन कर सकता है और इसे पूरा करने के बाद फिर से पहलेवाले कोर्स को जारी रख सकता है।
14. अभी सेंट्रल यूनिवर्सिटी, डीम्ड यूनिवर्सिटी और स्टैंड अलोन इंस्टीट्यूशन

के लिए अलग-अलग नियम हैं। राष्ट्रीय शिक्षा नीति-2020 में सभी के लिए समान नियम होंगे।

भारतीय उच्च शिक्षा आयोग

नई शिक्षा नीति देश भर के उच्च शिक्षा संस्थानों के लिए एक एकल नियामक अर्थात् भारतीय उच्च शिक्षा परिषद् (हायर एजुकेशन कमिशन ऑफ इंडिया) की परिकल्पना की गई है, जिसमें विभिन्न भूमिकाओं को पूरा करने हेतु कई कार्यक्षेत्र होंगे। भारतीय उच्च शिक्षा आयोग, चिकित्सा एवं कानूनी शिक्षा को छोड़कर पूरे उच्च शिक्षा क्षेत्र के लिए एक एकल निकाय के रूप में कार्य करेगा।

एच.सी.आई. के कार्यों के प्रभारी निष्पाद हेतु चार निकाय हैं—

- **राष्ट्रीय उच्चतर शिक्षा नियमित परिषद् (एन.एच.ई.आर.सी.)—** यह शिक्षक शिक्षा सहित कुछ शिक्षा क्षेत्र के लिए एक नियामक का कार्य करेगा।
- **सामान्य शिक्षा परिषद् (जी.ई.सी.)—**यह उच्च शिक्षा कार्यक्रमों के लिए अपेक्षित सीखने के परिणामों का ढाँचा तैयार करेगा, अर्थात् उनके मानक निर्धारण का कार्य करेगा।
- **राष्ट्रीय प्रत्यायन परिषद् (एन.ए.सी.)—**यह संस्थानों के प्रत्यायन का कार्य करेगा, जो मुख्य रूप से बुनियादी मानदंडों सार्वजनिक प्रकटीकरण सुशासन और परिणामों पर आधारित होगा।
- **उच्चतर शिक्षा अनुदान परिषद्—**यह निकाय कॉलेजों, विश्वविद्यालयों के लिए वित्तपोषण का कार्य करेगा।

नोट : गौरतलब है कि वर्तमान में उच्च शिक्षा विश्वविद्यालय अनुदान आयोग अखिल भारतीय राष्ट्रीय अध्यापक शिक्षा परिषद् के माध्यम से किया जाता है

अकादमिक बैंक ऑफ क्रेडिट (ए.बी.सी.)—यह विभिन्न मान्यता प्राप्त एच.ई.आई. अर्जित शैक्षणिक क्रेडिट को डिजिटल रूप में सुरक्षित करेगा। क्रेडिट बैंक का मुख्य उद्देश्य शिक्षा प्रणाली में छात्रों की गतिशीलता को सुगम बनाना होगा। इस बैंक में छात्रों के क्रेडिट सुरक्षित किए जाएँगे, ताकि अपनी डिग्री पूरी करने के लिए छात्र किसी भी समय इसका उपयोग कर सकें।

राष्ट्रीय शिक्षा नीति में रीजनल स्तर पर, राज्य स्तर पर और राष्ट्रीय स्तर पर ओलंपियाड परीक्षाएँ कराने के बारे में भी कहा गया है—

- आई.आई.टी. में प्रवेश के लिए इन परीक्षाओं को आधार बनाकर छात्रों को दाखिला देने के बाद की गई है।
- उसी तरह से मेडिकल कोर्स में आमूल–चूल बदलाव के बाद किए गए हैं। कोई भी यूनिवर्सिटी केवल एक विषय विशेष की पढ़ाई के लिए आगे से नहीं बनाई जाएगी। 2030 तक सभी यूनिवर्सिटी में अलग–अलग स्ट्रीम की पढ़ाई एक साथ कराई जाएगी। मेडिकल की पढ़ाई के लिए अलग एक्रीडिएशन पॉलिसी बनाने की बात कही गई है।

अंडर ग्रैजुएट और पोस्ट ग्रैजुएट में बदलाव

- ग्रैजुएशन में छात्र 4 साल का कोर्स पढ़ेंगे। इसमें बीच में कोर्स को छोड़ने की गुंजाइश भी दी गई है।
- पहले साल में कोर्स छोड़ने पर सर्टिफिकेट मिलेगा, दूसरे साल के बाद एडवांस सर्टिफिकेट मिलेगा और तीसरे साल के बाद डिग्री और 4 साल बाद के शोध के साथ डिग्री होगी।

इसी तरह से पोस्ट ग्रैजुएट में तीन तरह के विकल्प होंगे—

- पहला 2 साल की मास्टर डिग्री उनके लिए, जिन्होंने 3 साल का डिग्री कोर्स किया है।
- दूसरा विकल्प 4 साल के डिग्री कोर्स शोध के साथ करनेवालों के लिए, ये छात्र एक साल की मास्टर डिग्री अलग से कर सकते हैं।
- तीसरा विकल्प होगा 5 साल का इंटीग्रेटेड प्रोग्राम, जिसमें ग्रैजुएशन और पोस्ट ग्रैजुएशन दोनों साथ ही हो जाएँगे।
- उच्च शिक्षा में स्कॉलरशिप के लिए नेशनल स्कॉलरशिप पोर्टल के दायरे को अधिक व्यापक बनाने की बात कही गई है। उच्च शिक्षा प्रदान करनेवाली प्राइवेट संस्थाओं को भी अपने 50 प्रतिशत छात्रों को 25 प्रतिशत से लेकर 100 प्रतिशत स्कॉलरशिप देना होगा।
- उच्च शिक्षा संस्थानों को ग्रांट देने का काम हायर एजुकेशन ग्रांट्स कमिशन करेगा।

दिव्यांगों के लिए प्रावधान

राष्ट्रीय शिक्षा नीति में इस बात पर गंभीरता से विचार किया गया है कि कोई भी बच्चा अपनी जन्म या पृष्ठभूमि से जुड़ी समस्याओं के कारण ज्ञान प्राप्त करने

से वंचित न रह जाए। वर्तमान में 5 वर्ष की आयु के विकलांग बच्चों में से तीन-चौथाई और 5 से 19 वर्ष की उम्र के एक-चौथाई बच्चे किसी भी शैक्षिक संस्थानों में नहीं जाते हैं। स्कूल में दाखिला लेनेवाले बच्चों की संख्या, स्कूलिंग के प्रत्येक स्तर के साथ काफी कम हो जाती है।

स्कूलों में विकलांग लड़कों की तुलना में विकलांग लड़कियों की संख्या कम देखी गई है। ऐसी लड़कियों की शिक्षा में कमियाँ लगातार जारी हैं, भले ही सरकारी योजनाओं और कार्यक्रमों में बड़ी संख्या में विकलांग बच्चों को स्कूलों में दाखिला दिलाया है। बच्चों की दिव्यांगता के साथ-साथ सामाजिक-आर्थिक दृष्टि से वंचित बालक भी शामिल हैं। इनके कल्याण के लिए बालक-बालिका समावेशी कोष और विशेष शिक्षा जोन की स्थापना की जाएगी।

- दिव्यांग बच्चों को बुनियादी चरण से लेकर उच्च शिक्षा तक नियमित स्कूली शिक्षा प्रक्रिया में पूरी तरह से भाग लेने में समर्थ बनाया जाएगा।
- दिव्यांग बच्चों को दिव्यांगता संबंधित समस्त प्रशिक्षण, संसाधन केंद्र, आवास, सहायक उपकरण प्रौद्योगिकी आधारित उपकरण और उनकी आवश्यकताओं के अनुरूप व्यवस्थाएँ भी उपलब्ध कराई जाएँगी।
- ऐसे डे बोर्डिंग स्कूल के रूप में बालभवन की स्थापना की जाएगी, जिसमें समय-समय पर कला संबंधी, खेल संबंधी, कॅरियर संबंधी प्रतियोगिताएँ आयोजित होंगी। इन प्रतियोगिताओं में प्रतिभाग करने के लिए छात्रों को प्रोत्साहित किया जाएगा।
- विकलांग बच्चों की शिक्षा की विशिष्ट समस्याओं को शामिल करते हुए आर.पी.डब्ल्यू.डी. अधिनियम के साथ बेहतर मिलान करने के लिए शिक्षा के अधिकार अधिनियम में संशोधन करना।
- विकलांग बच्चों के सभी शिक्षा कार्यक्रमों के प्रभावी संकेंद्रण के लिए मानव संसाधन विकास मंत्रालय के अंतर्गत एक समन्वय तंत्र स्थापित करना।
- विकलांग बच्चों की सीखने की जरूरतों को पूरा करने के लिए शिक्षा बजट में विशिष्ट और पर्याप्त वित्तीय आवंटन सुनिश्चित करना।
- नियोजन कार्यान्वयन और निगरानी हेतु डाटा प्रणालियों का सशक्तीकरण करना।
- स्कूल पारिस्थितिकी प्रणालियों को समृद्ध करना और विकलांग बच्चों के

समर्थन में सभी हितकारको को शामिल करना।

- विकलांग बच्चों की शिक्षा के लिए सूचना प्रौद्योगिकी के उपयोग का विस्तार करना।
- हर बच्चे को मौका देना और किसी भी बच्चे को विकलांगता के कारण पीछे न छोड़ना।
- विविध शिक्षार्थियों को शामिल करने में सहायता करनेवाली शिक्षण पद्यतियों में परिवर्तन।
- रूढ़िवादिता से बाहर आना तथा कक्षा उसके परे दोनों स्थानों पर विकलांग बच्चों के प्रति सकारात्मक व्यवहार का निर्माण करना।
- विकलांग बच्चों के लाभ के लिए सरकार, नागरिक, समाज, निजी क्षेत्र और स्थानीय समुदायों को शामिल करनेवाली प्रभावी भागीदारी को प्रोत्साहन देना।

अर्ली चाइल्डहुड केयर एंड एजुकेशन (ई.सी.सी.ई.)

बच्चों के मस्तिष्क का पचासी प्रतिशत विकास 6 वर्ष की अवस्था से पहले ही हो जाता है। बच्चों के मस्तिष्क के उचित विकास के लिए ई.सी.सी.ई. में मुख्य रूप से लचीली, बहुआयामी, बहुस्तरीय, खेल आधारित व खोज आधारित शिक्षा को शामिल किया गया है। इसमें बच्चों को अक्षर, भाषा, संख्या, गिनती, रंग, आकार, इनडोर आउटडोर खेल, पहेलियाँ, तार्किक सोच, नाटक, संगीत आदि के माध्यम से सिखाने पर जोर दिया गया है। ई.सी.सी.ई. का समग्र उद्देश्य बच्चों का शारीरिक बौद्धिक विकास के साथ–साथ संवेगात्मक विकास, नैतिक, सांस्कृतिक विकास करना है। भारत में ई.सी.सी.ई. संस्थानों को चरणबद्ध तरीके से स्थापित करने के साथ–साथ पहले से सशक्त रूप से अकेले चल रहे आँगनवाड़ियों के माध्यम से तथा प्री–स्कूल के माध्यम से लागू किया जाएगा। सभी विद्यालयों में ई.सी.सी.ई. के पाठ्यक्रम और शिक्षण में प्रशिक्षित कर्मचारियों को ही भर्ती किया जाएगा। प्रारंभिक दौर में बुनियादी ढाँचे, खेल के उपकरण और पूर्ण रूप से प्रशिक्षित शिक्षकों के साथ सशक्त बनाया जाएगा।

ई.सी.सी.ई. शिक्षकों के शुरुआती कैडर को तैयार करने के लिए एन.सी.ई.आर.टी. द्वारा विकसित पाठ्यक्रम, शिक्षण विधियों के अनुसार एक व्यवस्थित तरीके से प्रशिक्षण दिया जाएगा। 10+2 या उससे अधिक योग्यता

वाले शिक्षकों को ई.सी.सी.ई. में एक माह का प्रमाण-पत्र कार्यक्रम और इससे कम शैक्षणिक योग्यता रखनेवालों को 1 वर्ष का डिप्लोमा भी कराया जाएगा। ई.सी.सी.ई. को चरणबद्ध तरीके से आदिवासी बहुल क्षेत्र में भी शुरू किया जाएगा। ई.सी.सी.ई. पाठ्यक्रम और शिक्षण विधि की जिम्मेदारी मानव संसाधन विकास मंत्रालय की होगी। प्रारंभिक बाल्यावस्था देखभाल और शिक्षा पाठ्यक्रम योजना और क्रियान्वयन, मानव संसाधन विकास मंत्रालय, महिला और बाल विकास विभाग, स्वास्थ्य एवं परिवार कल्याण मंत्रालय और जनजातीय कार्य मंत्रालय द्वारा संयुक्त रूप से किया जाएगा। स्कूली शिक्षा में प्रारंभिक बाल्यावस्था देखभाल और शिक्षा के व्यवस्थित एकीकृत सतत मार्गदर्शन के लिए एक विशेष संयुक्त कार्यबल (टास्क फोर्स) का गठन किया जाएगा।

प्रतिभाशाली छात्रों की सहायता

नई शिक्षा नीति में प्रतिभाशाली छात्रों को पहचानकर उसके पोषण एवं विकास, दोनों पर ध्यान दिया गया है, चाहे वह छात्र सामान्य स्कूली पाठ्यक्रम से अलग हटकर किसी क्षेत्र में कुछ विशेष करने की योग्यता रखता हो, उसके लिए एन.सी.ई.आर., एन.सी.टी.ई. दिशा-निर्देश तय करेगी। माध्यमिक विद्यालय के छात्रों के लिए राष्ट्रीय आवास ग्रीष्मकालीन कार्यक्रमों को बढ़ावा दिया जाएगा, जिनमें पूरे देश में मेरिट के आधार पर छात्रों/शिक्षकों का चयन होगा।

देश भर में विभिन्न विषयों पर ओलंपियाड और प्रतियोगिताओं का आयोजन होगा। ग्रामीण क्षेत्रों के छात्रों के हितों को ध्यान में रखते हुए क्षेत्रीय भाषाओं में ओलंपियाड उपलब्ध कराने का प्रयास किया जाएगा। राष्ट्रीय ओलंपियाड विजेता छात्रों को आई.आई.टी. तथा एन.आई.टी. तथा अन्य संस्थानों के अवर स्नातक पाठ्यक्रम में सीधे प्रवेश देने का प्रावधान है।

शिक्षक

एक उत्कृष्ट विद्यार्थी ही योग्य शिक्षक होता है, इसलिए नई शिक्षा नीति में शिक्षक बननेवालों के लिए विशेष रूप से प्रशिक्षित करने का प्रावधान है।

- 4 वर्षीय एकीकृत बी.एड. कार्यक्रम, जिसको करने के लिए छात्रों को मेरिट-आधारित छात्रवृत्ति दी जाएगी। ग्रामीण स्कूल में पढ़ाने के लिए स्कूलों के पास ही स्थानीय आवास बनाए जाएँगे और आवास भत्ते में भी वृद्धि होगी।

- शिक्षकों का स्थानांतरण नहीं होगा। यदि कोई विशेष परिस्थिति है तो पारदर्शी प्रक्रिया के तहत ऑनलाइन सॉफ्टवेयर आधारित व्यवस्था होगी।
- टी.ई.टी. को और विस्तृत किया जाएगा। विषय शिक्षकों की भर्ती उनके संबंधित विषयों में प्राप्त टी.ई.टी. एन.टी.ए. परीक्षा के अंकों को भी शामिल किया जाएगा। साथ ही साक्षात्कार या कक्षा में पढ़ाने का प्रदर्शन भी भर्ती प्रक्रिया का अभिन्न हिस्सा होगा।
- छात्रों में स्थानीय ज्ञान विशेषज्ञता को बढ़ावा देने के लिए स्थानीय प्रतिष्ठित व्यक्तियों या विशेषज्ञों को विशेष प्रशिक्षक के रूप में रखने के लिए प्रोत्साहित किया जाएगा।
- शिक्षकों को शिक्षण संबंधी कार्यों को करने की अनुमति नहीं होगी, जिससे वह पढ़ाई शिक्षण कार्य पर ध्यान दे सकेंगे।
- शिक्षकों को पाठ्यक्रम और शिक्षण विधियों को चयन करने की अधिक स्वतंत्रता होगी, जिनके माध्यम से वे कक्षाओं और समुदाय के विद्यार्थियों को अधिक प्रभावी ढंग से अध्यापन कर सकें।
- प्रधानाध्यापकों, स्कूल के अध्यापकों को अपने कौशल को लगातार विकसित करने के लिए मॉड्यूलर लीडरशिप/मैनेजमेंट और कार्यशालाओं के अवसर होंगे। इसके लिए वे प्रतिवर्ष 50 घंटों के सी.पी.डी. कार्यक्रम में भाग लेंगे।

कॅरियर मैनेजमेंट और प्रगति (सी.एम.पी.)

इस नीति में उत्कृष्ट प्रदर्शन करनेवाले शिक्षकों को प्रोत्साहन हेतु उन्हें पदोन्नति देने और वेतनवृद्धि किए जाने पर विचार किया गया है। शिक्षकों को प्रदर्शन के सही आकलन के लिए राज्य/केंद्र शासित प्रदेशों की सरकार, मल्टीपल पैरामीटर की व्यवस्था को स्थापित किया जाएगा, जो सहकर्मियों द्वारा की गई समीक्षा, उपस्थिति, समर्पण, सी.पी.टी. घंटे और स्कूल तथा समुदाय में की गई अन्य सेवा पर आधारित होगा।

योग्यता के आधार पर शिक्षकों की ऊर्ध्वाधर गतिशीलता (वर्टिकल मोबिलिटी) भी सर्वश्रेष्ठ होगी। जो योग्य शिक्षक है और उनका प्रदर्शन लीडरशिप एवं मैनेजमेंट में अच्छा रहा है, उनको समय के साथ प्रशिक्षित किया जाएगा, जिससे वह आगे चलकर स्कूल, स्कूल कॉम्प्लेक्स, बी.आर.सी., सी.आर.सी.,

बी.आई.टी., डी.आई.ई.टी. के साथ-साथ संबंधित सरकारी विभाग और मंत्रालय में अकादमिक नेतृत्व कर सकेंगे।

विशिष्ट शिक्षक

विद्यालयों में अध्ययन कर रहे दिव्यांग छात्रों या ऐसे बच्चे, जिनको किसी-न-किसी रूप में लर्निंग डिसेबिलिटी होती है, को पढ़ाने के लिए कुछ विशेष शिक्षकों की आवश्यकता होती है। इन शिक्षकों को इस तरह विशेष प्रशिक्षण दिया जाए, जिससे कि वह विषय-वस्तु को समझाने में सक्षम होने के साथ-साथ उनकी विशेष आवश्यकताओं को भी समझने के योग्य हो सके। इसके लिए शिक्षकों को सेवाकालीन और पूर्व सेवाकालीन मोड में पूर्णकालिक, अंशकालिक/मिश्रित कोर्स बहुविषयक महाविद्यालयों और विश्वविद्यालयों में उपलब्ध कराए जाएँगे। इसके लिए एन.सी.टी.ई. और आर.सी.आई. को और अधिक सक्षम बनाया जाएगा।

शिक्षक-शिक्षा का दृष्टिकोण

नई शिक्षा नीति में शिक्षक शिक्षा को गुणवत्तापूर्ण बनाने के लिए पर्याप्त प्रयास किए गए हैं। जैसे-जैसे सभी कॉलेज और विश्वविद्यालय बहुविषयक बनने की दिशा में आगे बढ़ेंगे, उनमें उत्कृष्ट शिक्षा विभाग स्थापित करना होगा, जो शिक्षा में बी.एड., एम.एड. और पी-एच.डी. की डिग्री प्रदान करेंगे।

शिक्षकों को प्रशिक्षित करने के लिए बी.एड. का 4 वर्षीय पाठ्यक्रम तैयार किया जाएगा। शिक्षाशास्त्र/शिक्षण विधियों के प्रशिक्षण के साथ-साथ उनमें व्यावहारिक अभ्यास प्रशिक्षण भी शामिल किया जाएगा।

4 वर्षीय एकीकृत बी.एड. डिग्री के साथ ही दो वर्षीय बी.एड. कार्यक्रम भी प्रदान किए जाएँगे। यह पाठ्यक्रम उन्हीं के लिए होगा, जो पहले से ही अन्य विशिष्ट विषयों में स्नातक की डिग्री प्राप्त कर चुके हैं।

एक वर्षीय बी.एड. डिग्री का भी प्रावधान है, लेकिन यह डिग्री वही प्राप्त करेंगे, जिन्होंने 4 वर्षीय स्नातक डिग्री या किसी विशिष्ट विषय, जिनमें शिक्षक बनना चाहता हो, परास्नातक की डिग्री प्राप्त की हो।

दूर-दराज स्थानों के विद्यार्थियों के लिए मुक्त दूरस्थ शिक्षण (ओ.डी.एल.) से भी उच्चतर गुणवत्ता वाले बी.एड. कार्यक्रम प्रदान कर सकते हैं। ओ.डी.एल. के माध्यम से कार्यरत शिक्षक भी बी.एड. कर सकते हैं। सभी बी.एड. कार्यक्रमों में

स्थानीय स्कूलों में जाकर कक्षा में शिक्षण कराने को व्यावहारिक प्रशिक्षण के रूप में शामिल किया जाएगा।

बी.एड. के उपरांत कुछ अल्प अवधि के सर्टिफिकेट कोर्स भी उपलब्ध करवाए जाएँगे, जो शिक्षण के विशिष्ट क्षेत्रों, जैसे कि विशेष जरूरत वाले विद्यार्थियों के शिक्षण या स्कूली शिक्षा प्रणाली में नेतृत्व और प्रबंधन के पदों पर या बुनियादी प्रारंभिक उच्चतर प्राथमिक स्तरों के बीच एक स्तर से दूसरे स्तर में जाना चाहते हैं।

नवीन और व्यापक अध्यापक शिक्षा हेतु राष्ट्रीय पाठ्यचर्या रूपरेखा (एन.सी.एफ.टी.ई.) 2021 तैयार की जाएगी। इसमें व्यावसायिक शिक्षा के लिए अध्यापक शिक्षा पाठ्यचर्या की अपेक्षाओं को भी ध्यान में रखा जाएगा। एन.सी.एफ.टी.ई. में प्रत्येक 5 से 10 वर्षों में संशोधन किया जाएगा।

समतामूलक और समावेशी शिक्षा

- शिक्षा ही एक माध्यम है, जिसके द्वारा सभी को अधिगम अवसर, सामाजिक न्याय और समानता प्रदान की जा सकती है। समाज के निर्माण के लिए समावेशी शिक्षा एक अनिवार्य और महत्त्वपूर्ण कदम है। समाज में प्रत्येक नागरिक को सपने सँजोने, विकास करने और राष्ट्रहित में योगदान करने का अवसर उपलब्ध हो।
- विद्यालयी शिक्षा व्यवस्था के सभी स्तरों में लिंग और सामाजिक समानता के अंतरालों को कम करने के निरंतर प्रयास किए गए हैं, किंतु आज भी सामाजिक असमानता विद्यमान है। विद्यालयों में माध्यमिक स्तर पर हम सामाजिक–आर्थिक रूप से पिछड़े समाज के छात्रों को देख सकते हैं। सामाजिक–आर्थिक रूप से वंचित (एस.ई.डी.जी.) समूहों को लिंग (विशेषत: महिला व ट्रांसजेंडर व्यक्ति), सामाजिक–सांस्कृतिक पहचान (अनुसूचित जनजाति, अनुसूचित जाति, ओ.बी.सी. और भाषायी (अल्पसंख्यक), भौगोलिक पहचान (जैसे गाँव कस्बे व आकांक्षी जिले के विद्यार्थी), विशेष आवश्यकता वाले (दिव्यांग, सीखने की अक्षमता वाले) प्रवासी समुदाय वाले, तस्करी के शिकार बच्चे और उनमें अनाथ बच्चे, भीख माँगनेवाले बच्चे (शहरी/ग्रामीण) भी शामिल हैं। इनमें महिला छात्रों की प्रवेश संख्या में गिरावट अधिक है। उच्चतर शिक्षा के क्षेत्र में एस.ई.डी.जी. के नामांकन में यह गिरावट भी अधिक है।

- चाहे स्कूल स्तर पर हो या उच्च शिक्षा स्तर पर शिक्षकों में अल्पसंख्यकों का प्रतिनिधित्व अपेक्षाकृत कम है, इनको इस शिक्षा नीति में विशेष बढ़ावा दिया गया है।
- यह नीति विशेष आवश्यकता वाले बच्चों (सी.डब्ल्यू.एस.एन.) या दिव्यांग बच्चों को किसी भी अन्य बच्चों के समान गुणवत्तापूर्ण शिक्षा प्राप्त करने के समान अवसर प्रदान करने पर बल देती है।
- बच्चों को स्कूल जाने के लिए प्रोत्साहित करने हेतु विभिन्न छात्रवृत्तियों के साथ–साथ परिवहन के लिए साइकिल प्रदान करना आदि सफल योजनाएँ चलाई गईं, जिनसे विशेषकर छात्रों की संख्या में बढ़ोतरी हुई है। ऐसी सफल नीतियों को पूरे देश में और मजबूत बनाने की आवश्यकता है।
- यद्यपि शिक्षा में लड़कियों की सहभागिता का प्रतिशत काफी बढ़ा है, फिर भी अल्प प्रतिनिधित्व वाले समूहों में उनका प्रतिशत काफी अधिक है। यह नीति समाज में महिलाओं की विशिष्ट और महत्त्वपूर्ण भूमिका, वर्तमान और भावी पीढ़ियों के आचार–विचार को आकार देने में उनके योगदान को ध्यान में रखते हुए मानती है कि लड़कियों के लिए गुणवत्तापूर्ण शिक्षा की व्यवस्था उनकी वर्तमान व आनेवाली पीढ़ियों के शैक्षिक स्तर को ऊपर उठाने का सर्वोत्तम तरीका होगा। इस नीति में एस.ई.डी.जी. विद्यार्थियों के उत्थान के लिए बनाई जा रही नीतियों और योजनाओं को विशेष रूप से इन समूहों की बालिकाओं पर केंद्रित होना चाहिए।
- भारत सरकार सभी लड़कियों के साथ ही ट्रांसजेंडर छात्रों को गुणवत्तापूर्ण और न्यायसंगत शिक्षा प्रदान करने के लिए एक जेंडर समावेशी निधि का गठन करेगी। संक्षेप में इस नीति का उद्देश्य किसी भी लिंग या अन्य सामाजिक, आर्थिक रूप से वंचित समूह के बच्चों के लिए शिक्षा, व्यावसायिक शिक्षा की असमानता को समाप्त करना है।
- जिन क्षेत्रों में छात्रों को बहुत दूर विद्यालय जाना पड़ता है, उन क्षेत्रों में निःशुल्क छात्रावासों का निर्माण किया जाएगा। कस्तूरबा गांधी विद्यालयों को और अधिक मजबूत किया जाएगा। सामाजिक व आर्थिक रूप से पिछड़े बालिकाओं की गुणवत्तापूर्ण शिक्षा वाले विद्यालयों (ग्रेड 12) तक यह आवश्यकतानुसार और अधिक विस्तारित किया जाएगा।
- दिव्यांग बच्चों के एकीकरण को ध्यान में रखते हुए विद्यालय व विद्यालय

परिसरों की वित्तीय मदद की दृष्टि से स्पष्ट नीति होगी। साथ ही, दिव्यांग बच्चों की आवश्यकता से संबंधित प्रशिक्षण प्राप्त शिक्षकों की नियुक्ति की जाएगी। गंभीर अथवा एक से अधिक आवश्यकता वाले बच्चों के लिए गाँव/ब्लॉक स्तर, जहाँ आवश्यकता होगी, एक संसाधन केंद्र स्थापित किया जाएगा। कक्षा में शिक्षकों व अन्य सहपाठियों के साथ आसानी से जुड़ने के लिए विशेष आवश्यकता वाले बच्चों को कुछ सहायक उपकरण, उपयुक्त तकनीक आधारित उपकरण, भाषा उपयुक्त शिक्षण-सामग्री उपलब्ध करवाई जाएगी। यह कला, खेल और व्यावसायिक शिक्षा सहित सभी स्कूलों की गतिविधियों पर भी लागू होगा।

- विशिष्ट दिव्यांगता वाले बच्चों को कैसे पढ़ाया जाए, इसके लिए शिक्षकों को विशेष प्रशिक्षण प्रदान किया जाए। नई शिक्षा नीति अनुसूचित जाति और जनजातियों के शैक्षिक विकास में असमानताओं को दूर करने पर विशेष ध्यान दिया जाएगा। प्रतिभाशाली और मेधावी छात्रों के लिए बड़े पैमाने पर विशेष छात्रावास, ब्रिज पाठ्यक्रम और फीस माफी तथा छात्रवृत्ति की व्यवस्था होगी, ताकि उच्च शिक्षा में उनके प्रवेश को सुविधाजनक बनाया जा सके।

उच्चतर शिक्षा

उच्च शिक्षा मनुष्य के साथ-साथ समाज कल्याण के विकास में महत्त्वपूर्ण भूमिका निभाती है। राष्ट्र के आर्थिक विकास और नव युवाओं को, उच्च शिक्षित करने तथा उनकी आजीविकाओं को स्थायित्व प्रदान करने में उच्च शिक्षा की महत्त्वपूर्ण भूमिका होती है। उच्च शिक्षा का मुख्य उद्देश्य युवाओं में चिंतनशील, बहुमुखी प्रतिभा का विकास करना होना चाहिए। व्यक्तियों के लिए यह आवश्यक है कि पूर्व विद्यालय से उच्चतर शिक्षा तक सीखने के प्रत्येक चरण में कौशल विकास को शामिल किया जाना चाहिए। उच्चतर शिक्षा देश में ज्ञान-निर्माण और नवाचार का आधार भी बनाती है और इसके चलते राष्ट्रीय अर्थव्यवस्था के विकास में महत्त्वपूर्ण भूमिका निभाती है। उच्चतर शिक्षा का प्रमुख उद्देश्य केवल रोजगारों का सृजन करना ही नहीं, बल्कि सामंजस्यपूर्ण, सुसंस्कृत, उत्पादक, अभिनव, प्रगतिशील और समृद्ध राष्ट्र का प्रतिनिधित्व करना है।

वर्तमान में उच्चतर शिक्षा प्रणाली में कुछ समस्याएँ इस प्रकार हैं—

1. संज्ञानात्मक कौशल के विकास और सीखने के परिणामों पर कम बल।
2. विषयों का कठोर विभाजन।
3. सीमित पहुँच—सामाजिक-आर्थिक रूप से वंचित क्षेत्रों में, जहाँ कुछ ही विद्यालय ऐसे हैं, जो स्थानीय भाषाओं में पढ़ाते हैं।
4. सीमित शिक्षक और संस्थागत स्वायत्तता।
5. शोध पर कम बल और विषयक अनुशासनों में पारदर्शी और प्रतिस्पर्धी समीक्षा शोध नीतियों की कमी।
6. उच्च शिक्षा संस्थानों में गवर्नेंस और नेतृत्व क्षमता का अभाव।
7. व्यावहारिक शिक्षा का अभाव।

नई राष्ट्रीय शिक्षा नीति में उच्चतर शिक्षा प्रणाली में आमूल-चूल बदलाव करने तथा चुनौतियों को दूर करने पर विशेष बल दिया गया है, जिससे सभी युवा लोगों को उनकी इच्छा के अनुसार गुणवत्तापूर्ण समान अवसर देनेवाली एवं समावेशी उच्चतर शिक्षा/नई नीति में निम्नलिखित परिवर्तन शामिल हैं—

(क) स्थानीय/भारतीय भाषाओं के माध्यम से शिक्षा प्रदान करनेवाले बहुविषयक विश्वविद्यालय/महाविद्यालय स्थापित किए जाएँगे।

(ख) अधिक बहुविषयक स्नातक शिक्षा की ओर बढ़ना।

(ग) संकाय और संस्थागत स्वायत्तता की ओर बढ़ना।

(घ) विद्यार्थियों के अनुभव में वृद्धि के लिए पाठ्यचर्या/शिक्षण पद्धतियों तथा मूल्यांकन पद्धति में परिवर्तन।

(ङ) अनुसंधान को बढ़ावा देने के लिए राष्ट्रीय अनुसंधान फाउंडेशन (एन.आर.एफ.) की स्थापना।

(च) शैक्षणिक और प्रशासनिक सहायता वाले उच्चतर, योग्य, स्वतंत्र बोर्डों द्वारा एच.ई.आई. गवर्नेंस।

(छ) उत्कृष्ट, उच्चतर शिक्षा सबको सुलभ हो, इसके लिए निर्धन छात्रों के लिए छात्रवृत्ति में पर्याप्त वृद्धि ओपन स्कूलिंग, ऑनलाइन स्कूलिंग और मुक्त दूरस्थ शिक्षा (ओ.डी.एल.), दिव्यांग छात्रों के लिए सभी बुनियादी ढाँचे और शिक्षण सामग्री की उपलब्धता तथा उस तक उनकी पहुँच सुनिश्चित करना।

भारतीय प्राचीन विश्वविद्यालयों, जैसे—तक्षशिला, नालंदा, वल्लभी और

विक्रमशिला, जिनमें भारत और अन्य देशों के हजारों छात्र बहुविषयक परिवेश में शिक्षा ले रहे थे, अपने समय में इन विश्वविद्यालयों का प्रदर्शन बड़ा सार्थक रहा। बहुविषयक शिक्षण एवं शोध इसी तरह के विश्वविद्यालय ही कर सकते थे। भारत को बहुमुखी प्रतिभा वाले, योग्य और अभिनव व्यक्तियों को बनाने के लिए इस परंपरा को वापस लाने की आवश्यकता है। कई देश पहले से ही शैक्षिक और आर्थिक रूप से इस दिशा में काफी कार्य कर रहे हैं।

कॉलेजों को मान्यता एवं ग्रेडेड स्वायत्तता देने के लिए चरणबद्ध, पारदर्शी प्रणाली विकसित की जाएगी। धीरे-धीरे सभी महाविद्यालय या तो डिग्री प्रदान करनेवाले स्वायत्त महाविद्यालय बन जाएँगे या किसी विश्वविद्यालय के अंग के रूप में पूर्ण रूप से इस प्रकार विकसित होंगे कि यदि वे चाहें उपयुक्त मान्यता के साथ स्वायत्त डिग्री देनेवाले कॉलेज, अनुसंधान गहन या शिक्षण गहन विश्वविद्यालयों में विकसित हो सकते हैं।

शिक्षण और शोध के अलावा उच्चतर शिक्षा संस्थाएँ महत्त्वपूर्ण जिम्मेदारियाँ निभाएँगी; जैसे—

- उच्चतर शिक्षा संस्थान को विकसित और स्थापित करने में सहयोग।
- सामुदायिक सहभागिता और सेवा कार्यप्रणाली के क्षेत्रों में योगदान।
- उच्चतर शिक्षा प्रणाली के लिए प्राध्यापकों की योग्यता का विकास।

सभी उच्चतर शिक्षा संस्थान 2030 तक बहुविषयक, संस्थान बनने की योजना बनाएँगे। फिर धीरे-धीरे छात्रों की नामांकन संख्या को वांछित स्तर तक बढ़ाएँगे और 2040 तक सभी वर्तमान उच्चतर शिक्षा संस्थानों को अपने को बहुविषयक संस्थानों के रूप में स्थापित करना होगा।

2030 तक प्रत्येक जिले में या उसके आसपास कम-से-कम एक बड़ा बहुविषयक उच्चतर शिक्षा संस्थान होगा। इसका उद्देश्य सकल नामांकन अनुपात को 2018 में 26 प्रतिशत से बढ़ाकर 2035 में 50 प्रतिशत करना होगा। इन उद्देश्यों की प्राप्ति के लिए नए संस्थानों का विकास किया जा सकता है।

एक ही स्ट्रीम वाले संस्थानों (एच.ई.आई.) को समय के साथ बहुविषयक संस्थानों या बहुविषयक संस्थान समूहों के अंग के रूप में चरणबद्ध तरीके से विकसित किया जाएगा। एक स्ट्रीम वाले एच.ई.आई. में विभिन्न विषयों के संकायों को जोड़ा जाएगा, जिससे वे मजबूत होंगे। सार्वजनिक संस्थानों की स्वायत्तता को पर्याप्त सार्वजनिक वित्त सहायता से स्थायित्व और मजबूती मिलेगी। निजी संस्थान,

जो सार्वजनिक हित के लिए उच्चतर गुणवत्ता एवं समतापूर्ण शिक्षा के लिए प्रतिबद्ध हैं, उन्हें प्रोत्साहित किया जाएगा।

नई शिक्षा नीति में ग्रेडेड ऑटोनॉमी प्रणाली के जरिए स्वायत्तता को प्रोत्साहित करते हुए 15 वर्षों के अंतराल में धीरे-धीरे संबद्ध (एफिलेटेड) कॉलेज प्रणाली समाप्त होगी। कॉलेज जिस विश्वविद्यालय से संबद्ध होगा, उसकी यह जिम्मेदारी होगी कि वह उस कॉलेज का उचित मार्गदर्शन करे, जिससे वह अपनी क्षमताओं को विकसित कर सके। पाठ्यक्रम शिक्षण और मूल्यांकन, गवर्नेंस सुधार व वित्तीय मजबूती के साथ-साथ प्रशासनिक दक्षता प्राप्त कर सके।

संपूर्ण उच्चतर शिक्षा एक एकीकृत उच्चतर शिक्षा प्रणाली के रूप में विकसित होगी। अभी देश में जटिल नाम वाले जैसे समवेत विश्वविद्यालय, संबद्ध विश्वविद्यालय, संबद्ध तकनीकी विश्वविद्यालय, एकात्म विश्वविद्यालय हैं, जिन्हें मानकों के अनुसार मानदंड पूरा करने पर केवल विश्वविद्यालय के नाम से प्रतिस्थापित किया जाएगा।

समग्रतापूर्ण बहुविषयक शिक्षा

21वीं सदी का भारत एक नया भारत होगा, जिसके लिए विश्वस्तर पर प्रतिस्पर्धा में भाग लेने हेतु युवाओं को तैयार करना होगा। ऐसे में एक समग्र और बहुविषयक शिक्षा ही उद्‌देश्यपूर्ण साधन बनेगी। बहुविषयी शिक्षा से मनुष्य की सभी क्षमताओं—बौद्धिक, सामाजिक, भावात्मक, नैतिक आदि का विकास करने में सहायता मिलेगी। साथ ही उसके व्यक्तित्व का विकास, व्यावसायिक, तकनीकी, कला, मानविकी, भाषा विज्ञान एवं सामाजिक विज्ञान आदि क्षेत्रों में भी अच्छे ढंग से हो सकेगा। वास्तव में आज ऐसी ही शिक्षा की आवश्यकता है, जिससे हमारी पीढ़ी चौथी औद्योगिक क्रांति का नेतृत्व कर सके। बड़े बहुविषयक विश्वविद्यालयों और कॉलेजों में उच्चतर गुणवत्ता की समग्र और बहुविषयक शिक्षा की दिशा में कदम बढ़ाए जाएँगे। विषयों में कठोर विशेषज्ञता के अलावा छात्रों को पाठ्यचर्या में लचीलापन और नए तथा रोचक कोर्सेस के विकल्प दिए जाएँगे। सभी स्नातक उपाधि कार्यक्रमों में क्रेडिट दिया जाएगा।

डिग्री कार्यक्रमों की अवधि और संरचना में तदनुसार बदलाव किया जाएगा। स्नातक उपाधि 3 या 4 वर्ष की अवधि होगी, जिसमें उपयुक्त प्रमाण-पत्र के साथ निकास के कई विकल्प होंगे। व्यावसायिक तथा पेशेवर क्षेत्र सहित किसी भी विषय

में (स्नातक) एक साल पूरा करने पर सर्टिफिकेट, 2 वर्ष करने पर डिप्लोमा, 3 साल के कार्यक्रम के बाद स्नातक की डिग्री, 4 वर्षीय स्नातक प्रोग्राम में बहुविषयक शिक्षा को बढ़ावा दिया जाएगा।

एक अकादमिक क्रेडिट बैंक (ए.बी.सी.) स्थापित किया जाएगा, जो अलग–अलग मान्यता प्राप्त उच्चतर शिक्षण संस्थानों से प्राप्त क्रेडिट को डिजिटल रूप में संकलित करेगा, ताकि प्राप्त क्रेडिट के आधार पर उच्चतर शिक्षण संस्थान द्वारा डिग्री दी जा सके।

यदि छात्र उच्चतर शिक्षा संस्थान (एच.ई.आई.) द्वारा निर्दिष्ट अध्ययन के अपने प्रमुख क्षेत्र में कठोर शोध परियोजना को पूरा करता है तो उसे 4 वर्षीय कार्यक्रम में 'शोध सहित' डिग्री भी दी जा सकती है।

- उच्चतर शिक्षण संस्थानों (एच.ई.आई.) को विभिन्न प्रारूपों में स्नातकोत्तर कार्यक्रमों को उपलब्ध कराने की छूट होगी—

(क) ऐसे विद्यार्थी, जिन्होंने 3 साल का स्नातक कार्यक्रम पूरा किया है, उन्हें 2 वर्षीय (एम.ए.) कार्यक्रम प्रदान किया जा सकता है, जिनमें दूसरा साल पूरी तरह शोध पर केंद्रित हो।

(ख) वह विद्यार्थी, जिन्होंने 4 वर्ष का स्नातक कार्यक्रम शोध के साथ पूरा किया है, उनके लिए एक वर्ष का स्नातकोत्तर कार्यक्रम हो सकता है।

(ग) 5 वर्षों का एक एकीकृत स्नातक/स्नातकोत्तर कार्यक्रम हो सकता है।

- पी–एच.डी. के लिए या स्नातकोत्तर डिग्री या 4 वर्षों के शोध के साथ प्राप्त स्नातक डिग्री अनिवार्य होगी।
- एम.फिल. कार्यक्रम को बंद कर दिया जाएगा।
- सभी छात्रों के लिए व्यावसायिक, अकादमिक और कॅरियर परामर्श उपलब्ध होगा। साथ–ही–साथ उनके शारीरिक, मानसिक और भावनात्मक कल्याण को सुनिश्चित करने के लिए भी परामर्शदाता होंगे।

अंतर्राष्ट्रीयकरण

भारत को विश्वगुरु के रूप में स्थापित करने के लिए उच्चतर प्रदर्शन करनेवाले भारतीय विश्वविद्यालयों को अन्य देशों में परिसर स्थापित करने के लिए प्रोत्साहित किया जाएगा। इसी तरह चुनिंदा विश्वविद्यालयों (संसार के 100 विश्वविद्यालयों में से) को भारत में संचालित करने की अनुमति होगी। विदेश से आनेवाले छात्रों के स्वागत और समर्थन से संबंधित मामलों को समन्वित करने के

लिए विदेशी छात्रों की अगवानी करनेवाले प्रत्येक उच्चतर शिक्षण संस्थानों में एक अंतर्राष्ट्रीय छात्र कार्यालय स्थापित किया जाएगा। भारतीय संस्थानों और वैश्विक संस्थानों के बीच अनुसंधान सहयोग और छात्र आदान–प्रदान को विशेष बढ़ावा दिया जाएगा। विदेशी विश्वविद्यालयों में अर्जित किए गए क्रेडिट यहाँ मान्य होंगे और यदि वह उच्च शिक्षण संस्थान की आवश्यकताओं के अनुसार हैं, तो इन्हें डिग्री प्रदान करने के लिए भी स्वीकार किया जाएगा।

छात्र सहभागिता

शिक्षा प्रणाली का सबसे बड़ा लाभार्थी छात्र होता है, वही छात्र आगे चलकर नेता, अभिनेता, इंजीनियर, डॉक्टर आदि–आदि बनकर समाज की सेवा करता है। जिस देश का छात्र जितना प्रतिभावान चतुर्दिक् क्षमता वाला होगा, वह देश उतना ही उन्नतशील होगा। अत: नई शिक्षा नीति में छात्रहित का ध्यान सर्वोपरि रखा गया है। छात्रों को खेल, संस्कृति, कला–क्लब, पर्यावरण क्लब, सामुदायिक सेवा परियोजना आदि में शामिल होने के लिए भरपूर अवसर दिए जाएँगे। प्रत्येक शिक्षण संस्थान में तनाव से जूझने और भावात्मक तारतम्य बनाने के लिए काउंसिलिंग की व्यवस्था होगी। छात्रों के लिए छात्रावास, चिकित्सा की सुविधा और मजबूत की जाएगी। सबसे बड़ा सुधार छात्र–शिक्षक अनुपात में होगा, जिससे कि शिक्षण–प्रक्रिया एक सुखद गतिविधि बनी रहे। छात्रों से चर्चा करने, शोध करने और विश्वविद्यालय से जुड़ी अन्य गतिविधियों के लिए पर्याप्त समय मिल सके। प्रत्येक संकाय सदस्य की नियुक्ति एकल संस्थान में की जाएगी।

गुणवत्ता को बढ़ावा देने से जुड़े स्वायत्त संस्थानों के लक्ष्य को ध्यान में रखते हुए उच्चतर शिक्षण संस्थानों में संकाय सदस्यों की भर्ती बड़े ही पारदर्शी तरीके से की जाएगी, साथ ही कार्यकाल ट्रैक प्रणाली यानी कि उपयुक्त प्रोबेशन अवधि को जोड़ा जाएगा। अत्यंत प्रभावी अनुसंधानों और योगदान को मान्यता प्रदान करने के लिए फास्ट ट्रैक पदोन्नति प्रणाली सुनिश्चित की जाएगी। कार्यों में उचित मूल्यांकन (परिवीक्षा के समय) के बाद स्थायी नियुक्ति निर्धारण, पदोन्नति वेतन में वृद्धि, मान्यता आदि सहकर्मी समीक्षा, शिक्षण छात्र समीक्षा, शिक्षण में नवाचार, व्यवसाय विकास से जुड़ी गतिविधियाँ और संस्थान तथा समाज से संबंधित कार्य के अन्य विभिन्न रूपों और उनके प्रभावों के सही मूल्यांकन के लिए मापदंडों को समाहित करती प्रणालियों को सभी उच्चतर शिक्षण संस्थानों द्वारा विकसित किया जाएगा।

उच्चतर शिक्षा में समता और समावेश

उच्चतर शिक्षा के अनुभवजन्य क्षेत्रों में प्रवेश ऐसी अपार संभावनाओं के द्वार खोल सकता है, जो व्यक्तियों और समुदायों को भी प्रतिकूल परिस्थितियों के कुचक्र से निकाल सकता है। इसी कारण सभी के लिए उच्चतर गुणवत्तायुक्त शिक्षा के अवसर उपलब्ध कराना हमारी सर्वोच्च प्राथमिकताओं में होना चाहिए। यह नीति एस.ई.डी.जी. पर विशेष जोर देते हुए, सभी छात्रों तक गुणवत्तापूर्ण शिक्षा की समान पहुँच सुनिश्चित करती है।

इस प्रयोजनार्थ सरकारों और उच्चतर शिक्षण संस्थानों द्वारा अपनाए जानेवाले कुछ अतिरिक्त कदम इस प्रकार हैं—

सरकार द्वारा उठाए जानेवाले कदम

(क) एस.ई.डी.जी. की शिक्षा के लिए समुचित सरकारी नीति का निर्धारण।

(ख) उच्चतर सकल नामांकन अनुपात (जी.ई.आर.) तथा सतत शैक्षिक विकास लक्ष्य (एस.ई.डी.जी.) के लिए स्पष्ट लक्ष्यों का निर्धारण।

(ग) उच्चतर शिक्षण संस्थानों की प्रवेश प्रक्रिया में जेंडर संतुलन को बढ़ावा देना।

(घ) विकास की ओर उन्मुख जिलों में उच्चतर गुणवत्तायुक्त उच्चतर शिक्षण संस्थान बनाकर और बड़ी संख्या में एस.ई.डी.जी. लिये हुए, विशेष शिक्षा क्षेत्र बनाकर पहुँच को सुधारना।

(ङ) उच्चतर गुणवत्तायुक्त, ऐसे उच्चतर शिक्षण संस्थानों का निर्माण और विकास करना, जो स्थानीय/भारतीय भाषाओं में या द्विभाषी रूप से शिक्षण कराएँ।

(च) सार्वजनिक और निजी दोनों ही तरह के उच्चतर शिक्षण संस्थानों में एस.ई.डी.जी. को अधिक वित्तीय सहायता और छात्रवृत्ति प्रदान करना।

(छ) एस.ई.डी.जी. के बीच उच्चतर शिक्षा के अवसरों और छात्रवृत्ति से जुड़ी जागरूकता के लिए प्रचार-प्रसार करना।

(ज) बेहतर भागीदारी और सीखने के परिणामों के लिए प्रौद्योगिकी का निर्माण और विकास।

सभी उच्चतर शिक्षण संस्थानों द्वारा उठाए जानेवाले कदम

- उच्चतर शिक्षा प्राप्त करने से जुड़ी लागत और इस दौरान हुई आर्थिक अवसरों की हानि को कम करना।
- सामाजिक-आर्थिक रूप से वंचित छात्रों को अधिक वित्तीय सहायता और छात्रवृत्ति प्रदान करना।
- उच्चतर शिक्षा के अवसरों और छात्रवृत्ति से जुड़ी जागरूकता के लिए प्रचार-प्रसार करना।
- प्रवेश प्रक्रिया को अधिक समावेशी बनाना।
- पाठ्यक्रमों को अधिक समावेशी बनाना।
- उच्चतर शिक्षा कार्यक्रमों को अधिक रोजगारपरक बनाना।
- भारतीय भाषाओं और द्विभाषी रूप से पढ़ाए जानेवाले अधिक डिग्री पाठ्यक्रम विकसित करना।
- यह सुनिश्चित करना कि सभी संबंधित इमारतें और अन्य बुनियादी सुविधाएँ—व्हीलचेयर और दिव्यांग जनों के अनुकूल हों।
- वंचित शैक्षिक पृष्ठभूमि से आनेवाले विद्यार्थियों के लिए ब्रिज कोर्स निर्मित करना।
- ऐसे सभी विद्यार्थियों को उपयुक्त सलाह और परामर्श कार्यक्रमों के जरिए सामाजिक, भावनात्मक और अकादमिक सहायता तथा सलाह प्रदान करना।
- पाठ्यक्रम सहित उच्चतर शिक्षण संस्थानों के सभी पहलुओं द्वारा संकाय सदस्यों, परामर्शदाताओं और विद्यार्थियों को जेंडर और जेंडर पहचान के प्रति संवेदनशील और समावेशित करना।
- भेदभाव और उत्पीड़न के खिलाफ बने सभी नियमों को सख्ती से लागू करना।
- एस.ई.डी.जी. से बढ़ती भागीदारी को सुनिश्चित करने से जुड़े विकास योजनाओं को शामिल करते संस्थागत विकास योजनाओं का निर्माण करना, जिनमें उपर्युक्त बिंदु शामिल हो, लेकिन इन्हीं तक सीमित न हों।

अध्यापक शिक्षा

अगली पीढ़ी को आकार देनेवाले शिक्षकों की एक टीम के निर्माण में अध्यापक शिक्षा की भूमिका महत्त्वपूर्ण है। शिक्षकों को तैयार करना एक ऐसी प्रक्रिया है, जिसके लिए बहुविषयक दृष्टिकोण और ज्ञान की आवश्यकता के साथ–ही–साथ बेहतरीन मेंटरों के निर्देशन में मान्यताओं और मूल्यों का निर्माण करना है।

जे.एस. वर्मा आयोग के अनुसार, "स्टैंड एलोन टीचर एजुकेशन इंस्टीट्यूट (टी.ई.आई.), जिनकी संख्या 10,000 से अधिक है, अध्यापक शिक्षा के प्रति लेशमात्र भी गंभीरता से प्रयास नहीं कर रहे हैं, बल्कि इसके स्थान पर ऊँचे दामों पर डिग्रियों को बेच रहे हैं। इस क्षेत्र की नियामक प्रणालियों में महत्त्वपूर्ण कार्यवाहियों के द्वारा पुनरुद्धार की तात्कालिक आवश्यकता है, जिसमें कि गुणवत्ता के उच्चतर मानकों को निर्धारित किया जा सके और शिक्षक शिक्षा प्रणाली में विश्वसनीयता, गुणवत्ता को बहाल किया जा सके, इसके लिए कुछ महत्त्वपूर्ण प्रयास करने होंगे।

- 2030 तक सभी एकल शिक्षक शिक्षा के संस्थानों को बहुविषयक संस्थानों के रूप में बदलने की आवश्यकता होगी।
- 4 वर्षीय एकीकृत बी.एड. कार्यक्रम स्कूली शिक्षकों के लिए न्यूनतम डिग्री योग्यता बन जाएगा। यह पाठ्यक्रम इंटरमीडिएट के बाद किया जा सकेगा।
- पहले से स्नातक डिग्री प्राप्त छात्रों के लिए 2 वर्षीय बी.एड. कार्यक्रम हो सकता है।
- जो छात्र 4 वर्षीय स्नातक डिग्री प्राप्त किए हैं, उनके लिए एक वर्षीय बी.एड. कार्यक्रम भी होगा।
- शिक्षक शिक्षा के लिए एक समान मानकों को बनाए रखने के लिए पूर्व सेवा शिक्षक तैयारी कार्यक्रम में प्रवेश राष्ट्रीय परीक्षण एजेंसी (एन.टी.ए.) द्वारा आयोजित उपयुक्त विषय और योग्यता परीक्षणों के माध्यम से होगा।
- शिक्षा विभाग में संकाय सदस्य सदस्यों को प्रत्येक के लिए पी–एच.डी. अनिवार्य नहीं होगी, लेकिन शिक्षण/फील्ड/शोध के अनुभवों को महत्ता प्रदान की जाएगी।
- पी–एचडी. में प्रवेश लेनेवाले सभी शोधार्थियों को पी–एच.डी. विषय से संबंधित शिक्षण/अध्यापन/लेखन में क्रेडिट आधारित पाठ्यक्रम लेंगे।

- पी-एच.डी. के छात्रों के लिए शिक्षण सहायक और अन्य साधनों के माध्यमों से अर्जित किए गए वास्तविक शिक्षण अनुभव के न्यूनतम घंटे भी तय होंगे।
- शिक्षकों के ऑनलाइन प्रशिक्षण के लिए स्वयं/दीक्षा जैसे प्रौद्योगिकी प्लेटफॉर्मों के उपयोग को प्रोत्साहित किया जाएगा तथा मानकीकृत प्रशिक्षण कार्यक्रमों कम समय के भीतर अधिक शिक्षकों को मुहैया कराया जा सके।
- सलाह (मेंटरिंग) के लिए एक राष्ट्रीय मिशन को स्थापित किया जाएगा, जिसमें बड़ी संख्या में वरिष्ठ, सेवानिवृत्त उत्कृष्ट संकाय सदस्यों को जोड़ा जाएगा।

व्यावसायिक शिक्षा का नवीन आकलन

सन् 2012-2017 (12वीं) पंचवर्षीय योजना के अनुमान के अनुसार 14 से 24 वर्ष तक की आयुवाले भारतीय युवाओं का व्यावसायिक शिक्षा प्राप्त करने का प्रतिशत बहुत ही कम रहा लगभग 5 प्रतिशत के बराबर, जबकि संयुक्त राज्य अमेरिका में व्यावसायिक शिक्षा प्राप्त करनेवाले युवाओं का प्रतिशत संतोषजनक रहा लगभग 52 प्रतिशत, जर्मनी में 75 प्रतिशत तथा सर्वाधिक व्यावसायिक शिक्षा प्राप्त करनेवाले युवा दक्षिण कोरिया के हैं, जिनका प्रतिशत 96 प्रतिशत रहा।

भारतीय शिक्षा व्यवस्था में अब तक कक्षा 11, 12 में व्यावसायिक शिक्षा प्राप्त बच्चों के उच्चतर शिक्षा में चुने हुए व्यवसाय क्षेत्र में आगे बढ़ने का स्पष्ट मार्ग नहीं होता है। सामान्य उच्चतर शिक्षा में अपने चुने हुए व्यवसाय क्षेत्र में आगे बढ़ने का कोई उचित अवसर प्राप्त नहीं होता है। सामान्य उच्चतर शिक्षा, शिक्षा के लिए प्रवेश मानक भी व्यावसायिक शिक्षा की योग्यता रखनेवाले छात्रों के हितोनुकूल निर्धारित नहीं किए गए थे। परिणाम यह हुआ कि वे अपने ही देश में अन्य लोगों को प्राप्त अवसरों की तुलना में मुख्यधारा की शिक्षा या अकादमिक शिक्षा से वंचित रहे जा रहे थे। इतना ही नहीं, अब तक की शिक्षा व्यवस्था में व्यावसायिक शिक्षा से संबंधित विद्यार्थियों के लिए शिक्षा में सीधे-सीधे आगे बढ़ने के रास्तों को पूरी तरह बंद कर दिया गया यद्यपि 2013 में राष्ट्रीय कौशल योग्यता फ्रेमवर्क (एन.एस.आर.एफ.) की घोषणा के माध्यम से व्यावसायिक शिक्षा में सुधार करने का प्रयास किया गया है।

बड़े ही दुर्भाग्य का विषय है, जो शिक्षा देश की दशा-दिशा बदलने की

सामर्थ्य रखती है, उसे ही हमने कम महत्त्व दिया। मुख्यधारा की अकादमी शिक्षा से कमतर करके समझा, ऐसा भी देखने को मिलता है। कुछ लोग मानते हैं कि व्यावसायिक शिक्षा उन विद्यार्थियों के लिए है, जो मुख्यधारा की शिक्षा के साथ सामंजस्य नहीं बैठा पाते हैं। यह संकीर्ण धारणा आज भी चिंता का विषय है, साथ ही विद्यार्थियों द्वारा चुने गए विकल्पों को प्रभावित करती है।

नई शिक्षा नीति का उद्देश्य व्यावसायिक शिक्षा से जुड़ी समस्त जड़ताओं को दूर करना है। इसके लिए यह बहुत ही आवश्यक होगा कि सभी स्कूल, शिक्षण संस्थान, विश्वविद्यालय चरणबद्ध तरीके से व्यावसायिक शिक्षा को मुख्यधारा से जोड़े और इसकी शुरुआत आरंभिक वर्षों में व्यावसायिक शिक्षा का अनुभव प्रदान करने से है, जोकि फिर सुचारु रूप से उच्चतर प्राथमिक, माध्यमिक कक्षाओं से होते हुए उच्चतर शिक्षा तक जाए। व्यावसायिक शिक्षा को इस तरह विकसित करना होगा, जिससे कि प्रत्येक बच्चा कम–से–कम एक व्यवसाय से जुड़े कौशलों को सीखे। यदि ऐसा होता है तो बच्चा श्रम के महत्त्व, भारतीय कलाओं और कारीगरी सहित अन्य व्यवसायों के महत्त्व से परिचित होगा।

नई शिक्षा नीति में सन् 2025 तक कम–से–कम 50 प्रतिशत विद्यार्थियों को स्कूल और उच्चतर शिक्षा प्रणाली के माध्यम से व्यावसायिक शिक्षा प्रदान की जाएगी। छात्रों में व्यावसायिक क्षमताओं का विकास और अकादमिक योग्यताओं या अन्य क्षमताओं का विकास साथ–साथ होगा। इसकी कार्य–योजना कुछ इस प्रकार होगी—

- सभी माध्यमिक स्कूलों में, शैक्षणिक विषयों में व्यावसायिक शिक्षा को एकीकृत किया जाएगा।
- स्कूलों में हब और स्पॉक मॉडल में प्रयोगशालाएँ स्थापित और सृजित की जाएँगी, जहाँ अन्य स्कूल भी इस सुविधा का उपयोग कर सकेंगे।
- उच्चतर शिक्षा संस्थान स्वयं ही या फिर उद्योगों और गैर–सरकारी संगठनों के साथ साझेदारी में व्यवसायी शिक्षा प्रदान करेंगे।
- उच्चतर शिक्षण संस्थानों को सॉफ्ट स्किल्स सहित विभिन्न कौशलों में सीमित अवधि के सर्टिफिकेट कोर्स करने की भी अनुमति होगी।
- लोक विधा अर्थात् भारत में विकसित महत्त्वपूर्ण व्यावसायिक ज्ञान से जुड़े विषयों को व्यावसायिक शिक्षा पाठ्यक्रमों में एकीकरण के माध्यम से छात्रों को सुलभ बनाया जाएगा।

- ओ.डी.एल. मोड के माध्यम से भी व्यावसायिक पाठ्यक्रमों को संचालित करने की कोशिश की जाएगी।

नेशनल कमेटी फॉर द इंटीग्रेशन ऑफ वोकेशनल एजुकेशन (NCIVE) का गठन

अगले दशक में व्यावसायिक शिक्षा को चरणबद्ध तरीके से सभी स्कूलों और उच्चतर शिक्षा संस्थानों में एकीकृत किया जाएगा तथा मानव संसाधन विकास मंत्रालय इस पहल की देखरेख के लिए उद्योगों के सहयोग से व्यावसायिक शिक्षा के विशेषज्ञों और व्यावसायिक मंत्रालयों के प्रतिनिधियों के साथ मिलकर एक राष्ट्रीय समिति 'नेशनल कमेटी फार्म द इंटीग्रेशन ऑफ वोकेशनल एजुकेशन' (NCIVE) का गठन करेगा।

सबसे पहले इस प्रक्रिया को आरंभ करनेवाले संसाधनों के लिए आवश्यक है कि वह नवाचार के माध्यम से ऐसे मॉडल और प्रणालियों की खोज करें, जो कि सफल हो और फिर उन्हें एन.सी.आई.वी.ई. द्वारा स्थापित तंत्र के माध्यम से अन्य संस्थानों के साथ साझा करें, ताकि व्यावसायिक शिक्षा की पहुँच को विस्तार देने में सहायता मिल सके। साथ ही, उद्योगों के साथ साझेदारी के तहत उच्चतर शिक्षा संस्थानों में इनक्यूबेशन केंद्र स्थापित किए जाएँगे।

राष्ट्रीय कौशल योग्यता फ्रेमवर्क (एन.एस.क्यू.एफ.) को प्रत्येक विषय व्यवसाय/रोजगार के लिए अधिक विस्तारपूर्वक निर्मित किया जाएगा। इसके अलावा भारतीय मानकों को अंतर्राष्ट्रीय श्रम संगठन द्वारा बनाए गए व्यवसायों के अंतर्राष्ट्रीय मानक वर्गीकरण के साथ जोड़ा जाएगा। यह फ्रेमवर्क पूर्ववर्ती शिक्षा की आवश्यकता के लिए आधार प्रदान करेगा। इसके माध्यम से ड्रॉपआउट हो चुके बच्चों के व्यावहारिक अनुभव को फ्रेमवर्क के प्रासंगिक स्तर के साथ जोड़कर उन्हें पुनः औपचारिक प्रणाली से जोड़ा जाएगा। क्रेडिट आधारित यह फ्रेमवर्क छात्रों को सामान्य से व्यावसायिक शिक्षा तक जाने को सुगम बनाएगा।

नवीन राष्ट्रीय अनुसंधान फाउंडेशन के माध्यम से सभी क्षेत्रों में गुणवत्तायुक्त अकादमिक अनुसंधान को उत्प्रेरित करना

एक बड़ी और जीवंत अर्थव्यवस्था को विकसित करने और बनाए रखने में ज्ञान सृजन और अनुसंधान की महत्त्वपूर्ण भूमिका होती है, जिससे समाज का उत्थान

होता है और लगातार राष्ट्र को और भी अधिक ऊँचाइयों तक ले जाने में इससे प्रेरणा मिलती है। निस्संदेह, पूरे इतिहास में सबसे समृद्ध सभ्यताओं (जैसे भारत, मेसोपोटामिया, मिस्र, चीन और ग्रीस) से लेकर आधुनिक सभ्यताओं (जैसे संयुक्त राज्य अमेरिका, जर्मनी, इजराइल, दक्षिण कोरिया और जापान) तक ऐसे समाज थे और हैं, जिन्होंने अपनी बौद्धिक और भौतिक संपदा को मुख्यत: नए ज्ञान के लिए प्रख्यात एवं आधारभूत योगदान द्वारा प्राप्त किया है, जैसे विज्ञान के साथ–साथ कला, भाषा और संस्कृत के क्षेत्र में जिसने न केवल अपनी सभ्यताओं को, बल्कि दुनिया भर की सभ्यताओं को परिष्कृत और उन्नत बनाया है।

अनुसंधान का एक मजबूत पारिस्थितिकी–तंत्र आज दुनिया में तेजी से होनेवाले परिवर्तनों के साथ शायद पहले से कहीं अधिक महत्त्वपूर्ण हो गया है। उदाहरण के लिए, जलवायु परिवर्तन, जनसांख्यिकी गतिशीलता और प्रबंधन, जैव–प्रौद्योगिकी, एक डिजिटल बाजार का विस्तार, मशीन लर्निंग और कृत्रिम बुद्धिमत्ता आदि इस तरह के परिवर्तन हैं। यदि भारत को इन विषम क्षेत्रों में एक नेतृत्वकर्ता बनना है और वास्तव में अपने विशाल प्रतिभा पूल को फिर से एक प्रमुख ज्ञान समाज बनने की क्षमता प्राप्त कराना है, तो आनेवाले वर्षों और दशकों में राष्ट्र को अपनी अनुसंधान क्षमाताओं/संभावनाओं को सभी विषयों (डिसिप्लेंस) में उत्पादन के साथ एक महत्त्वपूर्ण विस्तार की आवश्यकता होगी। आज किसी भी राष्ट्र के आर्थिक, बौद्धिक, सामाजिक, पर्यावरणीय और प्रौद्योगिकीय विकास के लिए शोध का महत्त्व पहले से कहीं अधिक है।

इस पक्ष के इतना महत्त्वपूर्ण होने के बावजूद भारत में वर्तमान समय में अनुसंधान और नवाचार निवेश संयुक्त राज्य अमेरिका में 2.8 प्रतिशत, इजराइल में 4.3 प्रतिशत और दक्षिण कोरिया में 4.2 प्रतिशत की तुलना में जी.डी.पी. का केवल 0.69 प्रतिशत है।

आज भारत को सामाजिक चुनौतियों का समाधान करने की आवश्यकता है, जैसे—अपने सभी नागरिकों के लिए पीने के पानी की स्वच्छता, गुणवत्तापूर्ण शिक्षा और स्वास्थ्य सेवा, बेहतर परिवहन, वायु, बिजली और बुनियादी चीजों की पहुँच, आदि। इसके लिए एक व्यापक दृष्टिकोण और समाधानात्मक रवैया और क्रियान्वयन की जरूरत होगी, जो न केवल शीर्ष विज्ञान और प्रौद्योगिकी पर आधारित हो, बल्कि सामाजिक विज्ञान और मानविकी तथा राष्ट्र के विभिन्न सामाजिक, सांस्कृतिक और पर्यावरणीय आयामों की गहरी समझ पर भी आधारित

हों। इन चुनौतियों का सामना करने और इनके समाधान खोजने के लिए विभिन्न क्षेत्रों में उच्च स्तरीय अंतर-विषयक अनुसंधान करने की स्वयं की क्षमता का होना महत्त्वपूर्ण होगा। स्वयं के शोध करने की क्षमता किसी देश की अत्यधिक आसानी से अन्य देशों से अनुसंधानों को आयात करने और उनमें से अनुरोध को अपनाने के योग्य बनता है।

इसके अतिरिक्त सामाजिक समस्याओं के हल निकालने के लिहाज से मूल्यवान होने के साथ-साथ किसी देश की पहचान, उसकी प्रगति, आध्यात्मिक और बौद्धिक संतुष्टि और रचनात्मकता को भी उसके इतिहास, भाषा, कला और संस्कृति के माध्यम से प्राप्त किया जा सकता है, इसीलिए विज्ञान और सामाजिक विज्ञान के क्षेत्र में नवाचारों के साथ-साथ कला और मानविकी के क्षेत्रों में अनुसंधान किसी देश की प्रगति और प्रबुद्धता हेतु अति महत्त्वपूर्ण है।

भारत में शिक्षा संस्थानों में अनुसंधान और नवाचार बहुत महत्त्वपूर्ण है, विशेष रूप से जो उच्चतर शिक्षा से जुड़े हुए हैं। पूरे इतिहास में दुनिया के सर्वश्रेष्ठ विश्वविद्यालयों से मिलनेवाले साक्ष्यों से पता चलता है कि उच्चतर शिक्षा के स्तर पर सर्वोत्तम शिक्षण और सीखने की प्रक्रियाएँ उस वातावरण में होती हैं, जहाँ अनुसंधान और ज्ञान सृजन की एक मजबूत संस्कृति रही है, इसके साथ ही दुनिया के श्रेष्ठ अनुसंधान बहुविषयी विश्वविद्यालयों में ही हुए हैं।

भारत में विज्ञान और गणित से लेकर कला, साहित्य, स्वर विज्ञान और भाषा से लेकर चिकित्सा और कृषि तक के विषयों में अनुसंधान और ज्ञान सृजन की एक लंबी ऐतिहासिक परंपरा रही है। अब समय की माँग है कि भारत जल्द-से-जल्द एक मजबूत और प्रबुद्ध ज्ञान समाज के रूप में अपनी खोई हुई स्थिति को शीघ्र पुनः प्राप्त करे और मजबूत और प्रबुद्ध ज्ञान समाज तथा दुनिया की तीन सबसे बड़ी अर्थव्यवस्थाओं में से एक के रूप में 21वीं सदी में अनुसंधान और नवाचार का नेतृत्व करने के लिए तैयार रहे।

अतः यह नीति भारत में अनुसंधान की गुणवत्ता और उनकी मात्रा को बदलने के लिए एक व्यापक दृष्टिकोण प्रदान करती है। नीति में स्कूली शिक्षा में निश्चित बदलाव शामिल है, जैसे—सीखने की खोज और खोज आधारित शैली। वैज्ञानिक पद्धति और तार्किक चिंतन पर बल इनमें शामिल हैं। छात्र हितों और प्रतिभाओं की पहचान करने के लिए स्कूलों में कॅरियर परामर्श, उच्चतर शिक्षा संस्था का

पुनर्गठन, जो विश्वविद्यालयों में अनुसंधान को बढ़ावा दें; सभी उच्च शिक्षण संस्थानों की बहुविषयी और समग्र शिक्षा पर बल। स्नातक पाठ्यक्रम में अनुसंधान और इंटर्नशिप का समावेश, संकाय कॅरियर, प्रबंधन प्रणाली, जो अनुसंधान पर समुचित बल दे; प्रशासनिक और विनियामक परिवर्तन, जो शिक्षकों की ओर संस्था स्वायत्तता और नवाचार को प्रोत्साहित करनेवाले हों।

राष्ट्रीय अनुसंधान फाउंडेशन (एन.आर.एफ.) की स्थापना

नई शिक्षा नीति में विभिन्न तत्त्वों पर सहक्रियात्मक तरीके से कार्य करने के लिए एक 'राष्ट्रीय अनुसंधान फाउंडेशन' (एन.आर.एफ.) की स्थापना को प्रस्तावित करती है, जिससे राष्ट्र में गुणवत्तायुक्त अनुसंधान को सही रूप में विकसित और उत्प्रेरित किया जा सके। एन.आर.एफ. का व्यापक लक्ष्य हमारे विश्वविद्यालयों के माध्यम से शोध की संस्कृति को सक्षम बनाना होगा। विशेष रूप से एन.आर.एफ. योग्यता आधारित एवं पीयर रिव्यू पर आधारित शोध निधि का एक विश्वसनीय आधार प्रदान करेगा, जो उत्कृष्ट शोध के लिए उपयुक्त प्रोत्साहन के माध्यम से देश में अनुसंधान की संस्कृति विकसित करने में मदद करेगा। राज्य विश्वविद्यालयों और अन्य सार्वजनिक संस्थानों में अनुसंधान को स्थापित करने के साथ इन्हें विकसित करने का कार्य करेगा, जहाँ अनुसंधान की संभावनाएँ वर्तमान में सीमित हैं। एन.आर.एफ. स्पर्धात्मक रूप से सभी बहुविषयकों में अनुसंधान को फंड देगा। सफल अनुसंधानों को मान्यता दी जाएगी और प्रासंगिक सरकारी एजेंसियों के साथ–साथ उद्योगों और निजी/परोपकारी संगठनों के साथ घनिष्ठ संबंधों के माध्यम से इसे कार्यान्वित किया जाएगा।

ऐसे संस्थान, जो वर्तमान में किसी स्तर पर अनुसंधान को निधि प्रदान करते हैं, जैसे—

- विज्ञान और प्रौद्योगिकी विभाग (डी.एस.टी.)
- परमाणु ऊर्जा विभाग (डी.ए.ई.)
- जैव–प्रौद्योगिकी विभाग (डी.बी.टी.)
- भारतीय कृषि अनुसंधान परिषद् (आई.सी.ए.आर.)
- भारतीय आयुर्विज्ञान अनुसंधान परिषद् (आई.सी.एम.आर.)
- भारतीय इतिहास अनुसंधान परिषद् (आई.सी.एच.आर.)
- विश्वविद्यालय अनुदान आयोग (यू.जी.सी.)

के साथ विभिन्न निजी और परोपकारी संगठनों से वे अपनी प्राथमिकताओं और आवश्यकताओं के अनुसार स्वतंत्र रूप से निधिगत अनुसंधान जारी रखेंगे। हालाँकि की एन.आर.एफ. सघन रूप से अन्य फंडिंग एजेंसियों के साथ समन्वय स्थापित करेगा और विज्ञान, इंजीनियरिंग तथा अन्य सक्षम अकादमियों के साथ काम करेगा। इसके साथ ही इससे जुड़े अपेक्षित उद्देश्यों और प्रयासों में तालमेल और दोहराव की कमी को सुनिश्चित करने का प्रयास करेगा। एन.आर.एफ. स्वतंत्र रूप से सरकार के एक 'रोटेटिंग बोर्ड ऑफ गवर्नर्स' द्वारा शासित होगा, जिसमें विभिन्न क्षेत्रों के बहुत ही बेहतरीन शोधकर्ता और आविष्कर्ता शामिल होंगे।

एन.आर.एफ. की प्राथमिक गतिविधियाँ इस प्रकार रहेंगी—

- सभी प्रकार के और विभिन्न विषयों में प्रतिस्पर्धी और पियर रिव्यू किए गए शोध प्रस्तावों के लिए फंड देना।
- शिक्षा संस्थानों में विशेषता विश्वविद्यालयों में और महाविद्यालयों में जहाँ भी अनुसंधान शैशवावस्था में है, इन संस्थानों को परामर्श प्रदान करके अनुसंधान शुरू करना, विकसित करना और उसके लिए सुविधा देना।
- शोधार्थियों और सरकार की संबंधित शाखाओं तथा उद्योगों के बीच संपर्क बनाने एवं समन्वयन का काम करना, जिससे शोधार्थियों को लगातार अति तात्कालिक राष्ट्रीय अनुसंधान मुद्दों के बारे में बताया जा सके और जिससे नीति–निर्माता भी अनुसंधान के क्षेत्र में नवीनतम सफलताओं के प्रति जागरूक रहें। इससे इन सफलताओं को सर्वश्रेष्ठ तरीके से नीति और उसके क्रियान्वयन में दर्ज किया जा सकेगा।
- उत्कृष्ट अनुसंधान और उनकी प्रगति को पहचानना।

राष्ट्रीय उच्चतर शिक्षा विनियामक परिषद् (एन.एच.ई.आर.सी.)

यह एच.ई.सी.आई. का पहला अंग होगा। यह संस्था चिकित्सा एवं विधिक शिक्षा को छोड़कर शिक्षक शिक्षा के लिए महत्त्वपूर्ण कार्य करेगी। एन.एच.ई.आर.सी. को लचीले, लेकिन सख्त और सुविधात्मक तरीके से संस्थानों को विनियमित करने के लिए स्थापित किया जाएगा। यह संस्था वित्त संबंधी मामले, सुशासन और सभी ऑनलाइन, ऑफलाइन और प्रक्रियाओं, इंफ्रास्ट्रक्चर, संकाय, कर्मचारी, पाठ्यक्रम और शैक्षिक प्रतिफलों को प्रभावी तरीके से नियंत्रित करेगी। सार्वजनिक की गई सूचनाओं से संबंधित हितधारकों और अन्य लोगों द्वारा किसी भी शिकायत या गुहार

को इस संस्था द्वारा सुना जाएगा और निवारण भी किया जाएगा। एक निश्चित समय अंतराल पर प्रत्येक उच्चतर शिक्षा संस्थान में रैंडम तरीके से दिव्यांग छात्रों सहित चुने गए छात्रों के मूल्यवान फीडबैक ऑनलाइन लिये जाएँगे।

राष्ट्रीय प्रत्यायन परिषद् (एन.ए.सी.)

एक एच.ई.सी.आई. का दूसरा अंग एक अक्रेडेटिंग निकाय होगा, जिसे 'राष्ट्रीय प्रत्यायन परिषद्' के नाम से जाना जाएगा। यह संस्था निजी या सार्वजनिक सभी का प्रत्यायन संबंधी कार्य मजबूत गवर्नेंस के साथ करेगी। एन.ए.सी. द्वारा एक समुचित संख्या में संस्थानों को मान्यता देने के अधिकार हेतु कार्य किए जाएँगे। कम समय में ही क्रेडिट मान्यता देने के लिए एक मजबूत प्रणाली को स्थापित किया जाएगा, जो सभी उच्चतर शिक्षा संस्थानों द्वारा स्वायत्ता, स्वप्रशासन और गुणवत्ता के तय मानकों को हासिल करने के लिए चरणबद्ध तरीके से लक्ष्यों को तय करेगी।

उच्चतर शिक्षा के नियामक प्रणाली में आमूल-चूल परिवर्तन

उच्चतर शिक्षा में दशकों से चली आ रही परंपरागत विनियामक प्रणाली को वर्तमान संदर्भों में उच्चीकृत या फिर से पूरी तरह परिवर्तित करने की आवश्यकता है। अब तक विनियामक प्रणाली का स्वभाव बहुत ही बुनियादी समस्याओं से प्रभावित रहा है। जवाबदेही की कमी, स्वहितों का टकराव होने के कारण उनका जो उत्तरदायित्व था, का निर्वहन ठीक से नहीं हो सका। अत: उच्चतर शिक्षा को फिर से सक्रिय करने और इसे सफल बनाने के लिए इस नियामक प्रणाली को पूरी तरह बदलने की आवश्यकता है।

उच्चतर शिक्षा की नियामक प्रणाली में यह सुनिश्चित करना होगा कि विनियमन, प्रत्यायन, फंडिंग और शैक्षणिक मानकों का निर्धारण जैसे विशेष कार्य विशिष्ट स्वतंत्र और सशक्त संस्थाओं/व्यवस्थाओं द्वारा संचालित किए जाएँगे। चारों संस्थाएँ आपस में तारतम्य बनाए रखते हुए स्वतंत्र रूप से काम करें। इन चार संस्थाओं को एक प्रमुख संस्था—भारतीय उच्चतर शिक्षा आयोग के तहत चार स्वतंत्र व्यवस्थाओं के रूप में स्थापित किया जाएगा।

चिकित्सा और कानूनी शिक्षा को छोड़कर समस्त उच्च शिक्षा के लिए एक एकल अति महत्त्वपूर्ण व्यापक निकाय के रूप में भारत उच्च शिक्षा आयोग (एच.ई.सी.आई.) का गठन किया जाएगा।

एच.ई.सी.आई. के 4 स्वतंत्र वर्टिकल होंगे—

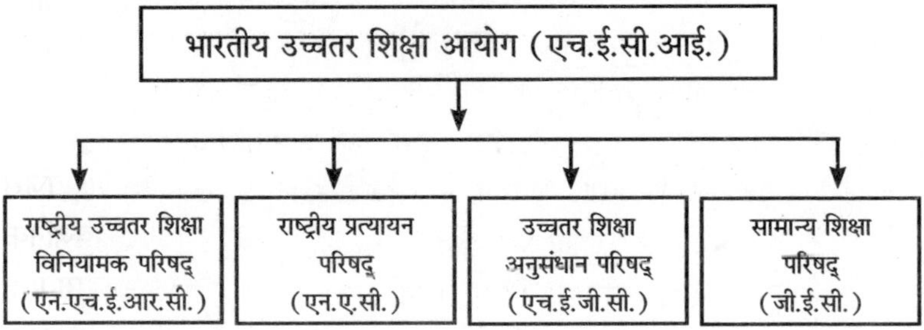

1. विनियमन के लिए राष्ट्रीय उच्चतर शिक्षा नियामकीय परिषद् (एन.एच.ई.आर.सी.)।
2. मानक निर्धारण के लिए सामान्य शिक्षा परिषद् (जी.ई.सी.)।
3. वित्तपोषण के लिए उच्चतर शिक्षा अनुदान परिषद् (एच.ई.जी.सी.)।
4. प्रत्यायन के लिए राष्ट्रीय प्रत्यायन परिषद् (एन.ए.सी.)।

उच्चतर शिक्षा अनुदान परिषद् (एच.ई.जी.सी.)

एच.ई.सी.आई. का तीसरे अंग के रूप में उच्चतर शिक्षा अनुदान परिषद् का गठन किया जाएगा, जो एक निष्पक्ष मानदंडों के आधार पर उच्चतर शिक्षा के फंडिंग और वित्तपोषण का कार्य करेगा, जिसमें संस्थानों द्वारा विकसित आई.डी.पी. और इनके क्रियान्वयन के जरिए प्राप्त की गई उन्नति शामिल है। उच्चतर शिक्षा संस्थानों में गुणवत्ता सुधार, छात्रवृत्ति वितरण तथा विकासात्मक विधियों का कार्यभार सौंपा जाएगा।

सामान्य शिक्षा परिषद् (जी.ई.सी.)

यह चौथी महत्त्वपूर्ण संस्था होगी, जिसके द्वारा एक राष्ट्रीय उच्चतर शिक्षा योग्यता फ्रेमवर्क तैयार किया जाएगा, जोकि राष्ट्रीय कौशल योग्यता फ्रेमवर्क से जुड़कर काम करेगा, जिससे व्यावसायिक शिक्षा को उच्चतर शिक्षा में समन्वित किया जा सके। यह संस्था के एन.एच.ई.क्यू.एफ. के माध्यम से क्रेडिट ट्रांसफर का कार्य करेगी, साथ ही उन विशिष्ट कौशलो की पहचान करेगी, जो छात्रों को अपने शैक्षणिक कार्यक्रम के दौरान 21वीं शताब्दी के कौशल के साथ पूर्ण विकसित शिक्षार्थियों को तैयार करने के उद्देश्य से प्राप्त करना चाहिए।

कुछ ऐसे महत्त्वपूर्ण संस्थान होंगे, जिनका पुनर्गठन व्यावसायिक मानक सेटिंग निकायों (पी.एस.एस.बी.) के रूप में किया जाएगा। इनका उच्चतर शिक्षा प्रणाली में महत्त्वपूर्ण योगदान होगा। इन्हें सामान्य शिक्षा परिषद् (जी.ई.सी.) के सदस्यों के रूप में आमंत्रित किया जाएगा। इन संस्थानों का जब पी.एस.एस.बी. के रूप में गठन हो जाएगा, तब यह जी.ई.सी. के सदस्यों के रूप में पाठ्यक्रम संरचना, शैक्षणिक मानकों का निर्धारण, शिक्षण, अनुसंधान आदि के संबंध में महत्त्वपूर्ण भूमिका निर्वहन करेंगे। ये संस्थाएँ इस प्रकार हैं—

1. भारतीय कृषि अनुसंधान परिषद् (आई.सी.ए.आर.)
2. वेटरनरी काउंसिल ऑफ इंडिया (वी.सी.आई.)
3. राष्ट्रीय अध्यापक शिक्षा परिषद् (एन.सी.टी.ई.)
4. आर्किटेक्चर काउंसिल (सी.ओ.ए.)
5. फार्मेसी काउंसिल ऑफ इंडिया (पी.सी.आई.)
6. राष्ट्रीय व्यावसायिक शिक्षा प्रशिक्षण परिषद् (एन.सी.वी.ई.टी.)

आदि का पुनर्गठन, व्यावसायिक मानक सेटिंग निकायों (पी.एस.एस.बी.) के रूप में किया जाएगा। यह उच्चतर शिक्षा प्रणाली में एक महत्त्वपूर्ण भूमिका निभाएँगे और उन्हें जी.ई.सी. के सदस्य बनने के लिए आमंत्रित किया जाएगा। यह निकाय गुणवत्तापूर्ण व्यवस्था के संचालन के लिए स्थापित स्वतंत्र संस्थाओं की कार्यप्रणाली नियमन (एन.एच.ई.आर.ए.) मान्यता (एन.ए.सी.) और निधियन (एच.ई.जी.सी.) तथा अकादमिक मान्यता (जी.ई.सी.) एक वृहद और स्वायत्त संस्था (एच.ई.सी.आई.) सार्वजनिक कार्यप्रणाली पर केंद्रित होगी और अपने कार्यों, दक्षता और पारदर्शी कार्यपद्धति निर्धारित करने के लिए अधिक-से-अधिक प्रौद्योगिकी के प्रयोग को बढ़ावा देंगे। अनिवार्य जानकारी के गलत प्रस्तुत करने पर दंड का प्रावधान होगा। 'एच.ई.सी.आई.' खुद इसके चारों अंगों के बीच किसी भी प्रकार के विवाद का निपटारा करने में सक्षम होगा। यह एक स्वतंत्र संस्थान होगा, जिसमें संबंधित क्षेत्रों सार्वजनिक सेवाओं में सत्यनिष्ठा, प्रतिबद्धता से सेवाओं को प्रदान करनेवाले विशिष्ट अनुभवी व्यक्ति होंगे।

नए गुणवत्तापूर्ण उच्चतर शिक्षण संस्थानों को स्थापित करना भी बहुत आसान हो जाएगा। साथ ही यह सुनिश्चित करना होगा कि यह जन सेवा के भाव वित्तीय सहायता के साथ स्थापित किए जाएँगे। उच्चतर शिक्षण संस्थानों का गुणवत्तापूर्ण

एवं उच्चतर शिक्षा तक पहुँच का विस्तार करने के उद्देश्य से उनके सार्वजनिक परोपकारी साझेदारी मॉडल भी शुरू किए जा सकते हैं।

व्यवसायीकरण पर रोक

यह विधिक संस्थान शिक्षा के व्यवसायीकरण पर रोक लगा पाएँगे, वित्तीय मामलों को पारदर्शी बनाने के लिए आम जनता के लिए शिकायत निवारण तंत्र की सहायता ली जाएगी। इस नई व्यवस्था में सार्वजनिक और निजी सभी उच्चतर शिक्षण संस्थानों को बराबर माना जाएगा। शिक्षा में निजी परोपकारी प्रयासों को प्रोत्साहित किया जाएगा। सभी विधायी अधिनियमों के लिए सामान्य राष्ट्रीय दिशा-निर्देश होंगे, जिनसे उच्चतर शिक्षण संस्थानों की स्थापना की जाएगी। विभिन्न प्रकार के संस्थानों के लिए उनके प्रत्यायन ग्रेड के आधार पर फीस की उच्चतर सीमा को तय करने के लिए पारदर्शी तंत्र विकसित किया जाएगा, ताकि निजी संस्थानों पर प्रतिकूल प्रभाव न पड़े। यद्यपि जो नियम बनेंगे, उनके अंतर्गत अधिकतर छात्रों को छात्रवृत्ति प्रदान करने के लिए निजी उच्चतर शिक्षा संस्थानों को प्रोत्साहित किया जाएगा। निजी उच्चतर शिक्षण द्वारा निर्धारित सभी शुल्क पूर्व निर्धारित होंगे। किसी भी छात्र के नामांकन के दौरान फीस में कोई मनमानी वृद्धि नहीं होगी।

उच्चतर शिक्षा संस्थानों के लिए प्रभावी प्रशासन और नेतृत्व

चाहे राष्ट्र हो या राष्ट्रीय शिक्षा नीति या फिर कोई संस्थान, उसे प्रभावी और कुशल नेतृत्व ही सफल और सक्षम बनाता है। एन.ए.सी. के माध्यम से 50 वर्षों में चरणबद्ध तरीके से भारत के सभी उच्चतर शिक्षण संस्थानों को उत्कृष्ट प्रदर्शन करनेवाले स्वतंत्र स्वशासी संस्थान बनाना होगा।

बोर्ड ऑफ गवर्नेंस (बी.ओ.जी.)

जब कोई संस्था उपयुक्त ग्रेड प्रत्यायन प्राप्त कर लेगी, तब उस संस्था के ऐसे सदस्य, जिनमें कार्य के प्रति समर्पण की भावना होगी, वे बौद्धिक रूप से सक्षम/समर्थ होंगे, उनमें समन्वयवादी भावना होगी, के समूह से 'बोर्ड ऑफ गवर्नेंस' की स्थापना की जाएगी। संस्था के बी.ओ.जी. को बाहरी हस्तक्षेप से मुक्त संस्था को संचालित करने, संस्था के प्रमुख सहित सभी नियुक्तियाँ करने और शासन के संबंध में सभी निर्णय लेने का अधिकार होगा। बी.ओ.जी. के पास बहुत सारे अधिकार होंगे, जिसमें स्वयं बी.ओ.जी. के गठन, नियुक्ति, कामकाज नियम के

साथ बी.ओ.जी. की भूमिका और जिम्मेदारियाँ शामिल होंगी। बोर्ड के नए सदस्यों की पहचान, नियुक्ति बोर्ड द्वारा नियुक्त विशेषज्ञ समिति करेगी और नए सदस्यों का चयन भी बी.ओ.जी. द्वारा ही किया जाएगा, बी.ओ.जी. के पास फीस पर फैसला लेने का अधिकार भी होगा।

संस्थानों में संस्था प्रमुख तथा ऐसे सभी पद महत्त्वपूर्ण हैं, जो नेतृत्व वाले हैं, उन पदों पर उच्चतर शैक्षणिक योग्यता वाले व्यक्तियों को चुना जाएगा। बी.ओ.जी. द्वारा गठित एक कुशल विशेषज्ञ समिति (ई.ई.सी.) के नेतृत्व में एक कठोर, निष्पक्ष, योग्यता–आधारित, निष्पक्ष प्रक्रिया के द्वारा चयन बी.ओ.जी. द्वारा किया जाएगा।

व्यावसायिक शिक्षा

राष्ट्र की समृद्धता वहाँ की शिक्षा प्रणाली पर बहुत कुछ निर्भर होगी। प्राचीन काल में भी कार्य के आधार पर शिक्षा व्यवस्था केंद्रित थी, जो व्यापार में रुचि रखते, वे वैश्य होते थे, उन्हें व उनके पुत्रों को व्यावसायिक शिक्षा प्रदान की जाती थी। ठीक उसी तरह जिस प्रकार क्षत्रिय को शस्त्र तथा ब्राह्मणों को पठन–पाठन की शिक्षा दी जाती थी। ठीक उसी तरह राष्ट्रीय शिक्षा नीति में यह विचार सर्वोपरि रखा गया कि शिक्षा प्रणाली को रोजगारपरक बनाना चाहिए। इसमें कक्षा 6 से लेकर उच्च शिक्षा तक में व्यावसायिक शिक्षा के पाठ्यक्रम को दृढ़तापूर्वक लागू करना होगा, अभी तक व्यावसायिक शिक्षण माध्यमिक स्तर तक तो कहीं–कहीं उपलब्ध हो जाता था, तो उच्च शिक्षा स्तर पर न के बराबर था। नई शिक्षा नीति में व्यावसायिक शिक्षा पर जोर देने के साथ–साथ उसके पाठ्यक्रम में नैतिकता और सार्वजनिक उद्देश्य के महत्त्व को भी समावेशित किया गया है। जिस प्रकार उच्चतर शिक्षा में शामिल सभी विषयों में तार्किक और अंतर्विषयी सोच, विमर्श, शोध, अनुसंधान और नवाचारों का प्रयोग होता है, ठीक उसी तरह व्यावसायिक शिक्षा में इसी तरह का विकास, ध्यान, चिंतन–मनन करने योग्यताओं को विकसित करने की आवश्यकता है। अब तक पूर्वाग्रह से ग्रस्त यह शिक्षा वहीं छात्र ग्रहण करते थे, जो अन्य विषयों में अच्छा प्रदर्शन नहीं कर कर पाते हैं, इसलिए आवश्यक है कि व्यावसायिक विकास से जुड़ी शिक्षा बाकी विषयों से कटी–बँटी अलग–थलग न रहे।

इस प्रकार व्यावसायिक विकास की शिक्षा समग्र उच्चतर शिक्षा प्रणाली का महत्त्वपूर्ण अंग बन जाएगी। व्यावसायिक या सामान्य शिक्षा प्रदान करनेवाले

संस्थान वर्ष 2030 तक समेकित रूप से दोनों प्रकार की शिक्षा प्रदान करनेवाले संस्थान या संस्थान समूह बनने के लक्ष्य के साथ कार्य करेंगे।

व्यावसायिक शिक्षा को सुदृढ़ बनाने और प्रोत्साहित करने के लिए निम्नलिखित उपाय किए जाने चाहिए—

1. **कृषि शिक्षा में बढ़ावा**—भारत कृषिप्रधान देश है। इसके विकसित होने का रास्ता कृषि से होकर ही जाएगा। ऐसे में आवश्यकता है कि कृषि शिक्षा को उत्तम, उत्तमोत्तम बनाया जाए। यद्यपि देश में 9 प्रतिशत कृषि विश्वविद्यालय हैं, लेकिन कृषि और संबद्ध विज्ञान विषयों के नाम नामांकन उच्च शिक्षा में कुल नामांकन के एक प्रतिशत से भी कम है। कृषि उत्पादकता बढ़ाने के लिए आवश्यक है कि कृषि विषयों की गुणवत्ता, शोध क्षमता, नवीन अनुसंधानों को प्रोत्साहित किया जाए। कृषि शिक्षा की प्रक्रिया को ऐसे व्यावसायिक व्यक्तियों के विकास के लिए परिवर्तित किया जाएगा, जोकि स्थानीय ज्ञान, पारंपरिक ज्ञान और उभरती हुई तकनीकों को समझ सकें और उसका उपयोग कर सकें और इसके साथ ही महत्त्वपूर्ण मुद्दों, जैसे—भूमि की गिरती उत्पादन शक्ति, जलवायु परिवर्तन, हमारी बढ़ती आबादी के लिए पर्याप्त भोजन की आवश्यकता, आदि को लेकर जागरूक हों। इसके लिए 'कृषि प्रौद्योगिकी पार्क' की स्थापना करना एक अच्छा उपाय होगा।
2. **विधि शिक्षा को प्रतिस्पर्धी बनाना**—समाज के प्रत्येक वर्ग, जाति, समुदाय सभी को समय पर सही न्याय मिल सके, इसके लिए विधि शिक्षा के क्षेत्र में नई तकनीक, बेहतरीन कार्यप्रणाली को अपनाना चाहिए, साथ ही ऐसे संस्थानों, जो विधि शिक्षा प्रदान करते हैं, उन्हें चाहिए कि विधि शिक्षा को जो द्विभाषी बनाने का यथासंभव प्रयत्न करें, जिसमें एक भाषा अंग्रेजी और दूसरी उस राज्य की भाषा हो, जिसमें यह विधिक शिक्षा संस्था हो। यह भी सुनिश्चित किए जाने की आवश्यकता है कि विधि शिक्षा पाठ्यक्रम सामाजिक, सांस्कृतिक संदर्भों के साथ-साथ साक्ष्य आधारित तरीके से न्याय के सिद्धांतों, न्यायशास्त्र के अभ्यास और अन्य संबंधित विषयों की उचित और पर्याप्त हिस्सेदारी हो।
3. **स्वास्थ्य शिक्षा का पुनर्कल्पन**—वर्तमान संदर्भों, स्वास्थ्य सेवाओं को ध्यान में रखते हुए स्वास्थ्य शिक्षा के पुनर्कल्पित किए जाने की

आवश्यकता है। कारण यह है कि हमारे देश के लोग स्वास्थ्य मामलों में कई स्वास्थ्य पद्धतियों का प्रयोग करते हैं, जैसे एलोपैथिक, आयुर्वेदिक, योग, प्राकृतिक चिकित्सा, होम्योपैथी, यूनानी आदि इसलिए आवश्यक हैं कि हमारी स्वास्थ्य शिक्षा प्रणाली को एकीकृत होना चाहिए। इससे अभिप्राय यह है कि एलोपैथिक चिकित्सा शिक्षा के सभी छात्रों को आयुर्वेद, योग एवं यूनानी, होम्योपैथिक, प्राकृतिक चिकित्सा की बुनियादी समझ होनी चाहिए और ऐसा ही अन्य सभी प्रकार के चिकित्सा से संबंधित विद्यार्थियों के विषय में भी लागू होना चाहिए। राष्ट्रीय शिक्षा नीति में सभी प्रकार की हेल्थकेयर शिक्षा में निवारक देखभाल और सामुदायिक चिकित्सा (कम्यूनिटी मेडिसिन) पर अधिक जोर दिया जाएगा।

4. **तकनीकी शिक्षा और अन्य विषयों की शिक्षा के बीच समन्वय—** भारत में कई तरीकों से तकनीकी शिक्षा प्रदान करने की प्रणालियाँ प्रचलित हैं, जिनमें डिग्री, डिप्लोमा कार्यक्रम भी शामिल हैं। भारत के समग्र विकास के लिए महत्त्वपूर्ण इंजीनियरिंग, प्रौद्योगिकी, प्रबंधन, होटल प्रबंधन, कैटरिंग, आदि सभी क्षेत्रों में नवाचार और अनुसंधान सुनिश्चित करने के लिए संबंधित उद्योगों और उच्चतर शिक्षा संस्थानों में समन्वय और सहयोग स्थापित करने की आवश्यकता है। नई शिक्षा में यह सुझाव दिया गया है कि तकनीकी शिक्षा भी बहुविषयक शिक्षण संस्थानों और कार्यक्रमों में प्रदान की जाए। स्वास्थ्य, पर्यावरण से संबंधित शिक्षा कार्यक्रमों को युवाओं के रोजगार-संवर्धन हेतु अवर स्नातक शिक्षा कार्यक्रम का हिस्सा बनाया जाएगा। अत्यधिक महत्त्वपूर्ण क्षेत्रों, जैसे—जीनोमिक अध्ययन, जैव-प्रौद्योगिकी, नैनो-प्रौद्यागिकी, न्यूरोसाइंस के साथ-ही-साथ आर्टिफिशियल इंटेलिजेसंस, 3डी मशीनिंग आदि क्षेत्रों में अग्रणी भूमिका निभानी चाहिए।

प्रौढ़ शिक्षा

देश में प्रत्येक नागरिक का मौलिक अधिकार है कि वह बुनियादी शिक्षा, साक्षरता प्राप्त करे। इतना ही नहीं, जीविकोपार्जन के समान अवसर प्राप्त करना भी प्रत्येक व्यक्ति का मौलिक अधिकार है, जो समाज जितना ही शिक्षित होगा, उस समाज के लोग उतने ही विकासशील होंगे। साक्षरता और बुनियादी शिक्षा किसी

व्यक्ति के नैतिक, आर्थिक उन्नति के साथ-साथ और जीवनपर्यंत शिक्षा के अवसरों की एक नवीन दुनिया को खोल देती है, जो हर स्तर पर आगे बढ़ने में मदद करती है। वैश्विक स्तर पर विभिन्न देशों के आँकड़े यह दरशाते हैं कि किसी देश की साक्षरता दर और उसकी प्रति व्यक्ति जी.डी.पी. में उच्चतर सह-संबंध होता है।

समाज का वह हिस्सा, जो गैर-साक्षर है, जिसमें शिक्षा का प्रचार-प्रसार कम है, उसके बड़े नुकसान उस समाज को उठाने पड़ते हैं। एक अनपढ़ व्यक्ति को वित्तीय लेन-देन कर पाने में परेशानी होगी। खरीदे गए माल की गुणवत्ता/मात्रा की तुलना करने, नौकरियों, ऋण सेवाओं आदि के लिए आवेदन करने, समाचार मीडिया में सार्वजनिक परिपत्रों, लेखों को समझने, एक इ-मेल आदि का उपयोग करने, इंटरनेट प्रौद्यागिकी का इस्तेमाल करने में दवाइयों, सड़क आदि पर दिशा-निर्देश समझने आदि में समर्थ नहीं होता है।

वर्ष 1998 में जब राष्ट्रीय साक्षरता मिशन की शुरुआत हुई, लोगों की स्वैच्छिक भागीदारी और सहयोग से 1991-2011 के दशक के दौरान महिलाओं के बीच साक्षरता में उल्लेखनीय वृद्धि हुई।

नई शिक्षा में 100 प्रतिशत साक्षरता के महत्त्वपूर्ण उद्देश्य को प्राप्ति करने का लक्ष्य रखा गया है। इसके साथ ही एन.सी.ई.आर.टी. द्वारा उत्कृष्ट प्रौढ़ शिक्षा पाठ्यचर्या ढाँचा तैयार किया जाएगा, जिसमें बुनियादी शिक्षण, व्यावसायिक कौशल विकास को प्रमुखता से स्थान दिया जाएगा।

इस पाठ्यचर्यात्मक ढाँचे में कम-से-कम पाँच प्रकार के कार्यक्रम शामिल होंगे—

(क) बुनियादी साक्षरता और संख्या ज्ञान,

(ख) महत्त्वपूर्ण जीवन कौशल (जैसे वित्तीय साक्षरता, डिजिटल साक्षरता, व्यावसायिक कौशल, स्वास्थ्य संबंधी जागरूकता, शिशु पालन, सर्वशिक्षा और परिवार कल्याण),

(ग) कौशल विकास,

(घ) बुनियादी शिक्षा (प्रारंभिक, माध्यमिक एवं उच्चतर माध्यमिक स्तर के समक्ष),

(ङ) सतत शिक्षा (जैसे कला, विज्ञान, तकनीकी, संस्कृति, खेल, मनोरंजन आदि)।

एक दूसरा उपयुक्त बुनियादी ढाँचा सुनिश्चित करने की आवश्यकता होगी,

जिससे कि सभी प्रौढ़ों को प्रौढ़ शिक्षा प्राप्त हो सके और आजीवन सीखने के अवसर भी। इसके लिए स्कूल परिसरों का उपयोग प्रौढ़ शिक्षा पाठ्यक्रमों के लिए सार्वजनिक पुस्तकालय स्थान जहाँ तक संभव आई.सी.टी. से सुसज्जित होंगे, उच्चतर शिक्षण संस्थानों, व्यावसायिक प्रशिक्षण केंद्रों आदि अन्य सार्वजनिक संस्थानों के भीतर प्रौढ़ शिक्षा केंद्रों को भी शामिल किया जा सकता है।

प्रौढ़ शिक्षा पाठ्यक्रम ढाँचे में वर्णित सभी पाँच प्रकार की प्रौढ़ शिक्षा के लिए शिक्षार्थियों को शिक्षा देने के लिए शिक्षकों, प्रशिक्षकों/प्रेरकों की आवश्यकता होगी। समुदाय में योग्य संस्थानों, उच्चतर शिक्षण संस्थानों के सदस्यों को प्रोत्साहित किया जाए, वे लघु अवधि के प्रशिक्षण कोर्स और स्वैच्छिक कार्यकर्ता के रूप में या निजी शिक्षक/ट्यूटर के रूप में कार्य करें। राज्य साक्षरता और प्रौढ़ शिक्षा की दिशा में प्रयासों को प्रोत्साहित करने के लिए गैर–सरकारी संगठनों और अन्य सामुदायिक संगठनों के साथ भी काम करेंगे।

नई शिक्षा नीति में ऐसे सभी प्रयास किए जाएँगे, जिससे समुदाय के सदस्य प्रौढ़ शिक्षा कार्यक्रम में अधिक–से–अधिक भाग ले सकें। ऐसे सामाजिक कार्यकर्ता, जो गैर–नामांकित छात्रों ने स्कूल छोड़ देनेवाले छात्रों के लिए कार्य करते हैं, उनसे भी ऐसे अभिभावकों, किशोरों और अन्य इच्छुक लोगों के आँकड़े इकट्ठा करने के लिए अनुरोध किया जाएगा, जो प्रौढ़ शिक्षा के अवसरों (शिक्षार्थी/प्रशिक्षक) में रुचि रखते हों। ये सूचनाएँ प्रौढ़ शिक्षा केंद्रों को देकर इन्हें जोड़ा जाएगा।

नई शिक्षा नीति में इस बात का प्रस्ताव किया गया है कि पढ़ने की आदत विकसित करने के लिए पुस्तकों की उपलब्धता सुनिश्चित की जाए, जिससे कि निशक्त जन एवं आवश्यकता वाले शिक्षार्थियों को समुचित लाभ प्राप्त हो सके।

केंद्र एवं राज्य सरकारें यह सुनिश्चित करेंगी कि सभी सामाजिक–आर्थिक रूप से वंचित लोगों को किताबें उपलब्ध कराई जाए या उन किताबों के मूल्य का निर्धारण, उनकी आर्थिक (खरीदने) क्षमता को ध्यान में रखकर किया जाए। पुस्तकों की ऑनलाइन उपलब्धता बेहतर करने, डिजिटल पुस्तकालय को अधिक व्यापक बनाने हेतु कदम उठाए जाएँगे।

भारतीय भाषाओं कला और संस्कृति का संवर्धन

भारत प्राचीन काल से संस्कृति के क्षेत्र में अत्यधिक समृद्धशाली रहा है। अनेक देशों ने भारतीय संस्कृति का अनुकरण किया है। भारतीय संस्कृति का

विकास एक दीर्घकालीन प्रक्रिया का परिणाम है। यहाँ की कला, साहित्यिक कृतियों, प्रथाओं, परंपराओं, भाषायी अभिव्यक्तियों, कलाकृतियों, ऐतिहासिक और सांस्कृतिक धरोहरों के स्थलों आदि में परिलक्षित होती है। दुनिया भर के करोड़ों लोग प्रतिदिन भारतीय सांस्कृतिक विरासत, जैसे—देश के विभिन्न स्थलों का भ्रमण, भारतीय अतिथि देवो भव की परंपरा का दर्शन, भारत के उत्कृष्ट हस्तशिल्प तथा हाथ से बने कपड़ों को खरीदना, प्राचीन साहित्य को पढ़ना, योग एवं ध्यान का अभ्यास करना, भारतीय दर्शनशास्त्र से परिचित होना तथा प्रेरणा प्राप्त करना, भारत में मनाए जानेवाले अनुपम त्योहारों में सहभाग करना, भारतीय विविधतापूर्ण संगीत एवं कला की प्रशंसा करना और भारतीय सिनेमा जगत् की ओर आकर्षित होना तथा फिल्मों को देखना इत्यादि ऐसे कुछ क्षेत्र हैं, जिनमें सम्मिलित होकर आनंदित होते हैं और इन सबका लाभ प्राप्त करते हैं। भारत में अनेक विविधताएँ विद्यमान हैं, लेकिन विविधताओं के बावजूद संपूर्ण भारत विविधता में एकता के सूत्र में पिरोया हुआ है। यही सांस्कृतिक और प्राकृतिक संपदा है, जो भारत के पर्यटन स्लोगन (नारे) के अनुसार भारत को वास्तव में अतुल्य भारत बनाती है। भारत की इस सांस्कृतिक धरोहर का संरक्षण, संवर्धन एवं प्रसार देश की उच्चतर प्राथमिकता होनी चाहिए, क्योंकि यह देश पहचान के साथ-साथ अर्थव्यवस्था के लिए भी अत्यंत महत्त्वपूर्ण है। भारतीय संस्कृति भारत को दुनिया भर के देशों से एक अलग पहचान प्रदान करती है।

भारत की कला और संस्कृति को समुन्नत बनाना सिर्फ देश ही नहीं, अपितु व्यक्तियों के लिए भी महत्त्वपूर्ण है। बच्चे अपनी पहचान बना सकें तथा अपनेपन का भाव महसूस कर सकें तथा अन्य संस्कृतियों और पहचानों की प्रशंसा का भाव उत्पन्न कर सकें, इसके लिए संस्कृति के प्रति जागरूकता और अभिव्यक्ति जैसी प्रमुख क्षमताओं को बच्चों में विकसित करना आवश्यक है। बच्चों में अपनी संस्कृति के इतिहास को जानने की ललक पैदा करना; कला, भाषा एवं परंपरा की भावना और ज्ञान के विकास के माध्यम से बच्चों में एक सकारात्मक दृष्टिकोण संस्कृति के प्रति पैदा किया जा सकता है। इसके साथ ही बच्चों में संस्कृति की पहचान और आत्मसम्मान का निर्माण किया जा सकता है, ऐसी दशा में व्यक्तिगत और सामाजिक कल्याण के लिए सांस्कृतिक जागरूकता एवं अभिव्यक्ति का योगदान महत्त्वपूर्ण है।

कला एक प्रमुख माध्यम है, जिससे संस्कृति का प्रसार बहुत अच्छी तरह

से किया जा सकता है। कला की भूमिका संस्कृति की पहचान कराने, जागरूकता को बढ़ाने और समुदायों को उन्नत करने के अतिरिक्त व्यक्तियों में ज्ञानात्मक और रचनात्मक क्षमताओं का विकास करने तथा व्यक्तिगत खुशहाली को बढ़ाने के रूप में जानी जाती है। व्यक्तियों की प्रसन्नता, उनका कल्याण, संज्ञानात्मक विकास और सांस्कृतिक पहचान आदि महत्त्वपूर्ण कारण हैं, जिनके लिए सभी प्रकार की भारतीय कलाएँ प्रारंभिक बाल्यावस्था तथा शिक्षा से आरंभ करते हुए शिक्षा के सभी स्तरों पर छात्रों को प्रदान की जानी चाहिए।

भाषा के संबंध में कोई संदेह नहीं है कि भाषा कला एवं संस्कृति से घनिष्ठ रूप से जुड़ी हुई है। विभिन्न भाषाएँ दुनिया को भिन्न तरीके से देखने का एक आधार प्रदान करती हैं। अतः मुख्य रूप से किसी भाषा को बोलनेवाला व्यक्ति अपने अनुभवों को कैसे समझता है अथवा उसे किस प्रकार ग्रहण करता है, यह उस भाषा की संरचना से निश्चित होता है। जब किसी संस्कृति के लोग दूसरी संस्कृति के लोगों से बात करते हैं, जैसे—परिवार के सदस्यों से बात करना, अधिकार प्राप्त व्यक्तियों से बात करना, समकक्षों तथा अपरिचितों से बात करना, आदि भाषा से प्रभावित होता है। भाषा बातचीत के तौर–तरीकों को भी प्रभावित करती है। भाषा वह दर्पण है, जिसमें लहजा, अनुभवों की समझ और एक ही भाषा का प्रयोग करनेवाले व्यक्तियों की बातचीत में अपनापन प्रतिबिंबित होता है। भाषा समस्त संस्कृति का प्रतिबिंब और दस्तावेज है। इस प्रकार संस्कृति हमारी भाषाओं में विद्यमान है। बिना भाषा के साहित्य, नाटक, संगीत, फिल्म आदि के रूप में कला की प्रशंसा करना संभव नहीं है। संस्कृति का संरक्षण, संवर्धन और प्रसार करने के लिए यह आवश्यक है कि हम संस्कृति की उन भाषाओं का संरक्षण और संवर्धन करें।

विडंबना रही है कि भारतीय भाषाओं पर यथोचित ध्यान नहीं दिया गया। उन्हें समुचित संरक्षण व देखभाल नहीं मिल पाया, जिसके फलस्वरूप देश में पिछले 50 वर्षों में हमने 220 भाषाओं को खो दिया। यूनेस्को द्वारा 197 भारतीय भाषाओं को लुप्तप्राय घोषित किया गया है। विभिन्न भाषाएँ अपने अस्तित्व को खोने के कगार पर हैं, विशेष रूप से वे भाषाएँ, जिनकी लिपि नहीं है। अक्सर ऐसा देखा गया है कि जब किसी समुदाय या जनजाति के उस भाषा के बोलनेवाले वरिष्ठ सदस्य की मृत्यु होती है तो वह भाषा भी उनके साथ समाप्त हो जाती है। प्रायः इन समृद्ध भाषाओं तथा संस्कृति की अभिव्यक्तियों को सँजोकर रखने या उन्हें रिकॉर्ड करने के लिए कोई ठोस प्रयास अथवा उपाय नहीं किए जाते हैं।

इसके अतिरिक्त ऐसी भारतीय भाषाएँ हैं, जो आधिकारिक रूप से लुप्तप्राय की सूची में शामिल नहीं हैं, जैसे भारतीय संविधान की आठवीं अनुसूची में उल्लिखित 22 भाषाएँ भी कई प्रकार की कठिनाइयों का सामना कर रही हैं। यह नितांत आवश्यक है कि भारतीय भाषाओं की स्कूल और उच्चतर शिक्षा के प्रत्येक स्तर पर शिक्षण और अधिगम की प्रक्रिया के साथ एकीकृत किया जाए। भाषाओं की जीवंतता और प्रासंगिकता बनी रहे, इसके लिए भाषाओं में उच्च गुणवत्तापूर्ण अधिगम तथा उत्कृष्ट प्रिंट सामग्री का निरंतर प्रवाह बना रहना आवश्यक है। इसके अंतर्गत पाठ्य-पुस्तकें, अभ्यास पुस्तकें, वीडियो, नाटक, कविताएँ, उपन्यास, पत्रिकाएँ आदि महत्त्वपूर्ण भूमिका निभाती हैं। समसामयिक समस्याओं और अवधारणाओं पर इन भाषाओं में चर्चा की जा सके, इसके लिए भाषाओं के शब्दकोशों और शब्दभंडार को आधिकारिक रूप से लगातार अपडेट होते रहना चाहिए तथा उसका व्यापक प्रसार भी करना चाहिए। दुनिया भर के देशों द्वारा अंग्रेजी, जर्मन, फ्रेंच, कोरियाई, जापानी, हिब्रू आदि भाषाओं में इस प्रकार की अधिगम सामग्री और प्रिंट सामग्री बनाने का कार्य किया जाता है तथा दुनिया की अन्य भाषाओं की महत्त्वपूर्ण सामग्री का अनुवाद किया जाता है और शब्दभंडार को निरंतर अपडेट किया जाता है। लेकिन भारतीय भाषाओं को जीवंत और प्रासंगिक बनाए रखने में सहायता के लिए इस प्रकार की अधिगम सामग्री, प्रिंट सामग्री तथा शब्दकोश निर्माण के मामले में भारत की गति अत्यधिक धीमी रही है।

इसके अलावा अनेक उपाय करने के बावजूद देश में भाषा को कुशलतापूर्वक सिखानेवाले कुशल शिक्षकों का अत्यधिक अभाव रहा है। भाषा को अधिक अनुभव आधारित बनाने हेतु भाषा शिक्षण में भी सुधार किया जाना चाहिए। भाषा केवल साहित्य, शब्दभंडार और व्याकरण पर निर्भर नहीं होनी चाहिए, अपितु भाषा बातचीत और अंत:क्रिया करने की क्षमता पर केंद्रित होनी चाहिए। बातचीत और शिक्षण अधिगम के लिए भाषाओं को अधिक व्यापक रूप से प्रयोग में लाया जाना चाहिए।

अध्याय 4 में स्कूली बच्चों में भाषा, कला और संस्कृति को बढ़ावा देने के लिए कई पहलुओं की चर्चा की गई है, जिसमें सभी स्कूली स्तरों पर संगीत, कला और हस्तकौशल पर बल दिया जाएगा। बहुभाषिकता को प्रोत्साहित करने के लिए त्रिभाषा सूत्र का जल्द क्रियान्वयन किया जाएगा। इसके साथ ही जब संभव हो, मातृभाषा अथवा स्थानीय भाषा में शिक्षण तथा अधिक अनुभव आधारित भाषा शिक्षण को प्रोत्साहित किया जाएगा। विभिन्न विषयों में विशिष्ट प्रशिक्षक के रूप में

उत्कृष्ट स्थानीय कलाकारों, लेखकों, हस्त कलाकारों एवं अन्य विशेषज्ञों को स्कूल से जोड़ा जाएगा। पारंपरिक भारतीय ज्ञान को पाठ्यचर्या, मानविकी, विज्ञान, कला, हस्तकला और खेल में समावेशित किया जाएगा। विशेषतः माध्यमिक स्कूल और उच्चतर शिक्षा में पाठ्यचर्या में अधिक लचीलापन होगा, ताकि विद्यार्थी एक आदर्श संतुलन बनाकर अपने लिए पाठ्यक्रम का चुनाव कर सकें। इस तरह छात्र स्वयं के सृजनात्मक, कलात्मक, सांस्कृतिक और अकादमिक पक्षों का विकास कर सकेंगे।

उच्चतर शिक्षा तथा उससे आगे की शिक्षा के साथ–साथ चलते हुए बाद में उल्लेख की गई प्रमुख पहलों को संभव बनाने के लिए आगे भी अनेक कदम उठाए जाएँगे। पहला, ऊपर उल्लिखित सभी पाठ्यक्रमों को विकसित करने के साथ उनका शिक्षण, शिक्षकों तथा संकाय की गुणवत्तापूर्ण टीम का विकास करना होगा। संपूर्ण देश में भारतीय भाषाओं, तुलनात्मक साहित्य, रचनात्मक लेखन, कला, संगीत, दर्शनशास्त्र, इत्यादि के सशक्त विभागों एवं कार्यक्रमों को शुरू किया जाएगा, साथ ही उन्हें विकसित किया जाएगा। इसके अतिरिक्त इन विषयों में (दोहरी डिग्री 4 वर्षीय बी.एड. सहित) डिग्री पाठ्यक्रम विकसित किए जाएँगे। यह विभाग एवं कार्यक्रम, विशेष रूप से उच्चतर योग्यता के भाषा शिक्षकों के एक बड़े संवर्ग को विकसित करने में सहायता प्रदान करेगा। इस नीति को अमल में लाने के लिए कला, संगीत, दर्शनशास्त्र एवं लेखन के शिक्षकों को भी तैयार करेगा, जिनकी देश भर में तुरंत आवश्यकता होगी। इन क्षेत्रों में गुणवत्तापूर्ण शोधकार्य को अंजाम देने के लिए एन.आर.एफ. द्वारा वित्त उपलब्ध कराया जाएगा।

स्थानीय संगीत, कला, भाषाओं एवं हस्तशिल्प को प्रोत्साहित किया जाएगा। इसके साथ ही यह सुनिश्चित किया जाएगा कि छात्र जहाँ अध्ययनरत हों, वे वहाँ की संस्कृति एवं स्थानीय ज्ञान से परिचित हो सकें। इसके लिए उत्कृष्ट स्थानीय कलाकारों एवं हस्तशिल्प में कुशल व्यक्तियों को शिक्षक के रूप में नियुक्त किया जाएगा। प्रत्येक उच्चतर शिक्षण संस्थान, प्रत्येक स्कूल और स्कूल संकुल (कॉम्प्लेक्स) द्वारा यह प्रयास किया जाएगा कि कलाकार वही निवास करें, जिसका लाभ यह होगा कि छात्र कला, सृजनात्मकता तथा क्षेत्र अथवा देश की समृद्धि को बेहतर तरीके से जान सकेंगे।

मातृभाषा अथवा स्थानीय भाषा को शिक्षा के माध्यम के रूप में अधिकतर उच्चतर शिक्षण संस्थानों तथा उच्चतर शिक्षा के माध्यम के रूप में उपयोग किया जाएगा। कार्यक्रमों को दो भाषाओं में चलाया जाएगा, ताकि पहुँच और कुल

नामांकन अनुपात दोनों में बढ़ोतरी हो सके। इसके साथ ही भारतीय भाषाओं का सशक्तीकरण, उपयोग और जीवंतता को प्रोत्साहन मिल सके। मातृभाषा या स्थानीय भाषा को शिक्षा के माध्यम के रूप में प्रयोग करने तथा कार्यक्रमों को द्विभाषित रूप में संचालित करने के लिए निजी शिक्षण संस्थानों को भी प्रोत्साहित करने के साथ-साथ बढ़ावा दिया जाएगा। जिस तरह देश भर के विद्यालयों में विज्ञान को दो भाषाओं में पढ़ानेवाले विज्ञान व गणित शिक्षकों के संवर्ग के प्रशिक्षण में सहायता मिलती है, उसी तरह चार वर्षीय बी.एड. दोहरी डिग्री कार्यक्रम को दो भाषाओं में चलाने से भी मदद मिलेगी।

अनुवाद और विवेचना, कला और संग्रहालय, प्रशासन, पुरातत्त्व, कलाकृति संरक्षण, ग्राफिक डिजाइन एवं वेब डिजाइन के उच्चतर गुणवत्तापूर्ण कार्यक्रमों और डिग्रियों को उच्चतर शिक्षा व्यवस्था के अंतर्गत सृजित किया जाएगा। विभिन्न भारतीय भाषाओं में उच्चतर गुणवत्ता वाली सामग्री को विकसित किया जाएगा, ताकि अपनी कला और संस्कृति को संरक्षित करने तथा बढ़ावा देने में मदद मिल सके। पर्यटन उद्योग अत्यधिक मजबूत बन सके, इसके लिए कलाकृतियों का संरक्षण करना, संग्रहालयों और विरासत या पर्यटन-स्थलों को चलाने के लिए उच्चतर योग्यता प्राप्त व्यक्तियों को प्रोत्साहित किया जाएगा।

छात्रों को भारत की समृद्ध विविधता का प्रत्यक्ष ज्ञान प्राप्त होना चाहिए, यह नीति इस बात को स्वीकार करती है। इसका तात्पर्य है कि इसमें छात्रों द्वारा देश के विभिन्न हिस्सों में भ्रमण करने जैसी सरल गतिविधियों को सम्मिलित किया जाएगा। इस प्रकार की गतिविधियों से न सिर्फ पर्यटन को बढ़ावा मिलेगा, अपितु भारत के विभिन्न हिस्सों की विविधता, संस्कृति, परंपराओं और ज्ञान की समझ की सराहना होगी। इस दिशा में देश के सौ पर्यटन स्थलों की पहचान 'एक भारत, श्रेष्ठ भारत' के रूप में की जाएगी। इन क्षेत्रों के बारे में ज्ञान को समृद्ध बनाने के लिए स्थलों और उनके इतिहास, वैज्ञानिक योगदान, परंपराओं, स्वदेशी साहित्य और ज्ञान आदि का अध्ययन करने के लिए शिक्षण संस्थाओं द्वारा छात्रों को भेजा जाएगा।

उच्चतर शिक्षा में कला, भाषा और मानविकी के क्षेत्र में इस प्रकार के कार्यक्रम तैयार करने से रोजगार के गुणवत्तापूर्ण अवसर भी उत्पन्न होंगे, जिन्हें इन योग्यताओं के माध्यम से प्रभावकारी तरीके से उपयोग में लाया जा सकेगा। हजारों की संख्या में अभी भी ऐसी अकादमियाँ, संग्रहालय, कला-वीथिकाएँ (आर्ट गैलरीज) और धरोहर स्थल हैं, जिन्हें सफलतापूर्वक संचालित करने के लिए योग्य

व्यक्तियों की आवश्यकता है। योग्य व्यक्तियों से रिक्त पदों को भरा जाएगा तथा अधिकाधिक कलाकृतियों को जुटाने के साथ ही उन्हें संरक्षित किया जाएगा। पर्यटन उद्योग को संरक्षित करने के लिए संग्रहालय (आभासी (वर्चुअल) संग्रहालय तथा इ–संग्रहालयों सहित) वीथिकाएँ (गैलरीज) और धरोहर स्थलों को स्थापित व संरक्षित किया जाएगा।

सामान्य जनमानस को विविध भारतीय एवं देशी भाषाओं में गुणवत्तापूर्ण अधिगम सामग्री तथा अन्य महत्त्वपूर्ण लिखित और मौखिक सामग्री उपलब्ध हो सके, इसके लिए भारत जल्द ही अनुवाद एवं विवेचना से संबंधित अपने प्रयासों का विस्तार करेगा। इस कार्य हेतु एक अनुवाद एवं विवेचना संस्थान (इंस्टीट्यूट ऑफ ट्रांसलेशन ऐंड इंटरप्रिटेशन) की स्थापना की जाएगी। इस प्रकार यह संस्थान देश के लिए महत्त्वपूर्ण सेवा प्रदान करने के साथ ही अनेक बहुभाषी भाषा और विषय विशेषज्ञ तथा अनुवाद एवं व्याख्या के विशेषज्ञों की नियुक्ति करेगा।

इस कार्य से सभी भारतीय भाषाओं का प्रचार करने और प्रसार करने में सहायता मिलेगी। अनुवाद एवं व्याख्या संस्थान (आई.आई.टी.आई.) अपने अनुवाद और व्याख्या करने के प्रयासों को सुचारु रूप से संचालित करने के लिए प्रौद्योगिकी (टेक्नोलॉजी) का व्यापक उपयोग करेगा। जैसे–जैसे अर्हता प्राप्त उम्मीदवारों की माँग बढ़ेगी, आई.आई.टी.आई. समय के साथ स्वाभाविक रूप से विकास करेंगे। संस्थान को उच्चतर शिक्षण संस्थानों सहित देश भर के विभिन्न स्थानों में खोला जा सकेगा, ताकि शोध विभाग के साथ सहभागिता सुगम हो सके।

संस्कृति भाषा के व्यापक के महत्त्वपूर्ण योगदान को ध्यान में रखते हुए विभिन्न विधाओं और विषयों के साहित्य, सांस्कृतिक महत्त्व वैज्ञानिक प्रवृत्ति के तहत संस्कृति को मात्र संस्कृति पाठशालाओं एवं विश्वविद्यालयों तक सीमित नहीं रखा जाएगा, अपितु इन्हें मुख्यधारा में लाया जाएगा। त्रिभाषा सूत्र के तहत संस्कृति को स्कूलों में एक विकल्प के रूप में तथा उच्चतर शिक्षा में भी प्रयोग में लाया जाएगा। इसे अलग से नहीं, बल्कि रुचिकर एवं नवाचारी तरीकों से पढ़ाया जाएगा। इसे अन्य समकालीन तथा प्रासंगिक विषयों, जैसे नाटक विधा, खगोलशास्त्र, दर्शनशास्त्र, गणित, योग आदि से जोड़ा जाएगा। इस प्रकार इस नीति के शेष भागों से जुड़ाव रखते हुए संस्कृत विश्वविद्यालय भी उच्चतर शिक्षा के विशाल को बहुविषयी संस्थान बनने की दिशा में अग्रसर होंगे। संस्कृत तथा संस्कृत ज्ञान व्यवस्था के शिक्षण एवं उत्कृष्ट अंतर्विषयी शोध का संचालन करनेवाले संस्कृत

विभागों को संपूर्ण नवीन बहुविषयी उच्चतर शिक्षा व्यवस्था के अंदर स्थापित तथा मजबूत किया जाएगा। यदि छात्र चाहे तो संस्कृत उच्चतर शिक्षा का स्वाभाविक हिस्सा बन जाएगी। मिशन मोड (अभियान रूप) में पूरे देश के संस्कृत शिक्षकों को शिक्षा एवं संस्कृत विषयों में चार वर्षीय बहुविषयक बी.एड. डिग्री के द्वारा भारी संख्या में व्यावसायिक शिक्षा प्रदान की जाएगी।

सभी शास्त्रीय भाषाओं एवं साहित्य का अध्ययन करनेवाले अपने संस्थानों और विश्वविद्यालयों का विस्तार भारत इसी तरह करेगा। देश में मौजूद हजारों पांडुलिपियों को एकत्र कर उन्हें संरक्षित करने, अनुवाद करने और उनका अध्ययन करने का मजबूत प्रयास किया जाएगा। ये ऐसी पांडुलिपियाँ, जिन पर अभी तक ध्यान नहीं दिया गया है, इस तरह सभी संस्थानों और विश्वविद्यालयों का विस्तार किया जाएगा, जिनमें शास्त्रीय भाषाओं एवं साहित्य को पढ़ाया जाता है। ऐसे लाखों अभिलेखों के संग्रह, संरक्षण, जो अभी तक उपेक्षित रहे हैं, उनके अनुवाद और अध्ययन के ठोस प्रयास किए जाएँगे। संपूर्ण देश में संचालित संस्कृति एवं सभी भारतीय भाषाओं के संस्थानों तथा विभागों को सराहनीय रूप से सुदृढ़ बनाया जाएगा। छात्रों के नए बैच को इस प्रकार प्रशिक्षण प्रदान किया जाएगा, ताकि वे अभिलेखों तथा अन्य विषयों के साथ उनके अंतर्संबंधों का अध्ययन कर सकें। शास्त्रीय भाषा के संस्थान अपनी स्वायत्ता को बनाए रखते हुए विश्वविद्यालयों के साथ संबद्ध होने या उसमें विलय का प्रयास करेंगे, जिससे एक मजबूत और गहन बहुविषयी कार्यक्रम के भाग के तौर पर संकाय कार्य कर सकें तथा छात्र प्रशिक्षण प्राप्त कर सकें। भाषाओं का संचालन करनेवाले विश्वविद्यालय भी बहुविषयी बनेंगे, जिससे समान उद्देश्य प्राप्त किए जा सके। भाषा के उत्कृष्ट शिक्षक तैयार करने हेतु जहाँ प्रासंगिक होगा, विश्वविद्यालय शिक्षा तथा उस भाषा में बी.एड. की दोहरी डिग्री प्रदान करेंगे। इसके अतिरिक्त यह भी प्रस्ताव है कि भाषाओं के लिए एक नया संस्थान स्थापित किया जाएगा। विश्वविद्यालय परिसर में पाली, फारसी तथा प्राकृत भाषा के लिए एक राष्ट्रीय संस्थान स्थापित किया जाएगा। ऐसे संस्थान और विश्वविद्यालय, जिनमें भारतीय कला, कला इतिहास और भारत विधा का अध्ययन किया जा रहा है, वहाँ भी इस प्रकार के कदम उठाए जाएँगे। एन.आर.एफ. द्वारा इन सभी क्षेत्रों में उत्कृष्ट शोधों को सहयोग प्रदान किया जाएगा।

शास्त्रीय आदिवासी और लुप्तप्राय भाषाओं सहित सभी भारतीय भाषाओं को संरक्षित करने तथा बढ़ावा देने के लिए नई ऊर्जा के साथ प्रयास किए जाएँगे।

इन प्रयासों में प्रौद्योगिकी तथा क्राउड सोर्सिंग (इंटरनेट के माध्यम से विचारों की प्राप्ति) और लोगों की व्यापक भागीदारी महत्त्वपूर्ण भूमिका निभाएँगे। नवीन अवधारणाओं का सरल और सटीक शब्द–भंडार तय किया जा सके, इसके लिए भारतीय संविधान की आठवीं अनुसूची में वर्णित प्रत्येक भाषा के लिए अकादमी स्थापित की जाएगी। अकादमी में प्रत्येक भाषा के श्रेष्ठ विद्वान् तथा मूलतः वह भाषा बोलनेवाले लोग शामिल रहेंगे। इसके अतिरिक्त प्रयास किया जाएगा कि विश्व में कई भाषाओं के सफल प्रयासों के समान नवीनतम शब्दकोश जारी किया जा सके। अकादमियाँ शब्दकोशों के निर्माण के लिए एक–दूसरे से परामर्श लेंगी तथा कुछ मामलों में आम जनता के सर्वश्रेष्ठ सुझावों को भी शामिल किया जाएगा। यथासंभव साझे शब्दों को अपनाने का प्रयास भी किया जाएगा। इन शब्दकोशों को शिक्षा पत्रकारिता, लेखन, बातचीत आदि में प्रयोग किया जा सके तथा पुस्तक के रूप में और ऑनलाइन उपलब्ध हों, इसके लिए प्रयास व्यापक रूप से प्रसारित किया जाएगा। केंद्र सरकार तथा राज्य सरकारों के साथ परामर्श करके अथवा उनके साथ मिलकर आठवीं अनुसूची की भाषाओं के लिए इन अकादमियों को स्थापित किया जाएगा। इसी प्रकार की केंद्र अथवा राज्य सरकारों द्वारा व्यापक पैमाने पर बोली जानेवाली अन्य भारतीय भाषाओं की अकादमियाँ स्थापित की जाएँगी।

वेब आधारित प्लेटफॉर्म/पोर्टल अथवा विकीपीडिया के माध्यम से सभी भारतीय भाषाओं और उनसे संबंधित स्थानीय कला एवं संस्कृति का दस्तावेजीकरण किया जाएगा। लोगों द्वारा भाषा बोलना (विशेष रूप से बुजुर्गों द्वारा), कहानियाँ सुनना, कविता–पाठ करना, नाटक खेलना, लोक गायन एवं नृत्य करना आदि प्लेटफॉर्म पर वीडियो शब्दकोश, रिकॉर्डिंग एवं अन्य सामग्री के रूप में उपलब्ध होगी। इन प्रयासों में योगदान देने हेतु देश भर के लोगों को आमंत्रित किया जाएगा, ताकि वे लोग इन प्लेटफॉर्म/पोर्टल और विकिपीडिया पर उपयुक्त सामग्री जोड़ सकें। इन प्लेटफॉर्म को और उन्नत बनाया जा सके, इसके लिए विश्वविद्यालय और उनकी शोध टीम एक–दूसरे तथा देश भर के समुदायों के साथ काम करेंगी। एन.आर.एफ. द्वारा संरक्षण के इन प्रयासों तथा इससे जुड़ी शोध परियोजनाओं, जैसे इतिहास, पुरातत्त्व, भाषाविज्ञान आदि को वित्तीय सहायता प्रदान की जाएगी।

भारतीय भाषाओं, कला एवं संस्कृति के अध्ययन हेतु सभी आयु के लोगों के लिए स्थानीय मास्टर्स या उच्चतर शिक्षा व्यवस्था के अंतर्गत छात्रवृत्ति की स्थापना की जाएगी। भारतीय भाषाओं का संवर्धन और प्रसार तभी संभव है, जब उन्हें

नियमित तौर पर प्रयोग किया जाए साथ ही, शिक्षण अधिगम के साथ जोड़ा जाए। भारतीय भाषाओं में जीवंत कविताएँ, उपन्यास, पाठ्य-पुस्तकें, कथेतर साहित्य का निर्माण एवं पत्रकारिता जैसे कार्य सुनिश्चित किए जा सके। इसके लिए भारतीय भाषाओं में विभिन्न श्रेणियों में उत्कृष्टता कविताओं तथा गद्य के लिए पुरस्कार की स्थापना जैसे प्रोत्साहन के कदम उठाए जाएँगे, रोजगार योग्यता के मापदंडों के एक हिस्से तौर पर भारतीय भाषाओं में प्रवीणता को शामिल किया जाएगा।

प्रौद्योगिकी का उपयोग और एकीकरण

भारत वैश्विक स्तर पर सूचना एवं संचार प्रौद्योगिकी तथा अंतरिक्ष जैसे अन्य क्षेत्रों में नेतृत्व कर रहा है। समूचे देश को डिजिटल रूप से सुदृढ़ समाज एवं ज्ञान आधारित अर्थव्यवस्था में परिवर्तित करने में 'डिजिटल इंडिया अभियान' सहायता कर रहा है। इस परिवर्तन में गुणवत्तापूर्ण शिक्षा के साथ प्रौद्योगिकी भी शैक्षिक प्रक्रिया एवं परिणामों के सुधार में महत्त्वपूर्ण भूमिका निभाएगी। इस तरह सभी स्तरों पर प्रौद्योगिकी और शिक्षा के बीच अंतर्संबंध है।

तकनीक को समझने और प्रयोग करनेवाले शिक्षक, उद्यमियों तथा छात्र उद्यमी की वास्तविक रचनात्मकता के लिए साथ-साथ प्रौद्योगिकी विकास की तीव्र दर को दृष्टिगत रखते हुए यह निश्चित रूप से कहा जा सकता है कि प्रौद्योगिकी शिक्षा को कई मायनों में प्रभावित करेगी, जिनमें से वर्तमान में सिर्फ कुछ के बारे में अंदाजा लगाया जा सकता है। नए प्रौद्योगिकी क्षेत्र, जैसे आर्टिफिशियल इंटेलिजेंस, मशीन लर्निंग, ब्लॉकचेन, स्मार्ट बोर्ड, हस्त संचालित कंप्यूटिंग उपकरण छात्रों के विकास के लिए एडॉप्टिव कंप्यूटर टेस्टिंग और अन्य प्रकार के सॉफ्टवेयर द्वारा यह परिवर्तन होगा कि छात्र क्या सीखता है और कैसे सीखता है। इस प्रकार भविष्य में भी प्रौद्योगिकी और शैक्षिक दोनों दृष्टियों से इन क्षेत्रों में विस्तृत शोध की जरूरत होगी।

शिक्षा के विभिन्न पहलुओं को बेहतर बनाने के लिए प्रौद्योगिकी के सभी प्रकार के प्रयोग तथा एकीकरण को समर्थन देने के साथ अपनाया जाएगा और व्यापक स्तर पर लागू करने से पहले इसका उपयुक्त संदर्भों में ठोस एवं पारदर्शी ढंग से आकलन किया जाएगा। विद्यालयी और उच्चतर शिक्षा दोनों क्षेत्रों में शिक्षण, मूल्यांकन, नियोजन, प्रशासन आदि में सुधार करने के लिए प्रौद्योगिकी के उपयोग पर विचारों के मुक्त आदान-प्रदान के लिए एक मंच प्रदान किया जाएगा। मंच

प्रदान करने हेतु एक स्वायत्त निकाय के रूप में राष्ट्रीय स्वैच्छिक प्रौद्योगिकी मंच (एन.ई.टी.एफ.) का निर्माण किया जाएगा। एन.ई.टी.एफ. का उद्देश्य प्रौद्योगिकी को अपनाए जाने और किसी क्षेत्र विशेष में उसके उपयोग से संबंधित निर्णयों को आसान बनाना होगा। एन.ई.टी.एफ. इस कार्य को शैक्षिक संस्थानों के प्रमुखों, केंद्रीय और राज्य सरकारों तथा अन्य हितधारकों को नवीनतम ज्ञान व शोध के साथ सर्वोत्तम कार्यप्रणालियों को एक–दूसरे से साझा करने और परामर्श के अवसर प्रदान करके करेगा। एन.ई.टी.एफ. के कार्य निम्नवत् होंगे—

- केंद्र एवं राज्य सरकार की एजेंसियों को प्रौद्योगिकी के माध्यम से स्वतंत्र एवं प्रमाण आधारित परामर्श उपलब्ध कराना।
- शैक्षिक प्रौद्योगिकी में बौद्धिक एवं संस्थागत क्षमता का निर्माण।
- इस क्षेत्र में रणनीतिक रूप से अत्यंत प्रभावी कार्यों की परिकल्पना करना।
- शोध और नवाचार के लिए नई दिशाओं को स्पष्ट करना।

तीव्रता से बदल रहे शैक्षिक प्रौद्योगिकी के क्षेत्र में बने रहने के लिए इन एन.ई.टी.एफ. विभिन्न स्रोतों, जिनमें शैक्षिक प्रौद्योगिकी के आविष्कार को तथा उस प्रौद्योगिकी को प्रयोग करनेवाले लोग शामिल हैं, उनसे प्राप्त प्रामाणिक डाटा के नियमित प्रवाह को बनाए रखेगा तथा शोधकर्ताओं के विविध वर्ग के साथ मिलकर इस डेटा का विश्लेषण करेगा। एन.ई.टी.एफ. ज्ञान और उसके प्रयोग तथा इस दिशा में लगातार नए सृजन को बढ़ावा देने के लिए अंतर्राष्ट्रीय शैक्षिक प्रौद्योगिकी शोधकर्ताओं, उद्यमियों और प्रौद्योगिकी को उपयोग में लानेवाले व्यक्तियों के विचारों का लाभ लेने के लिए अनेक क्षेत्रीय और राष्ट्रीय सम्मेलनों तथा कार्यशालाओं का आयोजन करेगा।

प्रौद्योगिकी के प्रयोग का मुख्य उद्देश्य शिक्षण अधिगम और मूल्यांकन प्रक्रियाओं को बेहतर बनाना है। शिक्षकों की तैयारी एवं व्यावसायिक विकास में मदद करना है। शैक्षिक पहुँच का विस्तार करना, शैक्षिक नियोजन, प्रबंधन एवं प्रशासन को सरल तथा व्यवस्थित करना, जिसके अंतर्गत प्रवेश, उपस्थिति, मूल्यांकन संबंधी प्रक्रियाएँ आदि सम्मिलित हैं।

उपर्युक्त सभी उद्देश्यों की प्राप्ति के लिए सभी स्तरों पर शिक्षकों और छात्रों के लिए अनेक शैक्षिक सॉफ्टवेयर विकसित किए जाएँगे और उन्हें उपलब्ध करवाया जाएगा। ऐसे सॉफ्टवेयर सभी प्रमुख भारतीय भाषाओं में उपलब्ध होंगे तथा सुदूर क्षेत्रों में रहनेवाले छात्रों, दिव्यांग विद्यार्थियों तथा सभी प्रकार के उपयोगकर्ताओं के लिए

उपलब्ध होंगे। दीक्षा प्लेटफॉर्म पर सभी राज्यों तथा एन.सी.आर.टी., सी.आई.ई.टी., सी.बी.एस.ई., एन.आई.ओ.एस. एवं अन्य संस्थाओं द्वारा विभिन्न क्षेत्रीय भाषाओं में विकसित शिक्षण अधिगम संबंधी ई–सामग्री को अपलोड किया जाएगा। शिक्षकों के व्यवसाय संबंधी विकास के लिए इस प्लेटफॉर्म पर उपलब्ध ई–सामग्री का उपयोग किया जा सकता है। सी.आई.ई.टी. को दीक्षा के साथ–साथ अन्य शैक्षणिक प्रौद्योगिकी संबंधी उपयोगों के संवर्धन एवं प्रसार हेतु मजबूत बनाया जाएगा। शिक्षक अपने शिक्षण अधिगम अभ्यासों में ई–सामग्री को उपयुक्त रूप से शामिल कर सकें, इसके लिए स्कूलों में शिक्षकों के लिए उपयुक्त उपकरण मुहैया कराए जाएँगे। दीक्षा तथा स्वयं जैसे प्रौद्योगिकी आधारित मंच संपूर्ण स्कूली और उच्चतर शिक्षा में समन्वित किए जाएँगे और इसमें उपयोगकर्ताओं द्वारा रेटिंग तथा समीक्षाएँ शामिल की जाएँगी, जिससे कि सामग्री विकासकर्ता तथा प्रयोक्ता अनुकूल और गुणवत्तापूर्ण सामग्री तैयार कर सकें।

संपूर्ण शिक्षा व्यवस्था को अनिवार्य रूप से रूपांतरित करने में तेजी से उभरती परिवर्तनशील प्रौद्योगिकी पर भी विशेष ध्यान देने की आवश्यकता है। 1986 तथा 1992 में बनी राष्ट्रीय शिक्षा नीति के समय इंटरनेट के वर्तमान क्रांतिकारी प्रभावों का अनुमान लगाना कठिन था। वर्तमान की तीव्र प्रतिस्पर्धी दुनिया हमें (व्यक्तिगत रूप से और एक राष्ट्र के रूप में) हमारी वर्तमान शिक्षा व्यवस्था के तीव्र और युगांतरकारी परिवर्तनों का सामना करने की योग्यता खतरनाक और हानिकारक स्थिति की ओर ले जा रही है। तथ्यात्मक और प्रक्रियात्मक ज्ञान के मामले में आज कंप्यूटर ने मनुष्य को काफी पीछे छोड़ दिया है, लेकिन फिर भी हमारी शिक्षा व्यवस्था उच्चतर स्तर की क्षमताओं के विकास के स्थान पर अपने छात्रों पर शिक्षण के सभी स्तरों पर इस प्रकार के ज्ञान का अत्यधिक बोझ डालती रहती है।

इस शिक्षा नीति को ऐसे समय में तैयार किया गया है, जब कृत्रिम बुद्धिमत्ता आर्टिफिशियल इंटेलिजेंस 3डी, 7डी वर्चुअल रियलिटी जैसी निश्चित परिवर्तनकारी प्रौद्योगिकी का विकास हो रहा है। जैसे–जैसे कृत्रिम बुद्धिमत्ता आधारित पूर्वानुमानों की लागत कम होती जाएगी, वैसे–वैसे कृत्रिम बुद्धिमत्ता कुशल पेशेवरों की बराबरी करने लगेगी और उनसे भी आगे निकल जाएगी। डॉक्टर जैसे अन्य पेशेवरों के लिए पूर्वानुमान लगाने के कार्यों में मूल्यवान सहायक सिद्ध होगी। कृत्रिम बुद्धिमत्ता में परिवर्तन ला पाने की क्षमता स्पष्ट है, जिस पर त्वरित प्रतिक्रिया के लिए शिक्षा व्यवस्था को तैयार रहना होगा। एन.ई.टी.एफ. के स्थायी कार्यों में से एक कार्य

यह होगा कि उभरती हुई प्रौद्योगिकियों को उनकी क्षमता व परिवर्तन लाने के अनुमानित समय–सीमा के आधार पर वर्गीकृत करना और समय–समय पर इन विश्लेषणों को मानव संसाधन विकास मंत्रालय के समक्ष प्रस्तुत करना होगा। इन सूचनाओं के आधार पर मानव संसाधन विकास मंत्रालय औपचारिक रूप से ऐसी प्रौद्योगिकी की पहचान करेगा, जिनके उद्भव के लिए शिक्षा प्रणाली से प्रतिक्रिया आवश्यक है।

मानव संसाधन विकास मंत्रालय द्वारा औपचारिक रूप से नवीन परिवर्तनकारी प्रौद्योगिकी को औपचारिक रूप से स्वीकार करने के प्रतिक्रिया स्वरूप राष्ट्रीय अनुसंधान फाउंडेशन द्वारा प्रौद्योगिकी के क्षेत्र में अनुसंधान का प्रारंभ या विस्तार किया जाएगा। कृत्रिम बुद्धिमत्ता (ए.आई.) के संदर्भ में एन.आर.एफ. त्रिआयामी दृष्टिकोण को अपना सकता है, यथा—

- केंद्रीयकृत (कोर) कृत्रिम बुद्धिमत्ता अनुसंधान को आगे बढ़ाना।
- अनुप्रयोग (एप्लीकेशन) आधारित अनुसंधान का विकास और प्रयोग।
- स्वास्थ्य, कृषि व जलवायु संकट जैसे वैश्विक संकटों की चुनौतियों का सामना करने के लिए कृत्रिम बुद्धिमत्ता का उपयोग करते हुए अंतर्राष्ट्रीय अनुसंधान के प्रयासों को प्रारंभ करना।

उच्चतर शिक्षण संस्थान न सिर्फ परिवर्तनकारी प्रौद्योगिकी पर अनुसंधान में सक्रिय भूमिका निभाएँगे, बल्कि अत्याधुनिक क्षेत्रों में आरंभिक निर्देशात्मक सामग्री और पाठ्यक्रम (ऑनलाइन पाठ्यक्रमों सहित) भी तैयार करने के साथ–ही–साथ व्यावसायिक शिक्षा जैसे विशिष्ट क्षेत्रों में उनके प्रभाव का आकलन भी करेंगे। जब प्रौद्योगिकी एक स्तर की परिपक्वता प्राप्त कर लेगी, तब हजारों छात्रों के साथ उच्चतर शिक्षा संस्थान इस प्रकार के शिक्षण और कौशल निर्माण के कार्यों को बढ़ाने के लिए आदर्श स्थिति में होंगे, जिसमें रोजगारपरक तैयारी के लिए लक्षित प्रशिक्षण के प्रयास में शामिल होंगे। परिवर्तनकारी प्रौद्योगिकी कुछ नौकरियों को निरर्थक बना देगी, अत: रोजगार पैदा करने और उन्हें बनाए रखने के लिए कुशलता (स्किलिंग) और अकुशलता (डिस्किलिंग) के प्रति प्रभावी और गुणवत्तापूर्ण दृष्टिकोण महत्त्वपूर्ण होगा। संस्थानों को कौशल और उच्चतर शिक्षा के साथ एकीकृत किए जा सकनेवाले प्रशिक्षण देने के लिए संस्थागत और गैर–संस्थागत भागीदारों को मंजूरी देने की स्वायत्तता होगी, जिसे कौशल और उच्चतर शिक्षण संबंधी रूपरेखाओं के साथ एकीकृत किया जाएगा।

विश्वविद्यालयों का उद्देश्य मशीन लर्निंग (यंत्र अधिगम) जैसे मूल क्षेत्रों, केंद्रीयकृत क्षेत्र (कोर एरिया बहुविषयक क्षेत्रों के कृत्रिम बुद्धिमत्ता और व्यावसायिक क्षेत्रों, जैसे स्वास्थ्य, कृषि, (विधि) में पी-एच.डी. और स्नातकोत्तर कार्यक्रम प्रदान करना होगा। ये इन क्षेत्रों में 'स्वयम्' जैसे मंचों की सहायता से आधिकारिक पाठ्यक्रमों को विकसित कर उनका प्रसार कर सकते हैं। उच्चतर शिक्षा संस्थान आरंभ में इन ऑन लाइन पाठ्यक्रमों को शीघ्रता से अपनाने के लिए पारंपरिक शिक्षण के स्नातक और व्यावसायिक पाठ्यक्रमों में सम्मिलित कर सकते हैं। स्कूली छात्रों को भाषा सिखाने के प्रयासों को भारत के विविध भाषाओं के लिए स्वाभाविक भाषा प्रोसेसिंग को बढ़ावा देने के प्रयासों के साथ जोड़ा जाएगा।

स्कूली और अग्रिम शिक्षा उभरती हई परिवर्तनकारी प्रौद्योगिकियों के अत्यंत शक्तिशाली प्रभावों के बारे में आम जनता की जागरूकता बढ़ाने में मदद करेगी और इसके साथ ही इससे संबंधित मुद्दों को भी हल करेगी। इन प्रौद्योगिकियों से संबंधित मुद्दों पर एक सुविचारित सार्वजनिक सहमति द्वारा चिह्नित विद्यालय स्तर अध्ययन हेतु नैतिक व समसामयिक मुद्दों में अत्यंत प्रभावशाली प्रौद्योगिकियों पर चर्चा को भी शामिल किया जाएगा। सतत शिक्षा हेतु उचित निर्देशात्मक एवं विमर्शात्मक सामग्री भी तैयार की जाएगी।

कृत्रिम बुद्धिमत्ता (आर्टिफिशियल इंटेलिजेंस) आधारित प्रौद्योगिकी के लिए डाटा एक महत्त्वपूर्ण सामग्री के समान है। गोपनीयता के मुद्दों पर डेटा संधारण, डेटा संरक्षण आदि से जुड़ी सुरक्षा, कानून और मानकों के प्रति जागरूकता बढ़ाना अत्यावश्यक है। साथ ही कृत्रिम बुद्धिमत्ता आधारित प्रौद्योगिकी के विकास और प्रयोग से जुड़े नैतिक मुद्दों को उठाना भी आवश्यक है। शिक्षा इन मुद्दों पर जागरूकता पैदा करने के प्रयासों में महत्त्वपूर्ण भूमिका निभाएगी। अन्य परिवर्तनकारी प्रौद्योगिकी जैसे स्वच्छ और अक्षर ऊर्जा, जल-संरक्षण, संवहनीय खेती (सस्टेनेबिल फार्मिंग) पर्यावरण संरक्षण और अन्य हरित उपाय आदि, जो हमारे जीवन जीने तथा छात्रों को शिक्षा प्रदान करने के तरीके पर प्रभाव डालने की क्षमता रखते हैं। इन पर भी शिक्षा के क्षेत्र में प्राथमिक रूप से ध्यान दिया जाएगा।

ऑनलाइन और डिजिटल शिक्षा प्रौद्योगिकी का न्यायपूर्ण ढंग से उपयोग सुनिश्चित करना

नई परिस्थितियों और वास्तविकताओं के लिए नई पहलों की अपेक्षा की

जाती है। हाल ही में संक्रामक रोगों और वैश्विक महामारी में वृद्धि को देखते हुए यह जरूरी हो गया है कि जब भी और जहाँ भी शिक्षा के पारंपरिक और विशेष साधन संभव न हों, वहाँ हम गुणवत्तापूर्ण शिक्षा के वैकल्पिक साधनों के साथ तैयार हों। इस संबंध में राष्ट्रीय शिक्षा नीति-2020 प्रौद्योगिकी की संभावित चुनौतियों को स्वीकार करते हुए, उससे मिलनेवाले लाभों के महत्त्व पर भी ध्यान केंद्रित करती है। ऑनलाइन तथा डिजिटल शिक्षा की हानियों को कम करते हुए हम कैसे इससे लाभ उठा सकते हैं, यह निर्धारित करने के लिए सावधानीपूर्वक और उपयुक्त रूप से तैयार किया गया अध्ययन करना होगा। साथ ही सभी गुणवत्तापूर्ण शिक्षा प्राप्त कर सकें, इसके लिए वर्तमान और भावी चुनौतियों का सामना करने के लिए मौजूदा डिजिटल प्लेटफॉर्म और क्रियान्वित आई.सी.टी. आधारित पहलों को अनुकूल और विस्तारित करना होगा।

यद्यपि ऑनलाइन या डिजिटल शिक्षा का लाभ तभी प्राप्त किया जा सकता है, जब डिजिटल इंडिया अभियान के तरह सस्ते कंप्यूटिंग उपकरणों की उपलब्धता नहीं कराया जाता। डिजिटल शिक्षा के लिए यह जरूरी है कि प्रौद्योगिकी के उपयोग में समानता लाई जाए।

प्रभावशाली ऑनलाइन प्रशिक्षक बनने के लिए शिक्षकों को उपयुक्त प्रशिक्षण प्रदान करने और विकास करने की आवश्यकता है। पारंपरिक कक्षा में एक अच्छा शिक्षक स्वचालित रूप से चलनेवाली एक ऑनलाइन कक्षा में भी एक अच्छा शिक्षक सिद्ध होगा, पहले से ही यह नहीं माना जा सकता। शिक्षण में आवश्यक परिवर्तनों के अलावा, ऑनलाइन मूल्यांकन के लिए एक अलग दृष्टिकोण की आवश्यकता होती है। बड़े पैमाने पर ऑनलाइन परीक्षा का आयोजन करने में कई चुनौतियाँ हैं, जैसे—ऑनलाइन परीक्षा में पूछे जानेवाले प्रश्नों के प्रकार से संबंधित सीमाएँ, नेटवर्क और बिजली की समस्या से जूझना तथा अनैतिक प्रथाओं को रोकना आदि शामिल हैं। कुछ प्रकार के पाठ्यक्रम अथवा विषय, जैसे प्रदर्शन कला और विज्ञान व्यावहारिक ऑनलाइन या डिजिटल शिक्षा क्षेत्र में सीमाएँ हैं, जिन्हें नवीन उपयों के साथ कुछ हद तक दूर किया जा सकता है। इसके अतिरिक्त जब तब ऑनलाइन शिक्षा को अनुभव-आधारित और गतिविधि-आधारित शिक्षा के साथ मिश्रित नहीं किया जाता, तब तक यह सीखने के सामाजिक, भावात्मक और मनोक्रियात्मक आयामों पर सीमित ध्यान देनेवाली एक स्क्रीन आधारित शिक्षा मात्र बनकर रह जाएगी।

डिजिटल प्रौद्योगिकी के उद्भव तथा स्कूल से लेकर उच्चतर शिक्षा तक सभी स्तरों पर शिक्षण अधिगम के लिए प्रौद्योगिकी के महत्त्व को देखते हुए यह शिक्षा नीति प्रमुख सिफारिशें करती है, जो निम्नवत् हैं—

(क) ऑनलाइन शिक्षा के लिए पायलट, मार्गदर्शक, दक्षतापूर्ण अथवा प्रायोगिक अध्ययन

एन.ई.टी.एफ., सी.आई.टी., एन.आई.ओ.एस., इग्नू, आई.आई.टी., एन.आई.टी. आदि जैसी उपयुक्त एजेंसियों की ऑनलाइन शिक्षा की हानियों को कम करते हुए उसे शिक्षा के साथ एकीकृत करने के लाभों का मूल्यांकन करने के लिए छात्रों को उपकरणों की आदत, ई-सामग्री का सबसे पसंदीदा प्रारूप आदि जैसे संबंधित विषयों का अध्ययन करने के लिए पहचान की जाएगी। इन पायलट अध्ययनों के परिणामों को सार्वजनिक रूप से सूचित किया जाएगा तथा निरंतर सुधार के लिए इनका उपयोग किया जाएगा।

(ख) आधारभूत संरचना (डिजिटल इंफ्रास्ट्रक्चर)

भारत के क्षेत्रफल, विविधता, जटिलता और डिवाइस अर्थबोध को हल करने के लिए शिक्षा के क्षेत्र में खुले परस्पर विकसित सार्वजनिक डिजिटल इंफ्रास्ट्रक्चर का निर्माण करने की आवश्यकता है, जिसका कई प्लेटफॉर्मों (मंचों) और पॉइंट सॉलूशन द्वारा किया जा सकता है। इससे यह सुनिश्चित होगा कि प्रौद्योगिकी आधारित समाधान प्रौद्योगिकी में तेजी से प्रगति के साथ पुराने न हो जाएँ।

(ग) ऑनलाइन शिक्षण मंच और उपकरण

स्वयम्, दीक्षा जैसे उपयुक्त मौजूदा ई-लर्निंग प्लेटफॉर्म (मंच) का विस्तार किया जाएगा, ताकि शिक्षक, शिक्षार्थियों की प्रगति की निगरानी कर सकें तथा सहायक उपकरण के एक संरचित उपयोगकर्ता अनुकूल विकसित सेट प्रदान कर सकें।

(घ) सामग्री निर्माण डिजिटल रिपोजिटरी संग्रहालय और प्रसार

कोर्स वर्क, लर्निंग गेम्स और सिमुलेशन (अनुकरण), ऑगमेंटेड रियलिटी (संबंधित वास्तविकता), वर्चुअल रियलिटी (आभासी वास्तविकता) के निर्माण सहित कंटेंट (विषय-वस्तु) की एक डिजिटल रिपोजिटरी (संग्रहालय) विकसित

की जाएगी। इस रिपोजिटरी में प्रभावशीलता और गुणवत्ता के लिए उपयोगकर्ताओं द्वारा रेटिंग करने के लिए एक स्पष्ट सार्वजनिक प्रणाली होगी। छात्रों के लिए मनोरंजन आधारित अधिगम हेतु उपयुक्त उपकरण, जैसे—ऐप, स्पष्ट संचालन निर्देश के साथ कई भाषाओं में भारतीय कला और संस्कृति का एकीकरण आदि भी बनाए जाएँगे। छात्रों को ई–सामग्री का प्रसार करने के लिए एक विश्वसनीय बैकअप (सहायता) तंत्र प्रदान किया जाएगा।

(ङ) डिजिटल अंतर को कम करना

अभी भी जनसंख्या का एक बड़ा हिस्सा ऐसा है, जिसकी डिजिटल पहुँच बहुत सीमित है। इस तथ्य को देखते हुए मौजूदा जनसंचार माध्यम, जैसे, टेलीविजन, रेडियो और सामुदायिक रेडियो का उपयोग टेलीकास्ट और प्रसारण के लिए बड़े पैमाने पर किया जाएगा। इस प्रकार के एक शैक्षिक कार्यक्रमों को छात्रों की बदलती आवश्यकताओं को पूरा करने के लिए विभिन्न भाषाओं में 24 घंटे, सातों दिन 24/7 उपलब्ध कराया जाएगा। सभी भारतीय भाषाओं में सामग्री पर विशेष ध्यान दिया जाएगा और जहाँ तक संभव हो, शिक्षकों और छात्रों तक डिजिटल सामग्री उनकी सीखने की भाषा में पहुँचे, इस पर विशेष बल दिया जाएगा।

(च) वर्चुअल आभासी लैब

दीक्षा, स्वयम् और स्वयंप्रभा जैसे मौजूदा ई–लर्निंग प्लेटफॉर्म्स का उपयोग वर्चुअल लैब्स बनाने के लिए किया जाएगा, जिससे सभी छात्रों को गुणवत्तापूर्ण, व्यावहारिक और प्रयोग–आधारित अनुभव का समान अवसर मिल सके। एस.ई.डी.जी. छात्रों और शिक्षकों को पहले से लोड की गई सामग्री वाले टैबलेट, जैसे उपयुक्त डिजिटल उपकरण पर्याप्त रूप से ध्यान देने की संभावना पर विचार किया जाएगा तथा उन्हें विकसित किया जाएगा।

(छ) शिक्षकों के लिए प्रशिक्षण और प्रोत्साहन

शिक्षकों को छात्र–केंद्रित अध्ययन में गहन प्रशिक्षण दिया जाएगा और यह भी बताया जाएगा कि वे ऑनलाइन शिक्षण प्लेटफॉर्मों और उपकरणों का उपयोग करके उच्चतर गुणवत्ता वाली ऑनलाइन सामग्री का स्वयं सृजन करें। ई–सामग्री के साथ–साथ छात्रों में आपसी सहयोग स्थापित करने के लिए शिक्षक की भूमिका पर जोर दिया जाएगा।

(ज) ऑनलाइन मूल्यांकन और परीक्षाएँ

प्रस्तावित राष्ट्रीय मूल्यांकन केंद्र अथवा 'परख', स्कूल बोर्ड, एन.टी.ए. और अन्य चिह्नित उपयुक्त निकाय, मूल्यांकन रेखाओं का निर्धारण करेंगे तथा कार्यान्वित करेंगे। इनमें दक्षताओं, पोर्टफोलियो (विभाग) रूब्रिक्स (शब्द अथवा पाठ खंड) मानकीकृत मूल्यांकन और मूल्यांकन विश्लेषण के डिजाइन शामिल होंगे। 21वीं सदी के कौशल पर ध्यान केंद्रित करते हुए शिक्षा प्रौद्योगिकियों का उपयोग कर मूल्यांकन के नए तरीकों का अध्ययन किया जाएगा।

(झ) सीखने के लिए मिश्रित मॉडल

डिजिटल शिक्षा और शिक्षण को बढ़ावा देने के साथ ही परंपरागत व्यक्तिगत रूप से आमने-सामने सीखने के महत्त्व को भी पूरी तरह से स्वीकार किया जाता है। इस प्रकार विभिन्न विषयों के लिए सीखने के विभिन्न मिश्रित प्रभावी मॉडल उपयुक्त प्रतिकृति के लिए चिह्नित किए जाएँगे।

(ञ) मानकों को पूरा करना

एन.आई.टी.एफ. और अन्य उपयुक्त निकाय जैसे-जैसे ऑनलाइन डिजिटल शिक्षा पर शोध प्रकाश में आ रहे हैं, उसी प्रकार ऑनलाइन या डिजिटल शिक्षण के लिए सामग्री, प्रौद्योगिकी और शिक्षाशास्त्र के मानक स्थापित करेंगे। यह मानक राज्यों, बोड्र्स, स्कूलों और स्कूल-परिसरों, उच्चतर शिक्षण संस्थानों आदि द्वारा ई-लर्निंग के लिए दिशा-निर्देश तैयार करने में सहायता करेंगे।

विश्वस्तरीय डिजिटल इंफ्रास्ट्रक्चर (अवसंरचना) शैक्षिक डिजिटल कंटेंट (विषय-वस्तु) सामग्री और क्षमता का निर्माण करने के लिए एक समर्पित इकाई का सृजन

शिक्षा में प्रौद्योगिकी कोई गंतव्य न होकर एक यात्रा के समान है और नीतिगत उद्देश्यों को लागू करने के लिए विभिन्न परिवेश के खिलाड़ियों को तैयार करने हेतु क्षमता की आवश्यकता होगी। स्कूल और उच्चतर शिक्षा दोनों की ई-शिक्षा आवश्यकताओं पर ध्यान देने के लिए मंत्रालय में डिजिटल बुनियादी ढाँचे, डिजिटल सामग्री और क्षमता-निर्माण की व्यवस्था करने के उद्देश्य के लिए एक समर्पित की स्थापना की जाएगी। क्योंकि तेजी से विकसित हो रही प्रौद्यागिकी और उच्चतर गुणवत्ता वाले ई-लर्निंग को वितरित करने के लिए विशेषज्ञों की आवश्यकता है।

इसलिए एक सजीव पारिस्थितिकी–तंत्र को ऐसे समाधान के लिए प्रोत्साहित किया जाना है, जो न सिर्फ भारत को आकार, विविधता, समानता की चुनौतियों को हल करें, बल्कि तेजी से हो रहे प्रौद्योगिकीय परिवर्तनों को ध्यान में रखते हुए विकसित किए जाएँ, जिसका कुछ भाग प्रत्येक बीतने वाले वर्ष के साथ पुराना होता जाता है। अतः इस केंद्र में प्रशासन, शिक्षा, शैक्षिक प्रौद्योगिकी, डिजिटल शिक्षाशास्त्र और मूल्यांकन, ई–गवर्नेंस आदि के क्षेत्र से जुड़े विशेषज्ञ शामिल होंगे।

भाग 4 क्रियान्वयन की रणनीति

केंद्रीय शिक्षा सलाहकार बोर्ड का सशक्तीकरण

राष्ट्रीय, राज्य, संस्थागत और व्यक्तिगत स्तर पर इस नीति के सफल क्रियान्वयन के लिए एक दीर्घकालिक विजन, विशेषज्ञता की निरंतर उपलब्धता और संबंधित लोगों द्वारा ठोस कदम उठाए जाने की आवश्यकता है। इस संदर्भ में यह नीति केंद्रीय शिक्षा सलाहकार बोर्ड के सशक्तीकरण की अनुशंसा करती है। बोर्ड केवल शैक्षिक एवं सांस्कृतिक विकास से जुड़े मुद्दों पर व्यापक परामर्श और समीक्षा के लिए एक फोरम ही प्रदान नहीं करता, बल्कि इससे कहीं अधिक व्यापक उद्देश्य हैं। देश में शिक्षा के विजन को अनवरत रूप से विकसित करने, सुस्पष्टता लाने, उसका आकलन करने और उसको संशोधित करने के लिए एक पुनर्कल्पित और पुनर्जीवित कैब मानव संसाधन विकास मंत्रालय और राज्य स्तर पर सदृश इकाइयों अथवा निकायों के साथ मिलकर जिम्मेदारी निभाएगा। यह इस प्रकार कि संस्थागत रूपरेखाओं को भी लगातार तैयार और उसकी समीक्षा करेगा, जो इस विजन को प्राप्त करने में सहायक होगी।

अधिगम और शिक्षा पर एक बार फिर ध्यान केंद्रित करने के लिए यह वांछनीय होगा कि मानव संसाधन विकास मंत्रालय को शिक्षा मंत्रालय के रूप में पुनः नामित किया जाए।

वित्तपोषण

सभी के लिए वहनीय और गुणवत्तापूर्ण शिक्षा

समाज के भविष्य हेतु युवाओं के लिए उच्चतर गुणवत्तापूर्ण शिक्षा से बेहतर कोई निवेश नहीं होता है। अतः यह नीति शैक्षिक निवेश में उल्लेखनीय वृद्धि के लिए प्रतिबद्ध है। दुर्भाग्यवश भारत में शिक्षा पर होनेवाला सार्वजनिक व्यय कभी भी

सरकारी खर्च तथा कुल सकल घरेलू उत्पाद के 6 प्रतिशत तक नहीं पहुँचा, जबकि 1968 की शिक्षा नीति में अनुशंसा की गई थी और जिसको 1986 की शिक्षा नीति तथा 1992 में नीति समीक्षा में दुहराया गया था। वर्तमान में शिक्षा पर सार्वजनिक खर्च (केंद्र तथा राज्य सरकारों द्वारा) जी.डी.पी. (बजटीय व्यय आवंटन 2017-18 के विश्लेषण के अनुसार) के 4.43 प्रतिशत के आसपास है और सरकारी व्यय का केवल 10 प्रतिशत शिक्षा पर खर्च किया जाता है (आर्थिक सर्वे 2017-18), यह आँकड़ा अधिकांश शिक्षित एवं विकासशील देशों से काफी कम है।

यह शिक्षा नीति केंद्र तथा सभी राज्य सरकारों द्वारा भारत में उत्कृष्टता के साथ शिक्षा के लक्ष्य को पाने के लिए तथा देश एवं अर्थव्यवस्था से जुड़े लाभों की बहुलता के कारण शिक्षा में निवेश को पर्याप्त रूप से बढ़ावा देने का समर्थन करती है। केंद्र और राज्य शिक्षा क्षेत्र सार्वजनिक निवेश को बढ़ाने के लिए जी.डी.पी. के 6 प्रतिशत तक जल्द-से-जल्द पहुँचने के लिए मिलकर काम करेंगे। भारत के भावी आर्थिक, सामाजिक, सांस्कृतिक, बौद्धिक, तकनीकी उन्नति एवं विकास के लिए जरूरी उच्चतर गुणवत्तापूर्ण एवं समतापूर्ण सरकारी शिक्षा व्यवस्था के लिए शिक्षा पर इतना निवेश करना बहुत ही महत्त्वपूर्ण है।

विशेष रूप से शिक्षा से जुड़े महत्त्वपूर्ण मदों और संघटकों के लिए वित्तीय सहायता प्रदान की जाएगी। इसके अंतर्गत सभी तक शिक्षा की पहुँच सुनिश्चित करना, सीखने के संसाधन, पोषण सहायता, विद्यार्थियों की सुरक्षा एवं स्वास्थ्य, शिक्षकों एवं कर्मचारियों की पर्याप्त संख्या, शिक्षकों का विकास तथा पिछड़े वर्ग, सामाजिक-आर्थिक रूप से पिछड़े समूहों के लिए समतापूर्ण उच्चतर गुणवत्ता की शिक्षा प्रदान करने के लिए किए जानेवाले सभी प्रमुख प्रयास शामिल होंगे।

मुख्य रूप से बुनियादी सुविधाओं एवं संसाधन संबंधी एक मुश्त खर्चों के अलावा यह नीति एक शिक्षा प्रणाली विकसित करने के लिए वित्तपोषण हेतु निम्नलिखित महत्त्वपूर्ण दीर्घकालिक क्षेत्रों की पहचान करती है, जिन पर जोर दिया जाना चाहिए—

- गुणवत्तापूर्ण प्रारंभिक बाल्यावस्था देखभाल शिक्षा का सार्वभौमिक प्रावधान।
- पढ़ने-लिखने और गणना करने की बुनियादी क्षमता सुनिश्चित करना।
- सभी स्कूल संकुल (कॉम्प्लेक्स)या क्लस्टर (समूहों) के लिए पर्याप्त और उपयुक्त संसाधन।

- भोजन एवं पोषण उपलब्ध कराना (नाश्ता एवं मध्याह्न भोजन)।
- शिक्षक शिक्षा और शिक्षकों के सतत व्यावसायिक विकास में निवेश।
- उत्कृष्टता को पोषित करने के लिए विश्वविद्यालयों एवं महाविद्यालयों में सुधार।
- शोध का विकास।
- प्रौद्योगिकी और ऑनलाइन शिक्षा का व्यापक उपयोग।

शिक्षा-क्षेत्र के लिए एक सीमित मात्रा में उपलब्ध वित्त भी प्राय: जिला अथवा संस्थान के स्तर पर समय पर व्यय नहीं किया जाता, जिससे उस राष्ट्र के निर्धारित उद्देश्यों को प्राप्त करने में कठिनाई होती है। अत: उपयुक्त नीतिगत परिवर्तनों द्वारा उपलब्ध बजट के उपयोग में दक्षता बढ़ाने की आवश्यकता है। निधियाँ आसानी से समय पर एवं उचित मात्रा में उपलब्ध हों और उसका व्यय ईमानदारी से किया जाए, इसके लिए वित्तीय प्रशासन एवं प्रबंधन इस बात पर ध्यान रखेगा। प्रशासनिक प्रक्रियाओं को संशोधित और सुव्यवस्थित किया जाएगा, ताकि संवितरण तंत्र के कारण अधिक मात्रा में अव्ययित शेष न रह सके। सरकारी संसाधनों के कुशल उपयोग और धन की पार्किंग के बचने के लिए जी.एफ.आर., पी.एफ.एम.एस. एवं 'सही समय पर' आवंटन से संबंधित प्रावधान को लागू करनेवाली कार्यान्वयन एजेंसियों के लिए जारी किया जाएगा। राज्य या उच्चतर शिक्षण संस्थानों में प्रदर्शन आधारित पोषण का तंत्र तैयार किया जा सकता है। इसी प्रकार एस.ई.डी.जी. के लिए निर्धारित के अधिकतम आवंटन और उपयोग के लिए कुशल तंत्र सुनिश्चित किया जाएगा। भूमिकाओं का विभाजन एवं पारदर्शी स्वप्रकटीकरण सशक्तीकरण एवं स्वायत्तता, उत्कृष्ट एवं योग्य विशेषज्ञों के प्रमुख पदों पर नियुक्ति आदि शामिल हैं। इसके लिए प्रस्तावित नवीन नियामक व्यवस्था से वित्त के आसान, त्वरित, पारदर्शी प्रवाह में सहायता मिलेगी।

यह नीति शिक्षा क्षेत्र में निजी परोपकारी गतिविधियों को पुनर्जीवित करने, सक्रिय रूप से प्रोत्साहित करने और समर्थन करने की अनुशंसा करती है, विशेषत: बजटीय समर्थन के अतिरिक्त, जो अन्यथा उन्हें प्रदान किया गया होता है। कोई भी सार्वजनिक संस्थान शैक्षिक अनुभव को बढ़ाने के लिए निजी परोपकारी धन जुटाने की दिशा में पहल कर सकता है।

इस नीति में शिक्षा के व्यवसायीकरण के मुद्दे से कई स्तरों पर निपटने का प्रयास किया गया है, जिसके अंतर्गत 'सरल, किंतु कठोर' नियंत्रण दृष्टिकोण

भी शामिल है। इस प्रकार यह प्रक्रियाओं, कार्यपद्धति उपलब्ध पाठ्यक्रमों एवं कार्यक्रमों में पूरी पारदर्शिता के साथ स्वप्रकटीकरण, सार्वजनिक शिक्षा में पर्याप्त निवेश सरकारी तथा निजी संस्थानों में अच्छे प्रशासन और तंत्र पर जोर देता है। इसी तरह जरूरतमंद अथवा योग्य वर्गों को प्रभावित किए बिना उच्चतर लागत वसूली के अवसरों का पता लगाया जाएगा।

क्रियान्वयन

किसी भी नीति की प्रभावशीलता उसके कार्यान्वयन पर निर्भर करती है, इस प्रकार के क्रियान्वयन के लिए कई निकायों द्वारा एकीकृत और व्यवस्थित तरीके से बहुत सी पहल करनी होंगी और कई कदम उठाने की आवश्यकता होगी। इस नीति के क्रियान्वयन को कई निकायों द्वारा शासित किया जाएगा, जिनमें एम.एच.आर.डी., कैब, केंद्र एवं राज्य सरकारें, शिक्षा संबंधित मंत्रालयों, राज्यों के शिक्षा विभाग, बोर्ड्स, एन.टी.ए., स्कूल एवं उच्चतर शिक्षा के नियामक निकाय, एन.सी.ई.आर.टी., एस.सी.आर.टी., स्कूल एवं उच्चतर शिक्षण संस्थान शामिल हैं। शिक्षा में शामिल सभी निकायों में योजना को लेकर आपसी तालमेल के माध्यम से इसके भाव एवं प्रयोजन अनुसार सुनिश्चित करने के लिए नेतृत्व प्रदान किया जाएगा।

क्रियान्वयन हेतु निम्नलिखित मार्गदर्शी सिद्धांत होंगे—

- नीति की भावना और प्रयोजन क्रियान्वयन हेतु सबसे महत्त्वपूर्ण पहलू है।
- नीतिगत पहलों को चरणबद्ध तरीके से लागू करना महत्त्वपूर्ण है; क्योंकि नीति के हर बिंदु में कई कदम हैं और प्रत्येक चरण इस दृष्टि से महत्त्वपूर्ण होता है, क्योंकि वह अगले चरण के क्रियान्वयन का आधार बनता है।
- प्राथमिकीकरण द्वारा काम को एक ऐसे क्रमबद्ध तरीके से किया जाना संभव होगा, जिसमें सबसे महत्त्वपूर्ण और अति आवश्यक कार्य पहले किए जाएँ, ताकि एक मजबूत नींव तैयार हो सके।
- क्रियान्वयन की व्यापकता महत्त्वपूर्ण होगी। यह नीति एक व्यापक नजरिया रखती है, जिसके अंग आपस में जुड़े हुए हैं। अतः टुकड़ों में प्रयास करने के बजाय समग्र दृष्टिकोण रखते हुए क्रियान्वयन करने से ही वांछनीय दृष्टिकोण प्राप्ति सुनिश्चित होगी।
- शिक्षा समवर्ती सूची का विषय है। अतः इसमें केंद्र और राज्यों के

बीच सावधानीपूर्वक योजना–निर्माण, संयुक्त निगरानी और समन्वयपूर्ण क्रियान्वयन की आवश्यकता होगी

- संतोषजनक निष्पादन के लिए मानव, संरचनागत और वित्तीय संसाधनों को समय से जुटाना अहम बिंदु है।
- क्रियान्वयन हेतु किए जानेवाले विविध उपायों के बीच परस्पर जुड़ाव का सावधानीपूर्वक विश्लेषण और समीक्षा सभी पहलों के एक–दूसरे से प्रभावी जुड़ाव को सुनिश्चित करने की दृष्टि से आवश्यक होगी। इसमें कुछ ऐसे कार्यों में निवेश शामिल हैं (उदाहरण के लिए प्रारंभिक बाल्यावस्था शिक्षा का बुनियादी ढाँचा), जो न सिर्फ एक मजबूत नींव बनाने की दृष्टि से जरूरी है, बल्कि भावी कार्यक्रमों और कार्यों के बाधारहित संचालन के लिए भी आवश्यक है।

□

राष्ट्रीय शिक्षा नीति के संदर्भ में विद्वानों के विचार

राष्ट्रीय शिक्षा नीति-2020 का मसौदा तैयार करनेवाली समिति के प्रमुख के. कस्तूरी रंगन के विचार

(i) मातृभाषा के संबंध में के. कस्तूरी रंगन का कहना है कि देश में अंग्रेजी भाषी आबादी केवल 15-16 प्रतिशत है, जो कोई बड़ी संख्या नहीं है। बच्चा जन्म से ही बाहरी दुनिया से मातृभाषा में संवाद करता है, उस वजह से मातृभाषा पर मस्तिष्क की सक्रियता अन्य किसी माध्यम से अधिक प्रभावशाली होती है। यही कारण है कि नई शिक्षा नीति में मातृभाषा पर विशेष जोर दिया गया है।

(ii) रोजगार तथा कौशल के संबंध में के. कस्तूरी रंगन का मानना है कि नई

शिक्षा नीति में 21वीं सदी और गुणवत्ता से समझौता किए बिना रोजगार का कौशल प्रदान करनेवाली शिक्षा की परिकल्पना की गई है। उन्होंने कहा कि ग्रैजुएशन स्तर पर उदार या बहुउद्देशीय शिक्षा का विचार वहीं माध्यमिक स्तर की शिक्षा में चार वर्ष की संरचना कई प्रकार के कौशल चुनने का अवसर प्रदान करती है, जिनका इस्तेमाल रोजगार के अवसर के तौर पर भी किया जा सकता है, ये सभी 21वीं सदी के कौशल का हिस्सा हैं, क्योंकि शिक्षा नौजवानों में इस तरह की चीजों को समाहित करती है, जिनसे कि वे 21वीं सदी के लिए जरूरी संचार, रचनात्मकता, समस्या समाधान और इस तरह की चीजों के संदर्भ में योग्यता प्राप्त कर सकें।

(iii) चार साल के ग्रैजुएशन के संबंध में भारतीय अंतरिक्ष अनुसंधान संगठन (इसरो) के पूर्व अध्यक्ष ने कहा कि नई शिक्षा नीति का उद्देश्य इस क्षेत्र में सर्वश्रेष्ठ प्रौद्योगिकियों का उपयोग करके संस्थानों को मजबूत करके शिक्षा को सही मार्ग पर लाना है और वहीं यह भी सुनिश्चित करना है कि गुणवत्ता से समझौता न हो। नई शिक्षा नीति के तहत 4 वर्ष के स्नातक पाठ्यक्रम की शुरुआत के संबंध में कस्तूरी रंगन ने कहा कि इससे युवा व्यापक ज्ञान अर्जन के लिए तैयार होंगे, जो उन्हें परिपक्वता के उचित स्तर पर उनकी पेशेवर रुचि को अपनाने के लिए प्रोत्साहित करेगा। उन्होंने कहा कि हर वर्ष में शिक्षा को अगले स्तर पर ले जाने की क्षमता है। इसमें यह प्रावधान भी है कि यदि कोई किसी समय पढ़ाई रोककर किसी पेशे में जाना चाहता है तो उसमें उस तरह की चीज के लिए योग्यता होगी।

इसलिए अगर आप उस सिद्धांत पर कार्य करते हैं तो पहले साल में आपको एक प्रमाण-पत्र मिल सकता है, क्योंकि आप को रोजगार प्रदाता को दिखाना होगा कि आपने कुछ किया है। दूसरे स्तर पर आपको जूनियर डिप्लोमा का सर्टिफिकेट मिलता है और फिर तीसरे स्तर पर आपको स्नातक की डिग्री मिलती है। यदि आप कुछ शोध कार्य करते हैं और अपने ज्ञान को बढ़ाते हैं, विषयों और समस्याओं से निपटने की नई क्षमताएँ हासिल करते हैं तो आपको चौथे साल की डिग्री मिलती है। यह एक तरह की ऑनर्स स्नातक डिग्री होती है।

(iv) एम.फिल. डिग्री समाप्त करने के संबंध में कस्तूरी रंगन ने कहा कि एम. फिल. की डिग्री मास्टर डिग्री के साथ बराबरी नहीं कर पा रही थी। मुझे

यह भी लगता है कि जब आपके पास बेहतर गुणवत्ता के ज्ञान के साथ डिग्री प्राप्त करने और बेहतर तरीके से किसी पेशे को अपनाने की क्षमता है तो आज एम.फिल. का कोई महत्त्व नहीं है।

राष्ट्रीय शिक्षा नीति-2020 के संदर्भ में भारत के प्रधानमंत्री माननीय नरेंद्र मोदी के विचार

राष्ट्रीय शिक्षा नीति-2020 को लेकर प्रधानमंत्री नरेंद्र मोदी ने देश भर के विश्वविद्यालयों के कुलपतियों, उच्च शिक्षण संस्थानों के निदेशकों, कॉलेजों के प्राचार्यों, केंद्रीय शिक्षामंत्री रमेश पोखरियाल 'निशंक', शिक्षा राज्यमंत्री संजय धोत्रे और शिक्षा नीति को तैयार करनेवाली कमेटी के अध्यक्ष के. कस्तूरी रंगन की मौजूदगी में अपने विचारों को प्रस्तुत किया—

प्रधानमंत्री ने कहा कि 21वीं सदी के भारत की नींव तैयार करनेवाली है नई शिक्षा नीति, अब इसे जमीन पर उतारने के लिए जो भी करना होगा, वह जल्द किया जाएगा। इसे लागू करने में जो भी मदद चाहिए, मैं उसके लिए तैयार हूँ और सभी के साथ हूँ। शिक्षा नीति में देश के लक्ष्यों का ध्यान रखना जरूरी है, ताकि भविष्य के लिए पीढ़ी को तैयार किया जा सके। यह नीति नए भारत की नींव रखेगी। भारत को ताकतवर बनाने के लिए नागरिकों को सशक्त बनाने के लिए अच्छी शिक्षा जरूरी है।

राष्ट्रीय शिक्षा नीति सिर्फ सर्कुलर जारी करके, नोटिफाई करके लागू नहीं होगी। इसके लिए मन बनाना होगा, आप सभी को दृढ़ इच्छाशक्ति दिखानी होगी।

भारत के वर्तमान और भविष्य को बनाने के लिए आपके लिए यह कार्य एक महायज्ञ की तरह है।

प्रधानमंत्री ने कहा कि 34 साल बाद नई शिक्षा नीति आई है। नई शिक्षा नीति से देश उन्नति के मार्ग पर बढ़ेगा। राष्ट्रीय शिक्षा नीति पर गंभीरता से काम किया गया है। होड़ लगाने की प्रवृत्ति से बाहर निकलना होगा। आज जब नर्सरी का बच्चा भी नई तकनीक के बारे में पढ़ेगा, तो उसे भविष्य की तैयारी करने में आसानी मिलेगी। कई दशकों से शिक्षा नीति में बदलाव नहीं हुआ था, इसलिए समाज में भेड़चाल को प्रोत्साहन मिल रहा था। कभी डॉक्टर, इंजीनियर, वकील बनने की होड़ लगी हुई थी। अब युवा क्रिएटिव विचारों को आगे बढ़ा सकेगा, अब सिर्फ पढ़ाई नहीं, वर्किंग कल्चर को डवलप किया गया है। बोर्ड परीक्षाओं के महत्त्व को कम करना होगा। हमारे सामने सवाल था कि क्या हमारी नीति युवाओं को अपने सपने पूरा करने का मौका देती है ? क्या हमारी शिक्षा–व्यवस्था युवा को सक्षम बनाती है ?

राष्ट्रीय शिक्षा नीति को अमल में लाने के लिए हम सभी को एक साथ संकल्पबद्ध होकर काम करना है। यहाँ से यूनिवर्सिटी, कॉलेज, स्कूल एजुकेशन बोर्ड्स, अलग–अलग स्टेटस, अलग–अलग स्टॉकहोल्डर्स के साथ संवाद और समन्वय का नया दौर शुरू होनेवाला है। दुनिया में आज एक नई व्यवस्था खड़ी हो रही है, ऐसे में उसके हिसाब से एजुकेशन सिस्टम में बदलाव जरूरी है। अब 10+2 को भी खत्म कर दिया गया है, हमें विद्यार्थी को ग्लोबल सिटीजन बनाना है, लेकिन उन्हें अपनी जड़ों से जोड़े रखना है। बच्चों के लिए घर की बोली और स्कूल में सीखने की भाषा एक ही होनी चाहिए, ताकि बच्चों को सीखने में आसानी होगी। अभी पाँचवीं कक्षा तक बच्चों को यह सुविधा मिलेगी।

अभी तक शिक्षा नीति 'व्हाट टु थिंक' के साथ आगे बढ़ रही थी, अब हम लोगों को 'हाउ टु थिंक' पर जोर देना है। आज बच्चों को यह मौका मिलना चाहिए कि बच्चा अपने कोर्स पर फोकस करे, अगर मन न लगे तो कोर्स को बीच में छोड़ भी सके। अब छात्र कभी भी कोर्स से निकल सकेंगे और जुड़ सकेंगे।

एक प्रयास यह भी है कि भारत का जो टैलेंट है, वह भारत में ही रहकर आनेवाली पीढ़ियों का विकास करे। राष्ट्रीय शिक्षा नीति में टीचर ट्रेनिंग पर बहुत जोर है, वे अपनी स्किल्स लगातार अपडेट करते रहें, इस पर बहुत जोर है। आज कोई व्यक्ति पूरे जीवन में एक ही प्रोफेशन पर नहीं रहता, ऐसे में उसे

लगातार कुछ सीखने की छूट होनी चाहिए। देश में ऊँच-नीच का भाव, मजदूरों के प्रति हीन भाव क्यों पैदा हुआ? आज बच्चों को पढ़ने के साथ-साथ देश की हकीकत भी जानना जरूरी है। भारत आज टैलेंट टेक्नोलॉजी का समाधान पूरी दुनिया को दे सकता है, टेक्नोलॉजी की वजह से गरीब व्यक्ति को पढ़ने का मौका मिल सकता है।

शिक्षा व्यवस्था में बदलाव, देश को अच्छे स्टूडेंट्स, अच्छे प्रोफेशनल्स और उत्तम नागरिक देने का बहुत बड़ा माध्यम सभी टीचर्स और प्रोफेसर्स ही हैं, इसलिए राष्ट्रीय शिक्षा नीति में 'डिग्निटी ऑफ टीचर्स' का विशेष ध्यान रखा गया है।

उ.प्र. की राज्यपाल आनंदीबेन पटेल के राष्ट्रीय शिक्षा नीति पर विचार

राष्ट्रीय शिक्षा नीति-2020 केंद्र सरकार की एक सराहनीय पहल है। इससे स्कूली शिक्षा से लेकर उच्च शिक्षा के क्षेत्र में क्रांतिकारी और उद्देश्यपूर्ण बदलाव आएगा। कक्षा एक से लेकर कक्षा पाँच तक अनिवार्य रूप से मातृभाषा और स्थानीय भाषा में शिक्षा ग्रहण करने से बच्चों का तेजी से बौद्धिक विकास होगा। राष्ट्रीय शिक्षा नीति के तहत अब छात्रों को पहले से तय विषय चुनने की बाध्यता भी समाप्त कर दी गई है। अब छात्र अपनी मर्जी से कोई भी विषय चुन सकता है।

भौतिक विज्ञान का छात्र चाहे तो वह संगीत या इतिहास को दूसरे विषय के रूप में भी चुन सकता है। बोर्ड परीक्षाओं का तनाव भी खत्म कर दिया गया है। राष्ट्रीय शिक्षा नीति से स्कूली शिक्षा में क्रांतिकारी परिवर्तन आएगा।

बदलती जरूरतों के अनुसार राष्ट्रीय शिक्षा नीति में बदलाव की आवश्यकता लंबे समय से महसूस की जा रही थी। राष्ट्रीय शिक्षा नीति का उद्देश्य प्राथमिक स्कूली शिक्षा से लेकर कॉलेज स्तर की उच्च शिक्षा तक समय की माँग के अनुसार पाठ्यक्रमों में बदलाव करके अंतर्राष्ट्रीय स्तर पर युवाओं के लिए प्रतिस्पर्धात्मक वातावरण तैयार करना है। उच्च शिक्षा में विश्वविद्यालय अनुदान आयोग, अखिल भारतीय तकनीकी शिक्षा परिषद् जैसे विभिन्न नियामक अभी देश में कार्य कर रहे हैं, जिससे भ्रम की स्थिति बनी रहती है। इन्हें एक ही छत के नीचे लाने का निर्णय सही दिशा में लिया गया फैसला है। इससे उच्च शिक्षा की दिशा में न केवल निर्णय लेने में तेजी आएगी, बल्कि पारदर्शिता भी आएगी।

राष्ट्रीय शिक्षा नीति की सबसे बड़ी विशेषता 2030 तक सौ प्रतिशत युवा और प्रौढ़ साक्षरता दर की प्राप्ति करना है। उच्चतर शिक्षा में वर्ष 2035 तक सकल नामांकन अनुपात बढ़ाकर कम–से–कम पचास (50) प्रतिशत तक पहुँचाना है। उच्च शिक्षा में एक मजबूत अनुसंधान संस्कृति और अनुसंधान क्षमता को बढ़ावा देने के लिए एक शीर्ष निकाय के रूप में 'राष्ट्रीय अनुसंधान फाउंडेशन' को स्थापित किया जाएगा। इसके साथ ही चिकित्सा और कानूनी शिक्षा को छोड़कर समस्त उच्च शिक्षा के लिए अति महत्त्वपूर्ण व्यापक निकाय के रूप में 'भारत उच्च शिक्षा आयोग' का गठन किया जाएगा।

इस राष्ट्रीय शिक्षा नीति में महामारी और वैश्विक महामारी को ध्यान में रखते हुए ऑनलाइन शिक्षा को बढ़ावा देने के लिए सिफारिशों के व्यापक सेट को कवर किया गया है, जिससे जब कभी और जहाँ कहीं भी पारंपरिक तथा व्यक्तिगत शिक्षा प्राप्त करने का साधन उपलब्ध होना संभव नहीं है। गुणवत्तापूर्ण शिक्षा के वैकल्पिक साधनों की तैयारियों को सुनिश्चित करने के लिए स्कूल और उच्च शिक्षा, दोनों को ई–शिक्षा की जरूरतों को पूरा करने के लिए डिजिटल कंटेंट और क्षमता निर्माण के उद्देश्य से एक समर्पित इकाई बनाई जाएगी।

राष्ट्रीय शिक्षा नीति-2020 पर मानव संसाधन विकास मंत्री व शिक्षामंत्री रमेश पोखरियाल 'निशंक' के विचार

शिक्षामंत्री रमेश पोखरियाल 'निशंक' ने राष्ट्रीय शिक्षा नीति के संबंध में कहा कि इस राष्ट्रीय शिक्षा नीति से प्राथमिक और उच्च प्राथमिक तथा उच्च शिक्षा में बहुत बदलाव होंगे। राष्ट्रीय शिक्षा नीति में ऑनलाइन शिक्षा को बढ़ावा दिया जाएगा। अब बच्चे का 'रिपोर्ट कार्ड' नहीं बनेगा, बल्कि उसका 'प्रोग्रेस कार्ड' बनेगा। छात्रों पर निर्भर करता है कि वे क्या विषय लेना चाहते हैं। अब वह इंजीनियरिंग के साथ संगीत भी ले सकता है।

यह दुनिया की सबसे ज्यादा परामर्श के बाद बनी शिक्षा नीति है। छात्रों, शिक्षाविदों और आम लोगों से चर्चा होने के बाद शिक्षा नीति को फिर पब्लिक डोमेन में डाला गया, जिस पर करीब ढाई लाख से ज्यादा लोगों के सुझाव आए, उसके बाद यह राष्ट्रीय शिक्षा नीति बनी है। स्कूली शिक्षा हो या उच्च शिक्षा, दोनों में ही बड़े बदलाव किए गए हैं।

विशेषज्ञों के विश्लेषण के बाद उन्होंने सुझाव दिया कि बच्चों का मस्तिष्क 3 साल से लेकर 6 साल तक विकसित होता है। उस बच्चे को हम खेल-खेल में तमाम गतिविधियों के माध्यम से उसका सर्वांगीण विकास करेंगे। अब हमने 5+3+3+4 फॉरमेट तैयार किया है, इससे हम बुनियादी शिक्षा के जरिए बच्चों का सर्वांगीण विकास करना चाहते हैं।

शिक्षा को रोजगारपरक बनाने का निर्णय भी ऐतिहासिक है। अब छात्र की

प्रारंभिक शिक्षा उसकी मातृभाषा में होगी। भारत की बाईस भारतीय भाषाएँ हैं, अब छात्र अपनी भाषा में पढ़ेगा। पाँचवीं तक मातृभाषा रखी गई है, लेकिन छठीं क्लास से व्यावसायिक शिक्षा को शुरू किया गया है। इसमें इंटर्नशिप भी रखी गई है। जब छठी से बारहवीं तक बच्चा जाएगा तो वह कौशल विकास की तरफ आगे बढ़ेगा।

पाँचवीं तक मातृभाषा में पढ़ाई के प्रावधान को लेकर शिक्षामंत्री ने कहा कि हम लोग इंगलिश भाषा के विरोध में नहीं हैं, लेकिन हम भारतीय भाषाओं को मजबूत बनाना चाहते हैं। ऐसे लोग, जिन्हें शिक्षा का माध्यम मातृभाषा को बनाए जाने पर संशय है तो वे शीर्ष विकसित देशों की तरफ देख सकते हैं, जिन्हें इस कदम से बड़ी सफलता मिली है। राष्ट्रीय शिक्षा नीति के अनुसार कम-से-कम पाँचवीं कक्षा तक, लेकिन यथासंभव आठवीं कक्षा या उसके बाद भी शिक्षा का माध्यम मातृभाषा, स्थानीय भाषा व क्षेत्रीय भाषा होगी। इस नीति को 99 फीसदी लोगों का समर्थन मिला है, शीर्ष विकसित देशों ने बच्चों को अपनी मातृभाषा में पढ़ाकर उन्नति के शिखर को चूमा है।

गांधीजी का जोर शिक्षा, संस्कृति, संस्कार और आत्मनिर्भरता पर था। राष्ट्रीय शिक्षा नीति-2020 में भी गांधीजी के सपनों के अनुरूप शिक्षा का प्रावधान किया गया है, ये प्रावधान आत्मनिर्भर भारत के निर्माण में सहायक होंगे। गांधीजी ने हर उस चीज को पकड़ा था, जो मानवता पर केंद्रित थी। यह भारत की ताकत रही है कि वह पूरी वसुधा को कुटुंब मानता है और सर्वे भवंतु सुखिनः की कामना करता है। पूरी दुनिया को माँ कहनेवाला हिंदुस्तान ही है, जो मानवता का संरक्षण कर सकता है। शुभ, शांति और प्रगति पूरी दुनिया की जरूरतें हैं, उसके लिए गांधी के सपनों को साकार करना ही होगा।

राष्ट्रीय शिक्षा नीति-2020 में मातृभाषा शिक्षण पर जोर दिया गया है। प्राथमिक शिक्षा से लेकर उच्च शिक्षा तक मातृभाषा में शिक्षा दिए जाने से उसके नतीजे उत्साहजनक निकलेंगे। आज जब कई भाषाएँ और बोलियाँ लुप्त हो रही हैं, उन्हें हर हाल में बचाना राष्ट्रीय शिक्षा नीति का अभीष्ट है। गांधीजी ने कहा था, 'जिस देश की भाषा नहीं, वह गूँगा होता है।' आंबेडकरजी ने कहा था कि भाषा के बिना समाज आगे नहीं बढ़ सकता, इसलिए मातृभाषा के माध्यम से शिक्षण और सभी भारतीय भाषाओं के बीच समन्वय स्थापित करने में हिंदी की भूमिका बड़ी है। राष्ट्रीय शिक्षा नीति-2020 में भाषा शिक्षण के अलावा ज्ञान, विज्ञान और अनुसंधान पर भी जोर दिया गया है। गांधीजी जिस तरह की तालीम चाहते थे, उसे मूर्त करने का संकल्प भी

राष्ट्रीय शिक्षा नीति में है। इसके लिए कौशल पर जोर दिया गया है। गांधी के सपनों के अनुरूप और हिंदी भाषा शिक्षण के क्षेत्र में हिंदी विश्वविद्यालय अपने यशस्वी कुलपति प्रो. रजनीश कुमार शुक्ल के नेतृत्व में जो काम कर रहा है, उसकी चर्चा करते हुए मंत्री ने कहा कि हिंदी भारत की पहचान है। वह अभिव्यक्ति है, संस्कृति है, प्रवृत्ति है, शक्ति है। हिंदी अन्य भारतीय भाषाओं और बोलियों से शब्द लेकर बहुत समृद्ध हुई है। हिंदी में जितने शब्द और शब्दकोश हैं, उतने किसी भाषा में नहीं।

राष्ट्रीय शिक्षा नीति नए भारत के निर्माण की आधारशिला बनेगी। अंतर्राष्ट्रीय प्रतिस्पर्धा में भारत आगे बढ़ेगा और जो भारतीय प्रतिभाएँ विदेशों में चली जाती हैं, वे अपने ही देश के विकास में योगदान करेंगी।

राष्ट्रीय शिक्षा नीति-2020 के संबंध में पर्यावरण मंत्री प्रकाश जावड़ेकर के विचार

मौजूदा पर्यावरण मंत्री प्रकाश जावड़ेकर ने राष्ट्रीय शिक्षा नीति के संदर्भ में कहा कि राष्ट्रीय शिक्षा नीति से भविष्य में स्कूल बैग का बोझ कम होगा, इससे स्किल बढ़ेगा और रोजगार के अवसर मिलेंगे। विकल्प के रूप में स्थानीय भाषा भी रहेगी। इसके जरिए भारतीय भाषाओं को प्रोत्साहित किया जाएगा। प्राइवेट स्कूलों पर कोई भार नहीं पड़ेगा। संसद् की स्थायी कमेटी के सामने बिल पर दो बार चर्चा हुई। इसके साथ ही सभी सांसदों और ब्लॉक पंचायत स्तर पर बिल के मसौदे पर चर्चा हुई थी। सबके सुझाव लेने के बाद मोदी सरकार ने बिल को मंजूरी दी है। ग्राम पंचायत से लेकर तमाम शिक्षाविदों से सलाह के बाद ही राष्ट्रीय शिक्षा नीति को तैयार किया गया था।

राष्ट्रीय शिक्षा नीति–2020 के संबंध में दि.वि. में शिक्षा संकाय की पूर्व विभागाध्यक्ष और डीन रहीं अनीता रामपाल के विचार

अनीता रामपालजी का कहना है, "यह एक शोधपरक सत्य है कि बच्चा अपनी मातृभाषा में ही सबसे अधिक सीख सकता है और ऐसा होना भी चाहिए।" यह सरकार को सुनिश्चित करना होगा कि वह जब इस संबंध में नीति ला रही है तो वह पर्याप्त और गुणवत्तापूर्ण शिक्षण सामग्री भी स्थानीय भाषाओं में उपलब्ध कराए।

यू.जी.सी. के पूर्व सदस्य योगेंद्र यादव के विचार

योगेंद्र यादव राष्ट्रीय शिक्षा नीतिसे काफी हद तक संतुष्ट दिखते हैं। शिक्षा का अधिकार, जो पहले 6 से 14 साल था, अब 3 से 18 साल हो गया है, यह स्वागत योग्य कदम है। इसके अलावा इस नीति में अर्ली चाइल्डहुड पॉलिसी अच्छी है और अब 3 से 5 साल तक के बच्चों को भी सरकारी केयर मिल सकेगा, जहाँ से सीखने की असल उम्र शुरू होती है।

राष्ट्रीय शिक्षा नीति-2020 के संबंध में वित्तमंत्री निर्मला सीतारमण के विचार

निर्मला सीतारमण ने कहा कि राज्यों के शिक्षामंत्रियों, सांसदों और अन्य हितधारकों के साथ राष्ट्रीय शिक्षा नीति पर वार्त्ता हुई है। दो लाख से अधिक सुझाव मिले हैं। शिक्षा क्षेत्र में बाह्य वाणिज्यिक उधारी और प्रत्यक्ष विदेशी निवेश आकर्षित करने के लिए कदम उठाए जाएँगे। उन छात्रों के लिए डिग्री स्तर का एक ऑनलाइन शिक्षण कार्यक्रम आरंभ करने का प्रस्ताव है, जो समाज के वंचित तबके से संबंध रखते हैं और जिनकी उच्च शिक्षा तक पहुँच नहीं है।

हरियाणा केंद्रीय विश्वविद्यालय के कुलपति प्रो. आर.सी. कुहाड़ के विचार

प्रो. आर.सी. कुहाड़जी ने कहा कि नए भारत के निर्माण में राष्ट्रीय शिक्षा नीति का योगदान अविस्मरणीय होगा। इस शिक्षा नीति में भारतीय क्षमताओं और वैश्विक आवश्यकताओं की तथा उनके अनुरूप युवा शक्ति को सकारात्मक शिक्षा प्रदान करने की नीति, नीयत व निश्चय का संकल्प उपलब्ध है। यह शिक्षा नीति नए भारत के निर्माण के लिए संकल्पबद्ध प्रयासों की आवश्यकता पर जोर देती है। हरियाणा केंद्रीय विश्वविद्यालय इस दिशा में

हरसंभव प्रयास करेगा। प्रधानमंत्री द्वारा प्रस्तुत नीति के लिए रणनीति, रणनीति के लिए रोडमैप और रोडमैप के लिए संसाधनों के विकास की आवश्यकता को चिह्नित करते हुए काम करने से ही भारत अपनी पुरानी ख्याति को फिर से प्राप्त कर सकेगा।

विश्वविद्यालय रोजगारपरक शिक्षा वैश्विक स्तर पर शोध को बढ़ावा और शिक्षकों की क्षमताओं में निरंतर विकास के क्रम को जारी रखने में हरसंभव योगदान करेगा। आत्मनिर्भर भारत का सपना अवश्य साकार होगा। राष्ट्रीय शिक्षा नीति वैश्विक बदलाव की आधारशिला रखने का कार्य करेगी।

राष्ट्रीय शिक्षा नीति–2020 पर उच्च शिक्षा सचिव अमित खरे की राय

उच्च शिक्षा सचिव अमित खरे ने बताया कि राष्ट्रीय शिक्षा नीति में मल्टीपल एंट्री और एग्जिट (बहुस्तरीय प्रवेश एवं निकासी) व्यवस्था लागू की गई है। यह छात्रों के हित में एक बड़ा फैसला है। राष्ट्रीय शिक्षा नीति के मुताबिक यदि कोई छात्र इंजीनियरिंग कोर्स को 2 वर्ष में ही छोड़ देता है तो उसे डिप्लोमा प्रदान किया जाएगा, इससे इंजीनियरिंग छात्रों को बड़ी राहत मिलेगी। 5 साल का संयुक्त ग्रैजुएट–मास्टर्स कोर्स लाया जाएगा। एम.फिल. को खत्म किया जाएगा और पोस्ट ग्रैजुएट कोर्स में एक साल के बाद पढ़ाई छोड़ने का विकल्प होगा। नेशनल मेंटरिंग प्लान के जरिए शिक्षकों का उन्नयन किया जाएगा।

बी.एड. 4 साल का होगा। 4 वर्षीय बी.एड. डिग्री 2030 से शिक्षक बनने की न्यूनतम योग्यता होगी। नीति के अनुसार पेशेवर मानकों की समीक्षा एवं संशोधन 2030 में होगा और इसके बाद प्रत्येक 10 वर्ष में होगा। शिक्षकों को प्रभावकारी एवं पारदर्शी प्रक्रियाओं के जरिए भर्ती किया जाएगा। पदोन्नति योग्यता आधारित होगी।

कई स्रोतों से समय-समय पर कार्य-प्रदर्शन का आकलन किया जाएगा।

उच्च शिक्षा में यू.जी.सी., ए.आई.सी.टी.ई., एन.सी.टी.ई. की जगह एक नियामक होगा। कॉलेजों को स्वायत्तता देकर 15 साल में विश्वविद्यालयों से संबद्धता की प्रक्रिया को पूरी तरह से खत्म कर दिया जाएगा। राष्ट्रीय शिक्षा नीति के तहत उच्च शिक्षण संस्थानों में प्रवेश के लिए कॉमन एंट्रेंस एग्जाम का ऑफर दिया जाएगा। उच्च शिक्षण संस्थानों को ऑनलाइन स्वतः घोषणा के आधार पर मंजूरी मिलेगी। अभी केंद्रीय विश्वविद्यालय, राज्य विश्वविद्यालय, डीम्ड विश्वविद्यालय और प्राइवेट विश्वविद्यालयों के अलग-अलग नियम हैं, भविष्य में सभी नियम एक समान बनाए जाएँगे। फीस पर नियंत्रण का भी एक तंत्र तैयार किया जाएगा, जो एक बड़े बदलाव के रूप में देखा जा रहा है।

सभी तरह के वैज्ञानिक एवं सामाजिक अनुसंधानों को 'नेशनल रिसर्च फाउंडेशन' बनाकर नियंत्रित किया जाएगा। राष्ट्रीय शिक्षा नीति में विदेशी विश्वविद्यालयों को भारत में कैंपस खोलने की अनुमति मिलेगी, इससे भारत के स्टूडेंट्स विश्व के बेस्ट इंस्टीट्यूट व यूनिवर्सिटी में एडमिशन ले सकेंगे, उन्हें विदेश नहीं जाना पड़ेगा।

सी.बी.एस.ई. के निदेशक विश्वजीत साहा के विचार

विश्वजीत साहा ने कहा कि राष्ट्रीय शिक्षा नीति में स्कूली शिक्षा से लेकर उच्च शिक्षा के क्षेत्र में अनेक सुधार का प्रस्ताव किया गया है। नीति में विभिन्न सिद्धांतों एवं बहुविषय पहल के समागम की स्वतंत्रता प्रदान की गई है। नेशनल करिकुलम फ्रेमवर्क नीति में सुझाए सुधारों को लागू करने का खाका प्रदान करेगा।

नीति का मुख्य उद्देश्य राष्ट्रीय पाठ्यचर्या ढाँचा के जरिए कार्य रूप लेगा, जिसके लिए अधिक-से-अधिक सहभागिता वाले कदमों की जरूरत है। प्रतिस्पर्धी शिक्षा और शिक्षण परिणाम के लिए जरूरी प्रशिक्षण सभी पक्षकारों की प्रगतिशील

सहभागिता से हासिल किया जा सकता है। प्रतिस्पर्धी शिक्षा और शिक्षण परिणाम के लिए जरूरी प्रशिक्षण के बारे में चर्चा हो सकती है, लेकिन एक बार हमने निर्णय कर लिया, तब हम इसे आगे बढ़ाना चाहते हैं। यह अग्रगामी नीति है।'

राष्ट्रीय शिक्षा नीति, जिसने 1986 में लागू 34 वर्ष पुरानी शिक्षा नीति का स्थान लिया है। इसके माध्यम से स्कूली शिक्षा से उच्च शिक्षा तक रूपांतरकारी सुधारों का मार्ग प्रशस्त हुआ है, ताकि भारत को ज्ञान आधारित महाशक्ति बनाया जा सके। इसमें स्कूली शिक्षा में सुधार, पाँचवीं कक्षा तक मातृभाषा या क्षेत्रीय भाषा में शिक्षा, 3 या 4 वर्ष का स्नातक कोर्स चुनने का विकल्प, डिग्री कोर्स में बहुस्तरीय प्रवेश या निकासी की व्यवस्था, उच्च शिक्षा में एकल नियामक, फीस तय किए जाने सहित अनेक सुधारों की बात कही गई है।

केंद्रीय गृहमंत्री अमित शाह के विचार

अमित शाहजी ने राष्ट्रीय शिक्षा नीति–2020 का स्वागत किया और कहा कि भविष्य को ध्यान में रखकर तैयार की गई इस तरह की योजना की भारत को सख्त जरूरत थी। यह भारतीय शिक्षा प्रणाली के इतिहास में सचमुच में एक उल्लेखनीय दिन है।

"शिक्षा किसी भी राष्ट्र की बुनियाद है और पिछले 34 साल से भारत को इस तरह की एक भविष्योन्मुखी योजना की सख्त जरूरत थी।" शाह ने इस ऐतिहासिक नीतिगत निर्णय के लिए प्रधानमंत्री नरेंद्र मोदी और केंद्रीय शिक्षामंत्री रमेश पोखरियाल 'निशंक' का आभार प्रकट करते हुए कहा, "यह नए भारत के निर्माण में एक अद्वितीय भूमिका निभाएगी।"

प्रधानमंत्री मोदी की दूरदृष्टि वाले नेतृत्व में केंद्रीय मंत्रिमंडल ने 21वीं सदी के लिए राष्ट्रीय शिक्षा नीति–2020 को मंजूरी दी, इसके जरिए स्कूली एवं उच्चतर शिक्षा में बहुत जरूरी ऐतिहासिक सुधार लाए गए हैं।

"दुनिया का कोई भी राष्ट्र अपनी संस्कृति और मूल्यों को छोड़कर उत्कृष्ट

नहीं बन सकता। प्रधानमंत्री नरेंद्र मोदी की राष्ट्रीय शिक्षा नीति-2020 का उद्देश्य एक ऐसी शिक्षा प्रणाली तैयार करना है, जिसकी जड़ें भारतीय लोकाचार में गहरी हों और सभी को गुणवत्तापूर्ण शिक्षा मुहैया करा भारत को वैश्विक ज्ञान की महाशक्ति के रूप में पुनर्निर्मित कर सके।"

नई नीति समाज के हर तबके के छात्रों तक पहुँचेगी और इसे सुनिश्चित करने के लिए एक 'संयुक्त कार्य बल' का गठन किया जाएगा। उच्चतर शिक्षा में सकल नामांकन अनुपात (जी.ई.आर.) को बढ़ाने के लिए निरंतर एवं रणनीतिक कदम उठाए जाएँगे। राष्ट्रीय शिक्षा नीति-2020 का लक्ष्य समग्र एवं विविध विषयक रुख के जरिए भारतीय शिक्षा प्रणाली में बड़ा परिवर्तनकारी बदलाव लाना है।

प्रो. हिमांशु राय, निदेशक आई.आई.एम. इंदौर, के नई शिक्षा नीति पर विचार

सरकार के शिक्षा संबंधी निर्णयों और प्रयासों के लिए नई रूपरेखा तैयार करनेवाली राष्ट्रीय शिक्षा नीति-2020 चर्चा में है। भारतीय शिक्षा प्रणाली में आनेवाले इस बड़े परिवर्तन से आशाओं, सपनों और आकांक्षाओं की भी लहर उठी है। वर्ष 1986 की पिछली नीति (जिसे 1992 में संशोधित किया गया था) के 34 वर्षों के अंतराल के बाद प्रभावी रूप से जारी भारत की इस तीसरी शैक्षिक नीति का उद्देश्य भारतीय शिक्षा की संरचना को और अधिक गतिशील, लचीला और प्रासंगिक बनाना है।

अकादमिक बैंक ऑफ क्रेडिट से उच्च शिक्षा को बढ़ावा देने के लिए एक महत्त्वपूर्ण रणनीति हो सकती है। वर्तमान डिग्री प्रोग्राम लंबी अवधि के हैं, विशेष रूप से कई व्यावसायिक पाठ्यक्रमों में अनेक छात्र वित्तीय कारणों से पढ़ाई बीच में ही छोड़ देते हैं। नए दिशा-निर्देश छात्रों को क्रेडिट आवंटन की एक प्रणाली के माध्यम से शैक्षणिक अंतराल की अनुमति देकर उनकी डिग्री को पूरा करने के लिए प्रोत्साहित करेगा।

नेशनल रिसर्च फाउंडेशन की स्थापना, सभी उच्च शिक्षण संस्थानों में रिसर्च सुविधाओं को स्थापित करने के लिए डिग्री पाठ्यक्रम शुरू करना, जिससे रिसर्च का अनुभव मिल सके, ऐसे कदम साबित हो सकते हैं, जो रिसर्च और नवाचार को प्रोत्साहित करने की दिशा में योगदान दे सकते हैं।

राष्ट्रीय शिक्षा नीति में मजबूत नींव का निर्माण होगा। 10+2 स्कूल शिक्षा प्रणाली की पाठ्यक्रम संरचना में बदलाव किया जाएगा, जिसमें क्रमशः पाँच वर्ष का फाउंडेशन स्टेज, तीन वर्ष की तैयारी और मध्य चरण व चार साल का सेकेंडरी स्टेज होगा। मध्य चरण प्रायोगिक शिक्षा पर ध्यान केंद्रित करेगा, जबकि सेकेंडरी स्टेज में वैकल्पिक विषयों की पसंद चुनने जैसी विशेषताएँ होंगी।

मिडिल स्टेज स्कूली शिक्षा को प्रत्येक शैक्षणिक सत्र में दस दिनों के बैगलेस, यानी बिना स्कूल बैग के दिन के रूप में माना जाएगा, जिस दौरान छात्र विशेषज्ञों द्वारा पॉटरी, कारपेंटरी आदि जैसे कौशल विकास से संबंधित व्यवसायों का प्रशिक्षण लेंगे। इस प्रकार स्कूल के दौरान इंटर्नशिप को भी प्रोत्साहित किया जाएगा और यह छात्रों के सर्वांगीण विकास में मदद करेगा। स्कूली छात्रों को बेसिक कोडिंग का भी प्रशिक्षण दिया जाएगा। यहाँ पूर्व में उल्लेख की गई इस नीति से संबंधित कुछ गलतफहमियों को दूर करना आवश्यक है। कुछ आलोचक यह कह रहे हैं कि नई शिक्षा नीति बालश्रम को बढ़ावा देती है। यह समझा जाना चाहिए कि व्यावसायिक कौशल पर ध्यान देना बालश्रम नहीं है। इंटर्नशिप कार्यक्रम छात्रों के लिए सीखने का एक बड़ा स्रोत है, क्योंकि मात्र कक्षाओं में बैठकर प्रयोगात्मक शिक्षण नहीं हो सकता है और इसे बालश्रम से जोड़ना उचित नहीं कहा जा सकता।

कहा जा रहा है कि शिक्षा महँगी हो जाएगी। नई नीति से शीर्ष 100 विदेशी विश्वविद्यालयों को भारत में अपने परिसरों को स्थापित करने की अनुमति मिलने के संदर्भ में यह निष्कर्ष निकाला जा रहा है कि इस क्षेत्र में प्रतिस्पर्धा से शिक्षा कुछ समुदायों के लिए महँगी व पहुँच से बाहर हो जाएगी। यह एक गलतफहमी है, क्योंकि प्रतियोगिता से उच्च शिक्षा की गुणवत्ता में वृद्धि की संभावना होती है और प्रतिभागी संख्या में वृद्धि के कारण लागत कम ही होगी। वैसे विदेशी विश्वविद्यालयों के लिए एक नियामक ढाँचा तैयार करना महत्त्वपूर्ण होगा, जबकि भारतीय संस्थानों को स्व–विनियमन करने और पारदर्शी शुल्क–संरचना तैयार करने की आवश्यकता होगी।

कुछ लोग अकादमिक क्रेडिट बैंक के बारे में मानते हैं कि यह उच्च शिक्षा

में वृद्धि दर को बढ़ाएगा। इसके विपरीत इसे छात्रों को प्रोत्साहित करने के लिए और एक अंतराल के बाद भी अपनी शिक्षा जारी रखने के लिए लाया गया है। इसके अलावा अधिकांश छात्र अनेक बाधाओं के कारण बीच में पढ़ाई छोड़ने पर मजबूर होते हैं। कई बार ऐसा भी होता है कि किसी एक पाठ्यक्रम में प्रवेश लेने के बाद संतुष्ट नहीं होने पर छात्र नए पाठ्यक्रम को चुनना चाहते हैं। इसे भी समझा जाना चाहिए।

गौरतलब है कि नई शिक्षा नीति भारत की शिक्षा प्रणाली को बदलने और मजबूत करने की काफी क्षमता रखती है। हमारे पास देश को दुनिया के सामने फिर से मजबूती से पेश करने का अवसर है और हमें कतई इसे खोना नहीं चाहिए।

जवाहरलाल नेहरू यूनिवर्सिटी के वाइस चांसलर प्रो. एम. जगदीश कुमार

प्रो. एम. जगदीश कुमार ने कहा कि यह राष्ट्रीय शिक्षा नीति ऐतिहासिक है, वह इस लिहाज से कि जितना राय-मशविरा इसे लाने से पहले किया गया है, वह पहले कभी नहीं हुआ। लाखों की तादाद में ग्राम पंचायतों, हजारों की तादाद में ब्लॉक स्तर और सैकड़ों की तादाद में जिला स्तर पर इस पूरे विषय पर चर्चा की गई, तब कहीं जाकर इसे अंतिम रूप दिया गया। अलग-अलग राज्य सरकारों से भी इस पर राय माँगी गई थी। उन्होंने भी अपने राज्य के अनुसार इस नीति में सुझाव दिए। इससे ज्यादा समावेशी राष्ट्रीय शिक्षा नीति हो ही नहीं सकती।

यह शिक्षा नीति प्रतियोगिता को बढ़ावा देगी, ताकि छोटी यूनिवर्सिटी या राज्य स्तर के शिक्षण संस्थान बड़े संस्थानों के साथ मुकाबला कर पाएँ।

स्कूल स्प्रिंगडेल की प्रिंसिपल अमिता वट्टल के विचार

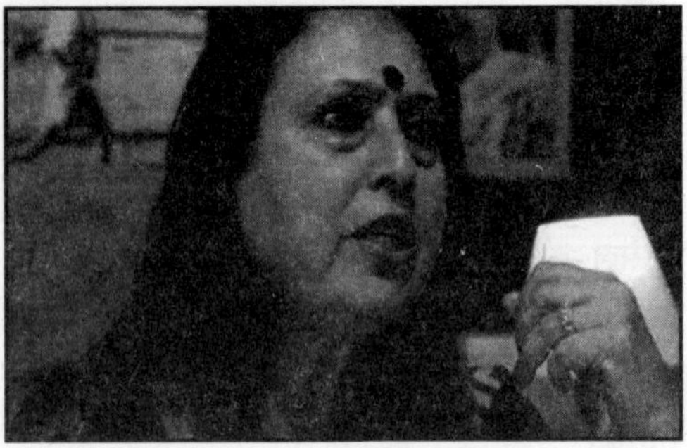

अमिता वट्टलजी का कहना है कि इस नई राष्ट्रीय शिक्षा नीति में अब बिल्कुल निचले स्तर पर छात्रों को बुनियादी शिक्षा दी जा सकेगी, ताकि वे बेहतर भविष्य के लिए तैयार हो सकें। अब तक लोग वोकेशनल एजुकेशन को ज्यादा तवज्जो नहीं देते थे, जिसकी वजह से हम सिर्फ ग्रैजुएट पैदा कर रहे थे, लेकिन अब स्कूली शिक्षा में भी वोकेशनल एजुकेशन को शामिल करने से बेहतर छात्र निकलकर सामने आएँगे।

उच्च विज्ञान और प्रौद्योगिकी राज्यमंत्री नीलिमा कटियार के विचार

नीलिमा कटियारजी ने कहा कि राष्ट्रीय शिक्षा नीति युवाओं की ऊर्जा को आगे बढ़ानेवाली होगी। इसका प्रारूप भी बनकर लगभग तैयार है। राष्ट्रीय शिक्षा नीति जल्द ही आपके सामने मौजूद होगी। इसमें स्नातक करनेवाले छात्रों को अंतिम छह माह तक व्यावसायिक प्रशिक्षण देने का प्रावधान किया गया है, ताकि युवाओं को कौशल विकास के जरिए रोजगार से जोड़ा जा सके। इस प्रकार राष्ट्रीय शिक्षा नीति युवाओं को ज्ञान और विवेकी बनाने के साथ-साथ रोजगार से जोड़नेवाली भी होगी।

स्टांप एवं न्याय शुल्क पंजीयन मंत्री (स्वतंत्र प्रभार) रवींद्र जायसवाल के विचार

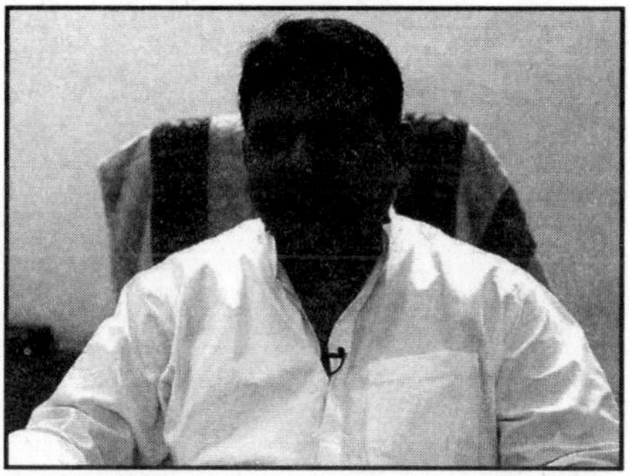

रवींद्र जायसवालजी ने कहा कि शिक्षा का अर्थ सिर्फ डिग्री हासिल करना नहीं है। शिक्षा का उद्देश्य सोच व विचार में परिवर्तन लाना भी है। युवाओं के सामने वर्तमान में सबसे बड़ी चुनौती रोजगार है। सरकार सबको नौकरी तो नहीं दे सकती है, लेकिन रोजगार उपलब्ध कराने के लिए तमाम मंत्रालय वित्तीय सहयोग कर रहे हैं। युवाओं को इसका लाभ उठाने की जरूरत है।

देश के जाने-माने शिक्षाविद् प्रो. दिनेश सिंह के राष्ट्रीय शिक्षा नीति पर विचार

34 साल बाद देश की शिक्षा नीति में बड़े बदलाव किए गए हैं। राष्ट्रीय शिक्षा नीति को कैबिनेट ने मंजूरी भी दे दी है। स्कूली शिक्षा को मातृभाषा और प्रादेशिक भाषाओं में कराने और उच्च शिक्षा को व्यावहारिक बनाने की कोशिश की गई है। राष्ट्रीय शिक्षा नीति से उम्मीद की जा सकती है कि इसके जरिए हमारे एजुकेशन सेक्टर में जो कमियाँ हैं, उन्हें घटाया या पूरी तरह खत्म किया जा सकता है।

जब तक स्कूली शिक्षा को नहीं सुधारेंगे, तब तक उच्च शिक्षा ठीक नहीं हो सकती है। क्योंकि स्कूल की शिक्षा ही वह नींव है, जिस पर उच्च शिक्षा की इमारत खड़ी होती है। मौजूदा शिक्षा-पद्धति की एक बड़ी खामी है—रट्टा विद्या। मतलब

किताब में जो लिखा है, उसे रट लीजिए और परीक्षा में जाकर लिख दीजिए। आपने क्या समझा, क्या सीखा, उससे मतलब नहीं; बस याद करके लिख दीजिए। राष्ट्रीय शिक्षा नीति में इसे खत्म करने की बात की गई है।

प्राथमिक स्कूल के बच्चों की लाइफ स्किल पर भी चर्चा होगी। नेशनल असेसमेंट सेंटर बनाया जा रहा है, जिसका नाम 'परख' रखा गया है। यह सेंटर बताएगा कि बच्चों को परखने के लिए क्या करना चाहिए? बोर्ड एग्जाम में अब रोजमर्रा के इस्तेमाल में आनेवाली चीजों के बारे में बच्चा कितना जानता है, इसका भी टेस्ट लिया जाएगा। जब बच्चा बारहवीं पास करके निकलेगा तो वह अपनी एक स्किल में माहिर होकर निकलेगा, वह जो करना उसे पसंद हो।

राष्ट्रीय शिक्षा नीति में बच्चों में जिज्ञासा पैदा करने पर जोर है। उसे सबकुछ पढ़ाने के बजाय जिंदगी भर सीखने के लिए तैयार करने पर जोर है। यह एकदम सही बात है, क्योंकि शिक्षा कभी समाप्त नहीं होती। सीखने की प्रक्रिया पूरी जिंदगी चलती रहती है तो अगर किसी में सीखने की इच्छा जगा दी गई, तो फिर बाकी का सफर वह खुद तय कर लेगा।

अलग-अलग स्ट्रीम में बँटे हमारे एजुकेशन सिस्टम को खत्म करने की बात भी बड़ा बदलाव है। किताबी ज्ञान के अलावा दूसरी चीजों पर फोकस से फायदा होगा। मातृभाषा में शिक्षा से बड़ा फायदा होगा, क्योंकि अपनी भाषा जीन में होती है। उसमें सीखना आसान है। हालाँकि बच्चों को किसी भी भाषा से डरना नहीं चाहिए। मातृभाषा में पढ़ाई जरूर कीजिए, लेकिन दूसरी भाषाएँ भी सीखिए। मैंने खुद 12 साल की उम्र में ही 4 भाषाएँ सीख ली थीं।

आज हम राफेल जैसा फाइटर जेट फ्रांस से खरीदने को मजबूर हैं। इसकी वजह क्या है? वजह यह है कि हमने अपनी व्यावहारिक शिक्षा पर जोर नहीं दिया। पिछले 60-70 साल में हमने इतने संस्थान बनाए, इतनी यूनिवर्सिटीज बनाईं, लेकिन आविष्कार के मामले में पीछे हैं। इसकी वजह यही है कि प्रैक्टिकल ज्ञान पर जोर नहीं है। अब उम्मीद कर सकते हैं कि यह बदलेगा।

क्या सिर्फ गणित या साइंस की पढ़ाई ही शिक्षा है। कोई अच्छा क्रिकेट खेलता है तो क्या उसे शिक्षित नहीं कहेंगे? क्या हम सचिन तेंदुलकर को शिक्षित नहीं कहेंगे? वे समझदार हैं, गुणवान हैं, कामयाब हैं। अब खेलों और एक्स्ट्रा करिकुलर एक्टिविटीज को भी शिक्षा के दायरे में लाने की बात है।

दिल्ली यूनिवर्सिटी में हर साल 30 प्रतिशत छात्र बीच में ही पढ़ाई छोड़ देते हैं।

किसी की आर्थिक समस्या होती है, तो कोई अपनी किसी दूसरी घरेलू समस्या के कारण पढ़ाई छोड़ता है। अगर कोई दो साल के बाद पढ़ाई छोड़ता है तो उसे कुछ हासिल नहीं होता। डीयू में हमने इसका उपाय निकाला था।

हमने डीयू में विद्यार्थियों को यह सुविधा दी थी कि नई शिक्षा नीति दिलाएगी रट्टा विद्या से मुक्ति। बीच में पढ़ाई छोड़ते हैं और वापस आकर पढ़ाई जारी रखना चाहते हैं तो आपको दोबारा एडमिशन लेने की जरूरत नहीं, हमने डिप्लोमा देना भी शुरू किया था। सरकार अब वही मॉडल देश भर में लागू कर रही है, जो अच्छी बात है। अब एक साल की पढ़ाई करनेवाले छात्र को कम-से-कम एक सर्टिफिकेट तो मिलेगा। उच्च शिक्षा में सिर्फ नौकरी के लिए नहीं उद्योग के लिए भी विद्यार्थियों को तैयार करने की बात है। इससे स्टार्टअप को नई ऊर्जा मिलेगी, तो राष्ट्रीय शिक्षा नीति आज हमारे देश और समाज की जरूरत और चुनौतियों का सामना करनेवाली है।

उच्च शिक्षा की एक बड़ी कमी थी—ढेर सारी संस्थाओं के हाथ में नियंत्रण। इस नियंत्रण के कारण विश्वविद्यालयों को आजादी नहीं मिल पाती थी। यू.जी.सी. के नियम, ए.आई.सी.टी.ई. के निर्देश, तालमेल बिठाते-बिठाते शिक्षण संस्थान परेशान हो जाते थे। लेकिन अब एक संस्थान के हाथ में संचालन आने से सुविधा होगी और विश्वविद्यालय क्रिएटिव हो पाएँगे, प्रयोग कर पाएँगे। अलग-अलग बोर्ड के बच्चों को दाखिले में दिक्कत होती थी। कॉलेजों को कटऑफ निकालने में दिक्कत होती थी। अब कॉमन एंट्रेंस से यह दिक्कतें खत्म होंगी।

लखनऊ विश्वविद्यालय के कुलपति प्रो. आलोक कुमार राय के विचार

प्रो. आलोक कुमार राय ने लाइफ्स शब्द के जरिए नई राष्ट्रीय शिक्षा नीति को संक्षेप में समझाया कि एल-लाइफ कोचिंग, आई-इंडियन शिक्षा का अंतर्राष्ट्रीयकरण, एफ-फ्लेक्सिबिलिटी, ई-इंप्लॉयबिलिटी जेनरेशन और एस-स्ट्रक्चरल चेंज इन

एजुकेशन सिस्टम है। राष्ट्रीय शिक्षा नीति की तारीफ करते हुए कहा कि इसका छात्र केंद्रित दृष्टिकोण सबसे महत्त्वपूर्ण है। साथ ही शिक्षा नीति हमेशा की तरह फ्लेक्सिबल और परिवर्तनशील है, जिसमें हमेशा सुधार की गुंजाइश है।

डीयू में हिंदी के प्रो. चंदन चौबे के विचार

प्रो. चंदन चौबे का कहना है कि राष्ट्रीय शिक्षा नीति के बदलाव स्वागत योग्य हैं। एम.फिल. को हटाना भी एक स्वागत योग्य कदम है। इससे समय की बरबादी होती थी। बाद में पी–एच.डी. के लिए छात्र को कोर्स वर्क करना होता है, ऐसे में एम.फिल. बहुत फायदेमंद नहीं था।

डॉ. विजय धस्माना (कुलपति, स्वामी राम हिमालयन विश्वविद्यालय, उत्तराखंड) के विचार

डॉ. विजय धस्माना का कहना है कि राष्ट्रीय शिक्षा नीति के लिए देश को 34 वर्ष तक इंतजार करना पड़ा। इतनी महत्त्वपूर्ण नीति को अंतिम रूप देने से पहले लगभग 2.5 लाख ग्राम पंचायतों, 6600 ब्लॉक और 676 जिलों के लोगों से सुझाव लिये गए। देश के इतिहास में यह पहली बार है, जब किसी नीति के निर्धारण के लिए इतने बड़े स्तर पर आमजन और शिक्षाविदों की राय ली गई हो।

राष्ट्रीय शिक्षा नीति देश के नवनिर्माण में मील का पत्थर साबित होगी। इसे लागू करने के लिए प्रधानमंत्री नरेंद्र मोदी ने जो दृढ़ इच्छाशक्ति दिखाई, वह प्रशंसनीय है। केंद्रीय शिक्षामंत्री डॉ. रमेश पोखरियाल 'निशंक' ने इसे वृहद रूप देकर उसकी उपयोगिता को और अधिक सार्थक बनाया है। इसमें राष्ट्रीय शिक्षा नीति समिति के अध्यक्ष डॉ. कस्तूरी रंगन व उनकी टीम का अथक प्रयास भी समाहित है। देश में विश्वस्तरीय शिक्षा प्रदान करने के लिए कई स्तरों पर सुधार व परिवर्तन की आवश्यकता थी।

इसे ध्यान में रखते हुए ही राष्ट्रीय शिक्षा नीति में प्राथमिक, माध्यमिक व उच्च शिक्षा में व्यापक परिवर्तन की योजना बनाई गई है। स्कूली शिक्षा में वर्ष 2030 तक शत–प्रतिशत नामांकन का लक्ष्य रखा गया है। पाँचवीं कक्षा तक की शिक्षा क्षेत्रीय या मातृभाषा में प्रदान किए जाने का निर्णय भी सराहनीय है। क्षेत्रीय परिवेश में शिक्षा ग्रहण करना बच्चों के लिए सुलभ होता है। इससे वह स्कूल जाने के लिए उत्सुक रहेंगे और शिक्षा ग्रहण करना उन्हें बोझ नहीं लगेगा। क्षेत्रीय या मातृभाषा में शिक्षा प्रदान करने में अध्यापकों को भी सहूलियत होगी।

राष्ट्रीय शिक्षा नीति में उच्च शिक्षा के क्षेत्र में सकल नामांकन अनुपात को वर्ष 2035 तक 50 फीसदी करने का लक्ष्य रखा गया है। इसके लिए लगभग तीन सौ अनुसंधान विश्वविद्यालय, 2000 शिक्षण व अनुसंधान विश्वविद्यालय, 10 हजार स्वायत्त डिग्री कॉलेज स्थापित करने का लक्ष्य निर्धारित किया गया है। वर्तमान में बहुत कम विश्वविद्यालयों में गुणवत्ता के साथ अनुसंधान किए जा रहे हैं। अनुसंधान का उद्देश्य सिर्फ पदोन्नति पाने तक ही सीमित रह गया है।

शोधपत्रों का गुणवत्ता के साथ प्रकाशन भी नहीं हो रहा है। अब अनुसंधान विश्वविद्यालयों के अस्तित्व में आने से युवा गुणवत्तापरक शोध पर अपनी ऊर्जा केंद्रित करेंगे। राष्ट्रीय शिक्षा नीति में वोकेशनल एजुकेशन (व्यावसायिक शिक्षा) को बड़े स्तर पर अपग्रेड करने की योजना है। जिस प्रकार उद्योगों के लिए स्पेशल आर्थिक जोन बनाए गए हैं, राष्ट्रीय शिक्षा नीति में उसी तरह शिक्षा के लिए स्पेशल एजुकेशन जोन बनाने का प्रावधान किया गया है।

भाजपा अध्यक्ष जे.पी. नड्डा के विचार

जे.पी. नड्डाजी ने कहा कि केंद्रीय मंत्रिमंडल द्वारा मंजूर की गई राष्ट्रीय शिक्षा नीति बहुप्रतीक्षित सुधार और नियामक ढाँचा लेकर आई है, जो 'नए भारत' की जरूरतों को ध्यान में रखती है और युवाओं की ऊर्जा को 'आत्मनिर्भर बेहतर भारत' के लिए सार्थक बनाती है।

"विस्तृत विमर्श के बाद तैयार की गई यह शिक्षा नीति गुणवत्तापूर्ण शोध को प्रोत्साहन देने के अलावा बच्चों की देखभाल व उनकी शिक्षा, विद्यार्थियों के साथ निष्पक्षता और शिक्षकों की नियुक्ति को सुदृढ़ बनाना सुनिश्चित करती है।"

राष्ट्रीय शिक्षा नीति में स्कूली शिक्षा से लेकर उच्च शिक्षा तक कई बड़े बदलाव किए गए हैं, साथ ही शिक्षा क्षेत्र में खर्च को सकल घरेलू उत्पाद का 6 प्रतिशत करने तथा उच्च शिक्षा में साल 2035 तक सकल नामांकन दर 50 फीसदी पहुँचने का लक्ष्य है। राष्ट्रीय शिक्षा नीति–2020 बहुप्रतीक्षित सुधार और नियामक ढाँचा लेकर आई है, जो 21वीं सदी के नए भारत और जरूरतों को ध्यान में रखती है और हमारे बच्चों और युवाओं की ऊर्जा को आत्मनिर्भर बेहतर भारत के लिए सार्थक बनाती है।

राष्ट्रीय शिक्षा नीति में स्कूल शिक्षा से लेकर उच्च शिक्षा तक कई बड़े बदलाव किए गए हैं। इसमें (लॉ और मेडिकल शिक्षा को छोड़कर) उच्च शिक्षा के लिए सिंगल रेगुलेटर (एकल नियामक) रहेगा। इसके अलावा उच्च शिक्षा में 2035 तक 50 फीसदी सकल नामांकन दर पहुँचने का लक्ष्य है। नई नीति में मल्टीपल एंट्री और एग्जिट (बहुस्तरीय प्रवेश एवं निकासी) व्यवस्था लागू की गई है। गौरतलब है कि वर्तमान शिक्षा नीति–1986 में तैयार की गई थी और इसमें 1992 में संशोधन किया गया था। राष्ट्रीय शिक्षा नीति का विषय 2014 के लोकसभा चुनाव से पहले भारतीय जनता पार्टी के चुनावी घोषणा-पत्र में शामिल था। केंद्रीय कैबिनेट में मानव संसाधन विकास मंत्रालय का नाम बदलकर 'शिक्षा मंत्रालय' करने को भी मंजूरी दी।

प्रो. जे.वी. वैशंपायन (कुलपति, बुंदेलखंड यूनिवर्सिटी) के राष्ट्रीय शिक्षा नीति पर विचार

राष्ट्रीय शिक्षा नीति में पढ़ाई छूट जाने के बावजूद फिर से शुरू करने की सुविधा छात्रों को देना अच्छा कदम है। अब शिक्षण में उम्र की बाध्यता भी नहीं रहेगी। वहीं विद्यार्थियों को अपने पसंदीदा विषय को पढ़ने का विकल्प भी मिलेगा, चाहे वह किसी भी स्ट्रीम का हो। बजट में इजाफा होने की बात भी काफी अच्छी है। नई नीति में रटने के बजाय विषय को समझने पर ज्यादा जोर दिया है।

प्रो. अरविंद कुमार (कुलपति, रानी लक्ष्मीबाई केंद्रीय कृषि विश्वविद्यालय) के राष्ट्रीय शिक्षा नीति पर विचार

काफी लंबे समय के बाद नई शिक्षा नीति लागू हुई है। अब छात्र भी सेल्फ इवेल्युएशन कर सकेंगे। किसी कारण से छात्र की पढ़ाई बीच में ही छूट गई तो उसका साल बरबाद नहीं होगा। पढ़ाई के आधार पर सर्टिफिकेट, डिप्लोमा और डिग्री मिल सकेगी। इसके अलावा वह किसी स्ट्रीम से बँधकर नहीं रहेगा। अपनी इच्छानुसार पसंदीदा विषयों का चयन करके भी पढ़ाई कर सकता है।

डॉ. संजय शर्मा (डीन एकेडमिक, मेडिकल कॉलेज) के राष्ट्रीय शिक्षा नीति पर विचार

शिक्षा नीति में बहुत सालों से बदलाव की जरूरत थी। मौजूदा समय में लागू शिक्षा नीति बहुत पुरानी बनी थी। अब जमाना काफी बदल गया है। एम.बी.बी.एस. में तो पिछले साल ही बदलाव की झलक दिखाई दे गई थी। जब मेडिकल कॉलेज के एम.बी.बी.एस. छात्रों को 'इंडियन मेडिकल ग्रैजुएट' कहलाने पर मंजूरी दी गई। वहीं पाठ्यक्रम में भी बदलाव हुआ।

प्रो. वी.के. त्यागी (निदेशक, बी.आई.ई.टी.) के राष्ट्रीय शिक्षा नीति पर विचार

राष्ट्रीय शिक्षा नीति में कौशल पर काफी जोर दिया गया है। इसके अलावा पढ़ाई ऐसी हो, जिसमें छात्र कुछ नया सीखें, इस पर भी फोकस किया गया है। कौशल का विकास होने से स्वरोजगार की संभावनाएँ काफी बढ़ जाएँगी। इसके अलावा इंजीनियरिंग समेत अन्य कोर्सेस की देश भर में एक जैसी किताबें चलने से सभी राज्यों के छात्रों को समान ज्ञान मिलेगा।

राष्ट्रीय स्वयंसेवक संघ के सर संघचालक मोहन भावगत के राष्ट्रीय शिक्षा नीति पर विचार

राष्ट्रीय स्वयंसेवक संघ की माँग लंबे समय से रही है कि देश की शिक्षा प्रणाली का भारतीयकरण होना चाहिए। आर.एस.एस. की माँग मानव संसाधन मंत्रालय का नाम बदलने की थी, जिसे अब एक बार फिर पहले की तरह 'शिक्षा मंत्रालय' कर दिया गया है। वैदिक गणित, दर्शन और प्राचीन भारतीय परंपरा से जुड़े विषयों को अहमियत देने के बारे में राष्ट्रीय शिक्षा नीति में कहा गया है, "इनको तार्किक और वैज्ञानिक आधार जाँचने के बाद जहाँ प्रासंगिक होगा, वहाँ पाठ्यक्रम में सम्मिलित किया जाएगा।"

शुरुआत में आर.एस.एस. का जोर 'राष्ट्रीय एकता की भावना को बढ़ावा देने के लिए' पूरे देश में प्राथमिक स्तर पर हिंदी पढ़ाने पर था, लेकिन दक्षिण भारतीय राज्यों, खासतौर पर तमिलनाडु के विरोध के बाद यह स्वीकार कर लिया गया है कि हिंदी की जगह जहाँ जो मातृभाषा है, उसी में पढ़ाई होनी चाहिए।

'प्रथम' एन.जी.ओ. फाउंडेशन की सी.ई.ओ. रुक्मणि बनर्जी के विचार

रुक्मणि बनर्जी ने बताया कि प्राथमिक शिक्षा को इस नई पॉलिसी में काफी अहमियत दी गई है। यह अच्छी बात है, क्योंकि पहली कक्षा में बच्चा सीधे स्कूल में आता था, तो उस वक्त वह दिमागी तौर पर पढ़ने के लिए तैयार नहीं होता था। तीन साल के प्री-स्कूल के बाद अगर अब वह पहली में आएगा, तो मानसिक

तौर पर सीखने के लिहाज से पहले के मुकाबले ज्यादा तैयार होगा।

पंजाब, हिमाचल प्रदेश के कुछ इलाकों में स्कूलों में प्री–प्राइमरी में इस 5+3+3+4 पर काम भी चल रहा है और नतीजे भी अच्छे सामने आए हैं। मातृभाषा में पढ़ाने को भी रुक्मणि एक अच्छा कदम मानती हैं। छोटा बच्चा दुनिया घूमा नहीं होता, ज्यादा जबान नहीं समझता, तो घर की भाषा को स्कूल की भाषा बनाना बहुत लाभदायक होगा।

हमारे देश में आँगनवाड़ी सिस्टम बहुत अच्छा माना जाता है। फिलहाल उनको हेल्थ और न्यूट्रिशन के लिए तैयार किया गया है। उनको अब बच्चों को स्कूल के लिए तैयार करने की ट्रेंनिग देनी पड़ेगी। महिला एवं बाल कल्याण मंत्रालय और शिक्षा को इसके लिए एक साथ आकर काम करने की जरूरत होगी।

प्रो. राकेश सिन्हा, राज्यसभा सांसद के विचार

प्रो. राकेश सिन्हा कहते हैं, "यह पहली बार है कि शिक्षा नीति को व्यापक परामर्श से तैयार कर बनाया गया है। इसमें खामियाँ हो सकती हैं, लेकिन जितने भी सुझाव आए थे, उनको मंथन का हिस्सा बनाया गया है। इस शिक्षा नीति की दूसरी विशेषता, यह नीति क्लास–रूम से बाहर शिक्षा को ले जाने की पहल है। राष्ट्रीय शिक्षा नीति ने उसे रोजगार से जोड़ा है। वोकेशनल एजुकेशन को इस लिहाज से जोड़ा गया है। अब तक शिक्षा का मतलब फॉर्मल एजुकेशन से हुआ करता था, लेकिन अब अनौपचारिक, यानी इन–फॉर्मल एजुकेशन को भी शिक्षा के दायरे में लाया गाया है। कोविड के दौर में जो आर्थिक संकट नजर आ रहा है, उसकी एक वजह है—लोगों में स्व–रोजगार की भावना और उसके प्रति सम्मान की कमी। राष्ट्रीय शिक्षा नीति इसी को दूर करेगी।"

चार साल का अंडर ग्रैजुएट पहले केवल एक विश्वविद्यालय में लाने की बात थी, अब यह सभी में लागू होगा। पहले चार साल के कोर्स का विरोध सैद्धांतिक नहीं

था, एक खास संदर्भ में था कि सरकार ने आगे-पीछे की कोई योजना नहीं बनाई थी। इसलिए इस बार चार साल के कोर्स में एग्जिट सिस्टम का प्रावधान है। विदेश में यह प्रणाली प्रचलित है तो अपनाने में बुराई क्या है? दुनिया के साथ चलने की एक कोशिश है। रही बात बाहर के विश्विविद्यालयों को देश में मंजूरी देने की, तो इसके लिए राष्ट्रीय शिक्षा नीति में उन्हें रेगुलेट करने का व्यापक प्रावधान है। इसके लिए शर्तें क्या होंगी, कानून और गाइडलाइन क्या होंगी, इसकी इस नीति में स्पष्टता है।

सोशल साइंस के क्षेत्र में बाहर की संस्थाएँ देश में नहीं आएँगी, केवल मैनेजमेंट, इंजीनियरिंग और दूसरे विज्ञान के क्षेत्र में आएँगी तथा इससे हमारी मूल अस्मिता पर प्रभाव नहीं पड़ता है। इसको इस रूप में देखा जाना चाहिए कि हमने दुनिया से खुद को काटा भी नहीं है और अपने मौलिक सिद्धांतों पर भी कायम हैं।

मातृभाषा को पाँचवीं कक्षा तक महत्त्व देकर न सिर्फ बच्चों की पढ़ाई आसान की गई और भारतीय भाषाओं में भी जान फूँकी गई है। वे औपनिवेशिक भाषा अंग्रेजी के दबाव में दम तोड़ रही हैं। सात दशकों में हमने साक्षरता दर जितनी बढ़ाई है, नई नीति से हम इसे 100 फीसदी तक पहुँचा देंगे।

उ.प्र. के शिक्षामंत्री और डिप्टी सी.एम. दिनेश शर्मा के विचार

दिनेश शर्माजी ने कहा कि राष्ट्रीय शिक्षा नीति क्रांतिकारी ही नहीं, बल्कि उससे कहीं ज्यादा अच्छा कदम है। इससे शिक्षा व्यवस्था के ढाँचे में आमूल-चूल परिवर्तन आएगा। हर वर्ग के लिए सुलभ और सुगम शिक्षा उपलब्ध कराना ही इसका मकसद है। इसमें फीस के स्ट्रक्चर पर भी काम किया गया है। इस नीति के तहत बहुआयामी विश्वविद्यालय होंगे। हायर एजुकेशन के लिए कई प्रावधान किए गए हैं। देश में सर्वाधिक बच्चे उत्तर प्रदेश से आते हैं, जो राष्ट्रीय शिक्षा नीति से

लाभ लेंगे। यह शिक्षा नीति आनेवाले 20 सालों में भारत को बदल सकने की ताकत रखती है। यह भारतीय सभ्यता, संस्कृति और ज्ञान के अनुरूप दिशा प्रदान करेगी तथा शिक्षा और रोजगार के लिए जरूरी शिक्षा के बीच के अंतर को पाट पाएगी।

एन.सी.ई.आर.टी. डायरेक्टर ऋषिकेश सेनापति के राष्ट्रीय शिक्षा नीति पर विचार

राष्ट्रीय शिक्षा नीति में नॉलेज बेस्ड एजुकेशन से हटकर 'लर्निंग बेस्ड एजुकेशन' पर खासा फोकस रहेगा। नेशनल करिकुलम फ्रेमवर्क (एनसीएफ), पाठ्यक्रम और पाठ्य-पुस्तकों के विकास में एन.सी.ई.आर.टी. की मुख्य भूमिका है। पहली बार काउंसिल अर्ली चाइल्डहुड केयर ऐंड एजुकेशन (ई.सी.सी.ई.) और एडल्ट एजुकेशन (ए.ई.) के लिए नेशनल करिकुलम फ्रेमवर्क तैयार करेगी। इसके अलावा नेशनल फाउंडेशनल लिटरेसी ऐंड न्यूमरेसी (एफएलएन) फ्रेमवर्क और शिक्षक सहयोग सामग्री में भी महत्त्वपूर्ण भूमिका निभाएगी।

एन.सी.एफ. कई सामान्य मूल पहलुओं को जोड़ेगा। उदाहरण के तौर पर, भारत की ज्ञान–परंपराएँ, स्कूल सुरक्षा व नई शैक्षणिक संरचना में 21वीं सदी की लर्निंग स्किल्स। इसके अलावा यह हरेक शिक्षक तक पहुँचने के लिए व्यापक योजना तैयार करेगा, जैसाकि फिलहाल हम 'निष्ठा' के जरिए सभी तक पहुँच रहे हैं।

नई पाठ्य-पुस्तकें लिखने का काम अप्रैल 2021 तक शुरू हो जाएगा। इसके लिए 4 करिकुलम फ्रेमवर्क पर काम होगा। प्री–प्राइमरी व एडल्ट एजुकेशन के लिए अलग से फ्रेमवर्क तैयार करने का प्रावधान है। इसके बाद पाठ्यक्रम तैयार होगा।

प्री–प्राइमरी एजुकेशन से भावनात्मक विकास होगा। उच्चतर अवस्था में

इसे चार वर्षीय बनाकर विषयों को चुनने का विकल्प देना छात्रों को मेडिकल या इंजीनियरिंग तक सीमित रहने के बजाय विभिन्न कॅरियर चुनने में मदद देगा।

महात्मा गांधी अंतर्राष्ट्रीय हिंदी विश्वविद्यालय के कुलपति प्रो. रजनीश कुमार शुक्ल

प्रो. रजनीश कुमार शुक्ल ने कहा कि राष्ट्रीय शिक्षा नीति भारत की ऐतिहासिक शिक्षा नीति है, जो शिक्षा, संस्कार, राष्ट्र-निर्माण का यत्न है। पहली बार इस शिक्षा नीति में हिंदी और भारतीय भाषाओं में शिक्षा और पारस्परिक संबंध कायम करने, अनुवाद के जरिए ज्ञान की सामग्री सभी भारतीय भाषाओं में उपलब्ध कराने का प्रावधान है।

उ.प्र. के मुख्यमंत्री योगी आदित्यनाथ के राष्ट्रीय शिक्षा नीति पर विचार

भारत की अपेक्षाओं व आकांक्षाओं के आलोक में केंद्रीय कैबिनेट ने राष्ट्रीय शिक्षा नीति-2020 को स्वीकृति प्रदान की है। नए भारत के निर्माण व सर्वसमावेशी शिक्षा व्यवस्था हेतु यह नीति अत्यंत उपयोगी सिद्ध होगी। एक सुदृढ़ नीति हेतु आदरणीय पी.एम. श्री नरेंद्र मोदीजी का अभिनंदन!

□

विश्व के प्रमुख देशों की शिक्षा-व्यवस्था

फिनलैंड

फिनलैंड : शिक्षा-व्यवस्था

फिनलैंड उत्तरी यूरोप में बसा एक देश है। जो क्षेत्रफल में हमारे राजस्थान से थोड़ा छोटा और जनसंख्या करीब 55 लाख है, जो हमारी राजधानी दिल्ली की जनसंख्या का एक-तिहाई मात्र ही है। लेकिन फिनलैंड ने दुनिया के बेहतरीन देशों में अपना स्थान बनाया हुआ है। दुनिया भर में प्रसिद्ध मोबाइल कंपनी नोकिया फिनलैंड की ही है। फिनलैंड एजुकेशन सिस्टम दुनिया में सबसे अच्छी शिक्षा-पद्धति मानी जाती है। दुनिया भर में विशेषज्ञ, राजनीतिज्ञ और पत्रकार इस देश की

शिक्षा व्यवस्था को जानने के लिए यहाँ आते हैं। लेकिन क्यों है, यहाँ की शिक्षा व्यवस्था इतनी खास? क्या है अलग यहाँ बाकी देशों से?

1. **फिनलैंड में शिक्षा**—फिनलैंड 100 प्रतिशत साक्षरता दर वाला देश है। यहाँ के छात्र सबसे अच्छे रीडर माने जाते हैं और बहुत ही मुश्किल से कोई छात्र फेल होता है। पीसा (प्रोग्राम फॉर इंटरनेशनल स्टूडेंट असेसमेंट) जोकि 15 साल के उम्र के बच्चों को अंतर्राष्ट्रीय मानक पर गणित, विज्ञान और पढ़ाई में परखती है, उनकी सूची में फिनलैंड लगातार शीर्ष स्थान में रहता है।
2. **एजुकेशन फॉर ऑल**—फिनलैंड में शिक्षा पूरी तरह मुफ्त है और सबके लिए उपलब्ध है। स्कूल के साथ-साथ कॉलेज की पढ़ाई भी पूरी तरह मुफ्त है। 9 साल के अनिवार्य प्राथमिक शिक्षा के लिए सारी किताबें और बाकी स्टडी मैटेरियल स्कूल द्वारा मुफ्त में उपलब्ध करवाए जाते हैं। सारे स्कूल और कॉलेज सरकार के द्वारा संचालित किए जाते हैं। इसलिए यहाँ कुछ विशेष कोर्सेस को छोड़ दिया जाए तो कोई भी बच्चा प्राइवेट स्कूल में दाखिला नहीं लेता है। इसलिए यहाँ प्राइवेट स्कूल नहीं हैं। मिड डे मील यहाँ 1978 से ही शुरू हो गया था और खाना भी उच्च गुणवत्ता वाला होता है।
3. **सही उम्र में शिक्षा**—यहाँ कोई भी बच्चा 7 साल की उम्र से पहले स्कूल नहीं जाता। 7 साल की उम्र के बाद ही यहाँ स्कूल में दाखिला दिया जाता है। तब तक बच्चों को उनका बचपन जीने दिया जाता है। वैसे वहाँ 7 साल से कम उम्र के बच्चों के लिए डे-केयर और 6 साल के बच्चों के लिए प्री-स्कूल की भी व्यवस्था होती है, लेकिन वहाँ पढ़ाई नहीं होती बल्कि खेलना-कूदना, नए दोस्त बनाना, दूसरे बच्चों को समझना, उनसे परस्पर सहयोग बनाते हुए रिश्ते बनाना, आदि के साथ बच्चों को स्कूल के माहौल के लिए तैयार किया जाता है। उसके बाद 7 साल से 16 साल तक की स्कूली शिक्षा हर बच्चे के लिए अनिवार्य है।
4. **बेहतर स्कूल समय**—यहाँ कक्षाएँ छोटी होती हैं। करीब 20 बच्चों को एक कक्षा में रखा जाता है। स्कूल का समय बहुत कम होता है। हर दिन करीब 4 घंटे ही स्कूल लगता है, जिसमें लंच ब्रेक भी शामिल होता है। इसके अलावा बच्चों को कोई भी होमवर्क नहीं दिया जाता है।

5. **कमजोर विद्यार्थी**—कमजोर विद्यार्थियों पर विशेष ध्यान दिया जाता है, ताकि वे औसत बच्चों जितने स्तर में आ सकें। अगर जरूरत हो तो उन्हें विशेष कक्षाओं में भी भेजा जाता है।
6. **शिक्षक का सम्माननीय पेशा**—यहाँ शिक्षक का पद बहुत ही सम्माननीय होता है। बहुत ही कम लोगों को यहाँ शिक्षक बनाया जाता है। शिक्षक बनने के लिए मास्टर डिग्री की जरूरत होती है। साथ ही शिक्षक बनने के लिए अच्छी योग्यता और मोटिवेशन होना जरूरी होता है।
7. **परीक्षा का तनाव न होना**—यहाँ की शिक्षा व्यवस्था में परीक्षा नहीं ली जाती है, इसलिए विद्यार्थी परीक्षा का तनाव झेलने के बजाय सीखने में ध्यान लगा पाते हैं। 9 साल की प्राथमिक शिक्षा पूरी करने के बाद, जब विद्यार्थी 16 साल का हो जाता है, तब ही उसे एक बार राष्ट्रीय स्तर की परीक्षा देनी पड़ती है। आगे की पढ़ाई जारी रखने के लिए यह परीक्षा पास करना जरूरी होता है।
8. **स्कूल का माहौल**—यहाँ स्कूल और पढ़ाई में प्रतियोगिता की भावना नहीं, बल्कि सहयोग की भावना को बढ़ावा दिया जाता है। इसके साथ ही पढ़ाई में सिर्फ किताबी ज्ञान ही नहीं होता, बल्कि प्रैक्टिकल पढ़ाई भी होती है। यहाँ की शिक्षा व्यवस्था विद्यार्थी को अच्छा शिक्षित व्यक्ति बनाने के साथ-साथ एक अच्छा इंसान बनाने पर भी जोर देती है। इसके अलावा भी कई सारी बातें हैं, जो फिनलैंड के एजुकेशन सिस्टम में उनको दुनिया की सबसे अच्छी शिक्षा-पद्धति बनाती है। ताजा जानकारी के अनुसार फिनलैंड में पढ़ाई अब विषय के बदले टॉपिक पर आधारित होगी।
9. **हर हुनर की कीमत**—फिनलैंड में 1960 के दशक में नए शिक्षा सुधार लाए गए। यह सबके लिए मुफ्त और उच्च गुणवत्ता वाली शिक्षा मुहैया कराने के सिद्धांत पर आधारित है। यहाँ हर बच्चे पर ध्यान देकर उसके किसी खास हुनर को पहचानने और उसे बढ़ावा देने पर जोर होता है।
10. **डिजिटल दुनिया के लिए तैयार**—दुनिया में कुछ ही देशों में बच्चों को डिजिटल युग के लिए ठीक से तैयार किया जा रहा है। फिनलैंड उनमें से एक है, क्योंकि 2016 तक ही यहाँ के सभी प्राइमरी स्कूलों में कोडिंग, उनके पाठ्यक्रम का एक मुख्य विषय होगा। कोडिंग की मदद से ही कंप्यूटर सॉफ्टवेयर, ऐप और वेबसाइट्स बनाई जाती हैं।

11. **मुफ्त, पर बहुमूल्य शिक्षा**—फिनलैंड में केवल स्कूल ही नहीं, बल्कि कॉलेज की पढ़ाई भी मुफ्त है। यहाँ प्राइवेट स्कूल नहीं होते। धीमी गति से सीखनेवाले बच्चों के लिए खास संस्थान हैं। सालाना करीब दो प्रतिशत बच्चे इन विशेष संस्थानों में जाते हैं।

अमेरिका

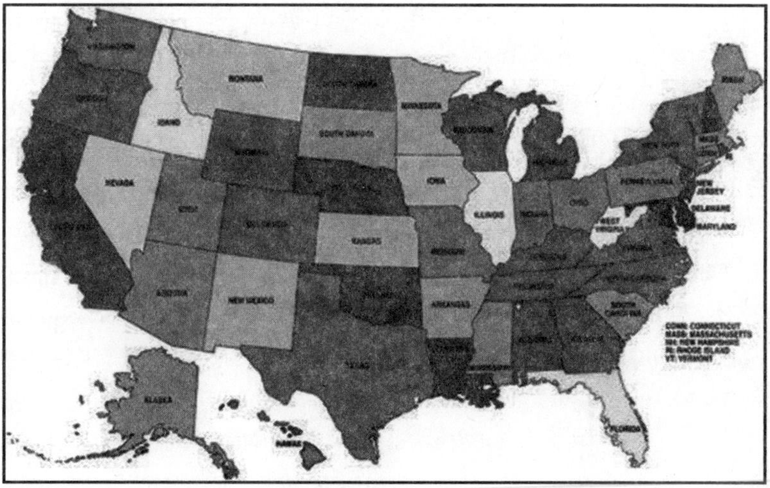

अमेरिका : शिक्षा व्यवस्था

पूर्व विद्यालयी शिक्षा

अमेरिका में बच्चों को स्कूल के लिए तैयार करने का मुख्य लक्ष्य उनकी क्षमताओं का विकास करना है और उन्हें सीखने में रुचि पैदा करना है। कक्षाएँ (संगीत, मॉडलिंग, खेल) एक नियम के रूप में, एक चंचल तरीके से जगह लेते हैं, बच्चे भी चंचलतापूर्वक मास्टर लेखन और पढ़ने लगते हैं।

माता-पिता को नर्सरी, किंडरगार्टन और एक सार्वजनिक या निजी प्रकार के पूर्वस्कूली केंद्रों के रूप में ऐसे पूर्वस्कूली शैक्षणिक संस्थानों का विकल्प दिया जाता है।

संयुक्त राज्य अमेरिका में रूसी बच्चों के लिए कई निजी किंडरगार्टन हैं, जहाँ

वे 2 साल की उम्र के बच्चों को लेते हैं।

जैसे ही छात्र पाँच वर्ष की आयु तक पहुँचते हैं, वे बालवाड़ी के पुराने समूहों में चले जाते हैं, जिन्हें पारंपरिक रूप से प्राथमिक विद्यालय का शून्य ग्रेड माना जाता है। यह चरण एक संक्रमणकालीन है, क्योंकि पाठ के दौरान शिक्षक धीरे–धीरे खेल से पीछे हट जाते हैं, पारंपरिक रूप से अधिक–से–अधिक ध्यान केंद्रित करते हैं।

कई राज्यों में बच्चों को पूर्वस्कूली शिक्षा पूरी करने के बाद सामान्य उपलब्धि के प्रमाण–पत्र जारी किए जाते हैं, जो स्कूल में नामांकन के लिए आवश्यक हैं।

अमेरिका में तथाकथित प्री–स्कूल प्रयोगशालाएँ भी हैं, जो उच्च शिक्षा संस्थानों में खुल रही हैं। भविष्य के शिक्षकों के प्रशिक्षण के लिए ये शोध प्रायोगिक आधार उल्लेखनीय रूप से सुसज्जित हैं, जो बच्चों के पूर्ण विकास और शिक्षा के लिए अनुकूलतम स्थिति बनाता है। ऐसे विभाग 3 से 6 वर्ष की आयु के शिशुओं के लिए डिजाइन किए गए हैं।

यू.एस.ए. में स्कूली शिक्षा प्राथमिक स्कूल, माध्यमिक स्कूल और हाई स्कूल में शिक्षा शामिल है। प्राथमिक स्कूल (प्राथमिक स्कूल, ग्रेड स्कूल या व्याकरण स्कूल) अनिवार्य बालवाड़ी से शुरू होते हैं, जो पाँच साल की उम्र से बच्चों को स्कूल के लिए तैयार करता है। प्राथमिक विद्यालय में सीखने को मुख्य रूप से खेल के माध्यम से किया जाता है, ताकि बच्चे सीखने और ज्ञान में रुचि न खोएँ।

अक्सर प्राथमिक विद्यालय में शिक्षण कला परियोजनाओं, भ्रमण और अध्ययन के अन्य मनोरंजक रूपों के कार्यान्वयन पर आधारित होता है। यह 20वीं शताब्दी की शुरुआत में प्रगतिशील शिक्षा के पाठ्यक्रम के प्रभाव के कारण है, जो श्रम और रोजमर्रा की गतिविधियों के माध्यम से बच्चों की शिक्षा और उनके परिणामों के अध्ययन के लिए प्रदान करता है।

हाई स्कूल (मिडिल स्कूल, जूनियर हाई स्कूल या इंटरमीडिएट स्कूल) में छात्र विषयों का चयन कर सकते हैं, लेकिन गणित, अंग्रेजी, शारीरिक शिक्षा और विश्व इतिहास की आवश्यकता होती है। दूसरी विदेशी भाषा, कला, तकनीक अतिरिक्त विषय हो सकते हैं। इसके अलावा माध्यमिक स्कूल में, छात्र धाराओं में विभाजित करना शुरू करते हैं—सामान्य और उन्नत। उत्तरार्ध में, वे छात्र निर्धारित होते हैं, जो दिए गए विषय में दूसरों की तुलना में बेहतर अध्ययन करते हैं। तथाकथित 'मानद' वर्गों की खासियत यह है कि इसमें तेज सामग्री और अधिक गृह–कार्य हैं।

15 वर्ष की आयु से छात्र हाई स्कूल में जाते हैं, जिसमें अनिवार्य और अतिरक्ति विषय दोनों शामिल होते हैं। हाई स्कूल के छात्रों को चार साल के लिए उच्च शिक्षण संस्थानों में प्रवेश के लिए तैयार किया जाता है। गणित और विदेशी भाषाएँ, साथ ही इतिहास और साहित्य ऐसे विषय हैं, जिन पर इस दौरान विशेष ध्यान दिया जाता है। इसके अलावा छात्र रुचि के विषयों को चुन सकते हैं।

उच्चतर शिक्षा

अमेरिका में उच्च शिक्षा प्रणाली का प्रतिनिधित्व विश्वविद्यालयों और कॉलेजों द्वारा किया जाता है। संयुक्त राज्य अमेरिका में हमारी सामान्य समझ में 'विश्वविद्यालय' की अवधारणा मौजूद नहीं है। वहाँ है शाब्दिक रूप से अनुवादित 'पोस्ट सेकेंडरी स्कूल' (मूल-पोस्ट सेकेंडरी स्कूल में), जिसमें उच्चतर शैक्षिक संस्थान और वे दोनों शामिल हैं, जिन्हें हम आमतौर पर माध्यमिक पेशेवर के रूप में संदर्भित करते हैं। बोलचाल की भाषा में अमेरिकी सभी विश्वविद्यालयों को कॉलेज कहते हैं, भले ही उनका मतलब विश्वविद्यालयों से हो।

संयुक्त राज्य में उच्च शिक्षा प्रणाली में विभिन्न प्रकार के और शैक्षिक संगठन शामिल हैं और ये निम्नलिखित सिद्धांतों पर आधारित हैं—

- प्रशिक्षण कार्यक्रमों का लचीलापन, सामाजिक आवश्यकताओं को दबाने के लिए उनके मोबाइल अनुकूलन।
- प्रशिक्षण, पाठ्यक्रम और कार्यक्रमों के विभिन्न प्रकार।
- अत्यधिक लोकतांत्रिक शैक्षिक प्रक्रिया।
- संस्थानों का विकेंद्रीकृत प्रबंधन।
- छात्र को अध्ययन का रूप और कार्यक्रम चुनने की स्वतंत्रता।

जापान

जापान : शिक्षा व्यवस्था

सन् 1947 में जापान ने शिक्षा सुधार की दिशा में एक बड़ा कदम 'शिक्षा का मूल अधिकार' कानून के रूप में बनाकर उठाया। यह कानून देश के हर नागरिक को शिक्षा का मूल अधिकार देता था और इसके तहत 'संपूर्ण व्यक्ति' के विकास की रूपरेखा तय की गई थी। आर्टिकल 10 में कहा गया था कि शिक्षा का मतलब

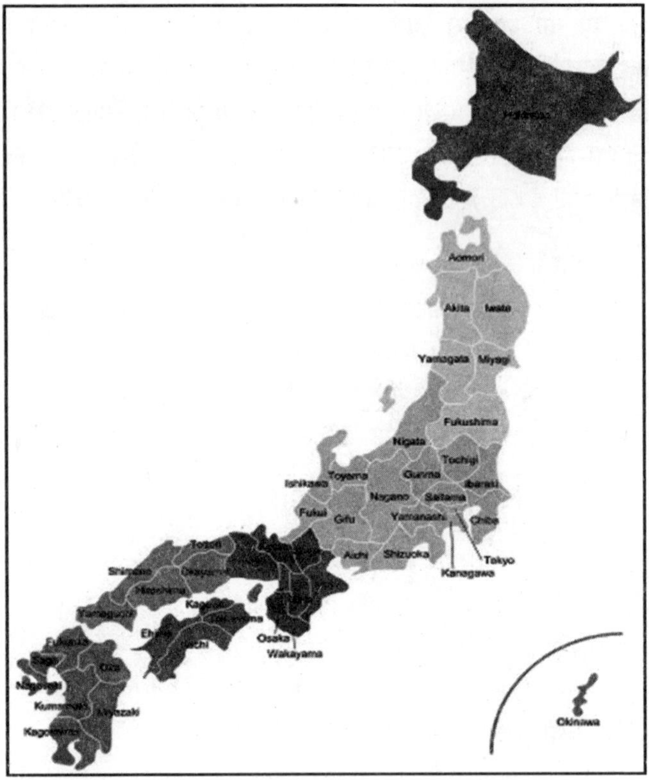

अपरोक्ष रूप से व्यक्ति को काबू करना नहीं, बल्कि सारे समाज के लिए जवाबदेह बनाना है। इसी कानून के आर्टिकल 6 में कहा गया कि टीचर्स को पूरे समुदाय के लिए एक सेवक के रूप में देखा जाए।

इसी कानून के तहत हर नागरिक को 6 से 9 सालों तक पूर्ण रूप से मुफ्त शिक्षा देने की व्यवस्था थी। इस फॉर्मूला को 6–3–3–4 के नाम से जाना जाता है, यानी कि 6 साल प्राथमिक शिक्षा, 3 साल छोटी द्वितीयक शिक्षा, 3 साल बड़ी द्वितीयक शिक्षा और आखिर के 4 साल बड़ी पूर्व स्नातक शिक्षा। जापान में प्रोफेशनल ट्रेनिंग स्कूल और कॉलेजों में अभ्यास कर विद्यार्थी बाजार में माँग के अनुरूप तैयार शिक्षित होकर निकलता है।

एक रिपोर्ट के मुताबिक जापान ने अपने 2016 के सरकारी बजट में अपनी सोशल सिक्योरिटी के लिए 31,973.8 ट्रिलियन येन, शिक्षा और विज्ञान के लिए

6650.9 ट्रिलियन येन और देश की रक्षा के लिए 5,054.1 ट्रिलियन येन रखे हैं, यानी कि शिक्षा पर सरकार अपनी रक्षा से ज्यादा ध्यान देती है। इन्हीं कोशिशों से 1945 के बाद अगले 10 सालों में जापान एक बार फिर से मजबूत देश बनने में सक्षम हो पाया। जापान की सफलता का मुख्य कारण है जापान की शिक्षा प्रणाली। उसके कुछ प्रमुख तथ्य इस प्रकार हैं—

- जापान की साक्षरता 100 प्रतिशत है। इसका मतलब वहाँ पर सब पढ़ाई करते हैं और सब साक्षर हैं।
- 6 साल की प्राथमिक शिक्षा, 3 साल की जूनियर हाई स्कूल शिक्षा, 3 साल की सीनियर हाई स्कूल शिक्षा, 4 साल की यूनिवर्सिटी की शिक्षा; पर 6 साल की प्राथमिक शिक्षा एवं 3 साल की जूनियर हाई स्कूल शिक्षा अनिवार्य है।
- छोटे बच्चों को घर पर काम करने के लिए होमवर्क नहीं मिलता, लेकिन हाई स्कूल में आने के बाद उन्हें घर पर काम करने के लिए बहुत काम मिलता है।
- जूनियर हाई स्कूल तक स्टूडेंट्स को स्कूल यूनिफॉर्म पहननी होती है, जिसे जापानी भाषा में सिकुफू (Seikufu) बोलते हैं।
- जूनियर हाई स्कूल तक स्टूडेंट्स को लंच अपनी कक्षा में बैठकर खाना होता है और उनके शिक्षक भी साथ में बैठकर खाना खाते हैं। जापानी भाषा में लंच को क्यूशोकू (kyuushoku) बोलते हैं।
- जापान में छात्र कक्षा नहीं छोड़ते, न ही वे कक्षा के लिए देर से पहुँचते हैं।
- जापान में जूनियर हाई स्कूल तक बच्चों को फेल नहीं किया जाता। उन्हें आगे की कक्षा में भेज दिया जाता है, फिर चाहे उनके नंबर कितने भी कम हों। और आगे की कक्षा में ऐसे बच्चों पर विशेष ध्यान दिया जाता है, ताकि वे आगे फिर से फेल न हों।
- जापान में शिक्षक बनने के लिए एक परीक्षा पास करनी होती है, जिससे उन्हें शिक्षक बनने का लाइसेंस मिलता है। नवनिर्वाचित शिक्षक का मासिक वेतन 2.5 मिलियन या 2.9 मिलियन येन से शुरू होता है। ज्ञान और अनुभव के साथ-साथ यह वेतन बढ़ता जाता है और 7.8 मिलियन येन से 8.7 मिलियन येन तक पहुँच सकता है।

- जापान में स्कूल में विद्यार्थी अपनी कक्षा की सफाई खुद ही करते हैं और उनके इस काम में उनके शिक्षक बच्चों की सहायता भी करते हैं। वहाँ बच्चों को बचपन से ही स्वयं सफाई करना सिखाया जाता है, ताकि वे सफाई रखना भी सीखें। यहाँ तक कि वे लोग अपने स्कूल के टॉयलेट्स भी खुद ही साफ करते हैं।
- स्कूल में बच्चों को बड़ों का सम्मान करना सिखाया जाता है। वहाँ पर सभ्यता के अनुसार उन्हें झुककर सत्कार करना सिखाते हैं। छात्र टीचर के आते वक्त और जाते वक्त झुककर अभिवादन करते हैं।
- 40 दिन की गरमी की छुट्टियों में स्कूल बंद होते हैं, लेकिन फिर भी शिक्षक रोज स्कूल जाते हैं और स्कूल में आर्ट, साइंस, स्पोर्ट्स, जुडो, आदि गतिविधियाँ होती हैं, जिसमें बच्चे अपनी मर्जी से और अपनी रुचि के अनुसार भाग लेते हैं।
- बच्चों को गलती या शरारत करने पर क्लास से बाहर नहीं निकाला जाता है। कक्षा से बाहर निकलना वहाँ की शिक्षा व्यवस्था के खिलाफ है।
- वहाँ पर बच्चों पर मिडिल स्कूल के बाद विषय चुनने का दबाव नहीं होता है। अगर बच्चे कौन सा विषय लेना है, यह निर्णय नहीं ले पाते तो शिक्षक उनकी सहायता करते हैं।

जापान में स्कूली जीवन बहुत अच्छा और मस्ती भरा होता है। बच्चों को बचपन से ही मेहनत करना, बड़ों का आदर करना, सफाई रखना और अपना काम करना सिखाया जाता है। इन सब कारणों से जापान का विकास जल्दी हुआ है और वह एक उन्नत देश बना तथा वहाँ स्कूल लाइफ बेस्ट लाइफ है।

दक्षिण कोरिया

दक्षिण कोरिया : शिक्षा व्यवस्था

दक्षिण कोरिया में शिक्षा सार्वजनिक स्कूलों और निजी स्कूलों, दोनों द्वारा प्रदान की जाती है। दोनों प्रकार के स्कूल सरकार से धनराशि प्राप्त करते हैं, हालाँकि निजी स्कूलों को मिलनेवाली राशि राजकीय स्कूलों की राशि से कम होती है। हाल के वर्षों में, पूर्णतः अंग्रेजी शिक्षण वातावरण योजना को अपनाने के लिए

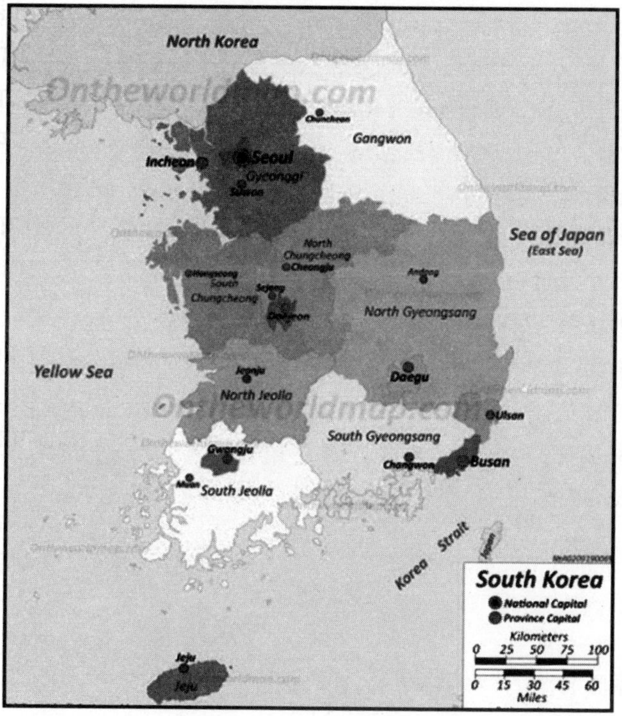

इंचियोन ग्लोबल कैंपस (स्टार्टअप सपोर्ट के साथ) स्टार्टअप शुरू हुआ है और योनसे यूनिवर्सिटी ने एक अंतर्राष्ट्रीय कॉलेज खोला है।

दक्षिण कोरिया साक्षरता, गणित और विज्ञान पढ़ने में अव्वल रहनेवाले ओ.ई.सी.डी. देशों (जिसके अधिकतर सदस्य संपन्न-विकसित राष्ट्र हैं) में से एक है। जहाँ कोरियाई छात्रों का औसत स्कोर 519 है, ओ.ई.सी.डी. देशों का औसत 493 है और इसी के साथ दक्षिण कोरिया दुनिया में नौवें स्थान पर है। देश की श्रम-शक्ति (लेबरफोर्स) सभी ओ.ई.सी.डी. देशों की तुलना में दुनिया में सबसे अधिक शिक्षित है। देश शिक्षा के प्रति अपने जुनून के लिए जाना जाता है, जिसे 'शिक्षा बुखार' (Education fever) कहा जाने लगा है। देश में संसाधनों की कमी के चलते कोरियाई लोगों ने शिक्षा पर जोर दिया और इसी का परिणाम है कि उनका देश विश्व में शिक्षा में शीर्ष पर पहुँच गया है।

उच्च शिक्षा देश के समाज में एक गंभीर मुद्दा है, जहाँ इसे दक्षिण कोरियाई

जीवन के मूलभूत आधार के रूप में देखा जाता है। दक्षिण कोरियाई परिवारों में शिक्षा को उच्च प्राथमिकता दी जाती है, क्योंकि वहाँ सामाजिक-आर्थिक रूप से आगे बढ़ने के लिए शैक्षणिक सफलता अनिवार्य है। शैक्षणिक सफलता अक्सर परिवारों के लिए और दक्षिण कोरियाई समाज में बड़े पैमाने पर गर्व का स्रोत है। दक्षिण कोरियाई लोग शिक्षा को अपने और अपने परिवार के लिए सामाजिक गतिशीलता के मुख्य प्रस्तावक के रूप में देखते हैं, जो वहाँ निर्धन लोगों के लिए मध्यम वर्ग का प्रवेश द्वार है। एक शीर्ष विश्वविद्यालय से स्नातक प्रतिष्ठा, उच्च सामाजिक आर्थिक स्थिति, शादी की बेहतर संभावनाओं का वादा और एक सम्मानजनक कॅरियर मार्ग लेकर आता है। एक औसत दक्षिण कोरियाई बच्चे का जीवन पढ़ाई के इर्द-गिर्द घूमता है, क्योंकि अकादमिक रूप से सफल होने का दबाव दक्षिण कोरियाई बच्चों में कम उम्र से ही गहरा होता है। जो लोग औपचारिक विश्वविद्यालय शिक्षा ग्रहण नहीं करते, समाज उन्हें कम आँकता है।

डेनमार्क

डेनमार्क : शिक्षा व्यवस्था

उत्तरी यूरोप में बसा डेनमार्क भले ही एक छोटा सा देश है, लेकिन रहन-सहन के ऊँचे स्तर और खुशहाल जिंदगी के मामले में इसका नाम अग्रणी देशों में गिना जाता है।

हर साल इसका नाम 'क्वालिटी ऑफ लाइफ' की सूची में ऊँचे पायदान पर होता है। संपन्न शहरों और हरे-भरे, रमणीक परिदृश्य वाला डेनमार्क अपने अग्रणी समाज के लिए जाना जाता है। केवल रहन-सहन के स्तर ही नहीं, उच्च शिक्षा के मामले में भी यह अंतर्राष्ट्रीय छात्रों को अपनी ओर खींचने में सफल रहा है। डेनमार्क की आठ यूनिवर्सिटीज का नाम क्यू.एस. वर्ल्ड रैंकिंग में शुमार है। मुख्य भाषा डैनिश में उपलब्ध कोर्सेस के अलावा अंग्रेजी और जर्मन में भी काफी कोर्सेस उपलब्ध हैं। 1479 में स्थापित 'यूनिवर्सिटी ऑफ कोपनहेगन' डेनमार्क की सबसे प्रतिष्ठित यूनिवर्सिटी है। क्यू.एस. वर्ल्ड रैंकिंग में इसे 45वाँ स्थान प्राप्त है। यह डेनमार्क की सबसे पुरानी और स्कैंडिनेवियन क्षेत्र की दूसरी सबसे पुरानी यूनिवर्सिटी है। इसके अलावा आई.टी. यूनिवर्सिटी ऑफ कोपनहेगन, आर.एस.

यूनिवर्सिटी, टेक्निकल यूनिवर्सिटी ऑफ डेनमार्क, ऑलबोर्ग यूनिवर्सिटी आदि यहाँ की अन्य प्रतिष्ठित यूनिवर्सिटीज में शामिल हैं।

शिक्षा व्यवस्था

डेनमार्क में अधिकांश शिक्षण संस्थान मिनिस्टरी ऑफ हायर एजुकेशन एंड साइंस द्वारा संचालित हैं। यहाँ तीन प्रकार के शिक्षण संस्थान हैं, जिनसे छात्र उच्च शिक्षा प्राप्त कर सकते हैं। छात्रों का उद्देश्य शोध आधारित शिक्षा प्राप्त करना है या व्यावसायिक पाठ्यक्रम द्वारा सीधे जॉब मार्केट में प्रवेश करना है, दोनों ही स्थितियों में डेनमार्क में कई प्रकार के विकल्प हैं। यहाँ मुख्य तौर पर तीन प्रकार

के शिक्षण संस्थान हैं—यूनिवर्सिटीज, यूनिवर्सिटी कॉलेज और एकेडमीज ऑफ प्रोफेशनल हायर एजुकेशन, लेकिन क्रेडिट ट्रांसफर की सुविधा इन संस्थानों के बीच में ट्रांसफर का विकल्प भी देती है।

डिग्रियों का प्रारूप

डेनमार्क में उच्च शिक्षा के लिए बने संस्थानों में कई प्रकार के डिग्री प्रोग्राम उपलब्ध हैं। अगर किसी का उद्देश्य किसी खास कॅरियर की दृष्टि से पेशेवर प्रशिक्षण हासिल करना है तो इसके लिए अकादमी प्रोफेशनल प्रोग्राम या प्रोफेशनल बैचलर डिग्री के विकल्प मौजूद हैं। लेकिन अगर किसी व्यक्ति का उद्देश्य अकादमिक शिक्षा प्राप्त करना है तो मुख्य रूप से शोध पर केंद्रित यूनिवर्सिटी बैचलर डिग्री हासिल कर सकते हैं।

एकेडमी प्रोफेशनल प्रोग्राम (ए.पी.)—एकेडमीज ऑफ प्रोफेशनल हायर एजुकेशन और यूनिवर्सिटीज में उपलब्ध दो से ढाई वर्षीय इन प्रोग्राम्स में थ्योरी और प्रैक्टिकल का मेल होता है। प्रोफेशनल सेक्टर के प्रतिनिधियों के सहयोग से बने ये प्रोग्राम्स छात्रों को प्रोफेशन के अनुरूप नवीनतम और उच्च कोटि की स्किल्स में दक्ष करते हैं। प्रोग्राम के अंतर्गत डैनिश और विदेशी कंपनियों में वर्क प्लेसमेंट के जरिए छात्रों को अपनी स्किल्स और ज्ञान को व्यावहारिक तौर पर इस्तेमाल करने का मौका भी मिलता है। अंग्रेजी भाषा में उपलब्ध कुछ ए.पी. प्रोग्राम्स में बिजनेस, डिजाइन एंड टेक्नोलॉजी, आई.टी., टूरिज्म, कम्युनिकेशन, मल्टीमीडिया, लैबोरेटरी टेक्नोलॉजी आदि शामिल हैं।

टॉपअप डिग्री

कुछ ए.पी. प्रोग्राम्स में टॉपअप डिग्री के जरिए छात्र अपनी शिक्षा को बैचलर स्तर तक आगे जारी रख सकते हैं। निर्दिष्ट क्षेत्र या पहले से हासिल ए.पी. डिग्री से संबंधित क्षेत्र में एक से डेढ़ साल की टॉपअप डिग्री की शिक्षा पूर्ण होने पर छात्रों को प्रोफेशनल बैचलर डिग्री प्राप्त हो जाती है।

बैचलर डिग्रियाँ

डेनमार्क में दो प्रकार की बैचलर डिग्रियाँ उपलब्ध हैं—

प्रोफेशनल बैचलर डिग्री—यूनिवर्सिटी कॉलेजों में उपलब्ध तीन से साढ़े चार साल की अवधि की शिक्षा के उपरांत मिलनेवाली प्रोफेशनल बैचलर डिग्रियाँ

प्रोफेशनल ट्रेनिंग पर केंद्रित होती हैं। ये डिग्रियाँ छात्रों को चयनित प्रोफेशन में सीधे प्रवेश का अवसर प्रदान करती हैं। इसके अंतर्गत छात्रों को लैक्चर के अलावा ग्रुप ऐक्टिविटीज, सेमिनार, प्रोजेक्ट वर्क आदि में भी हिस्सा लेने का अवसर मिलता है। वर्क प्लेसमेंट इन प्रोग्राम्स का अनिवार्य हिस्सा होते हैं, जिनके जरिए सैद्धांतिक शिक्षा को व्यावहारिक तौर पर अमल में लाने पर जोर दिया जाता है और इस प्रकार छात्रों को विशिष्ट प्रोफेशंस में प्रवेश का अवसर मिलता है। इनमें ज्यादातर प्रोग्राम पोस्ट ग्रैजुएट डिग्री स्तर के लिए शिक्षा का अवसर देते हैं।

यूनिवर्सिटी बैचलर डिग्री—यूनिवर्सिटीज में तीन साल के अंडर ग्रैजुएट डिग्री प्रोग्राम के बाद छात्र यूनिवर्सिटी बैचलर डिग्री प्राप्त कर सकते हैं। इस प्रोग्राम के तहत चयनित विषय में शोध आधारित शिक्षा प्रदान की जाती है। इसके बाद छात्र लेबर मार्केट में प्रवेश के लिए या पोस्ट ग्रैजुएट डिग्री के लिए योग्य माने जाते हैं।

पोस्ट ग्रैजुएट डिग्री

शोध आधारित एडवांस्ड कोर्स मास्टर डिग्री (कैंडिडेट्स) के लिए दो साल की शिक्षा अनिवार्य है। अति विशिष्ट सैद्धांतिक ज्ञान प्रदान करते मास्टर प्रोग्राम के बाद छात्र पी-एच.डी. कोर्स के लिए योग्य माने जाते हैं।

पी-एच.डी. डिग्री

पी-एच.डी. डिग्री हासिल करने के लिए ज्यादातर तीन साल की शिक्षा जरूरी है। रिसर्च इंस्टीट्यूशंस और ऐसी यूनिवर्सिटीज, जिनके स्थापित पी-एच.डी. स्कूल हैं, उनसे यह शिक्षा प्राप्त की जा सकती है।

अंग्रेजी भाषा में शिक्षा

यहाँ अंग्रेजी भाषा में 500 से भी अधिक अंतर्राष्ट्रीय मान्यता प्राप्त प्रोग्राम उपलब्ध हैं। इनमें दाखिले के लिए अंग्रेजी भाषा में दक्षता के उच्च स्तर को साबित करना होता है। इसके लिए टी.ओ.ई.एफ.एल., आई.एल.ई.टी.एस. और कैंब्रिज ई.एस.ओ.एल. एग्जामिनेशन के स्कोर मान्य हैं। सभी संस्थानों के अपने अलग-अलग नियम हैं। इसके लिए चयनित संस्थान से भाषा अनिवार्यता के मापदंडों को पहले ही जान लेना होता है।

रूस

रूस : शिक्षा व्यवस्था

रूस की शिक्षा–पद्धति में सुधार के दौरान दूसरी पंचवर्षीय योजना में वहाँ डाल्टन की शिक्षा–पद्धति को पूरी तरह से खारिज करते हुए विद्यालय की आंतरिक स्वायत्तता को खत्म किया गया। तिमाही जाँच और रिपोर्ट की प्रथा लागू की गई। इतिहास और भूगोल की शिक्षा को फिर से लागू किया गया। योग्य, कर्मठ और विवेकशील नागरिक पैदा करनेवाले पाठ्यक्रम लागू किए गए।

पूँजीवादी देशों की प्रचलित शिक्षा–पद्धति से अलग हटकर एक नई समाजवादी व्यवस्था को मजबूत करनेवाली इस शिक्षा–पद्धति की खास बात यह थी कि इसमें शुरू से अंत तक शिक्षा निःशुल्क थी और शिक्षा के दरवाजे सबके लिए खुले थे। साथ ही 8 से 15 साल की उम्र तक के सभी लड़के–लड़कियों के लिए शिक्षा को अनिवार्य कर दिया गया। केवल सैद्धांतिक रूप से नहीं, व्यावहारिक रूप में भी। शहरों, औद्योगिक संस्थानों और पंचायती कृषि में 8 से 18 वर्ष तक की उम्र वालों के लिए शिक्षा अनिवार्य कर दी गई।

यहाँ योग्यता के मुताबिक काम और जरूरत के अनुसार वेतन जैसे समाजवादी नियम के आधार पर शिक्षा की नींव रखी गई। सबको शिक्षा की जरूरत है, ऐसा मानकर सभी के लिए शिक्षा के अवसर उपलब्ध कराए गए। इसके बदले सबसे

उसकी योग्यता के अनुसार सेवाएँ भी ली जाती हैं। यही सेवा सोवियत शिक्षा का मुख्य उद्देश्य भी है। वहाँ का नारा है—मेहनत करो और साम्यवाद के निर्माण में सहभागी बनो।

महत्त्वपूर्ण बात यह कि यहाँ हाथ के काम को शिक्षा में बड़ी प्रतिष्ठा दी गई है। सोवियत समाजवादी नेतृत्व का मानना है कि जब तक हाथ से काम करने की शिक्षा न मिलेगी, तब तक पूरी नागरिकता प्राप्त नहीं हो सकती। यहाँ मस्तिष्क और हाथ से काम करनेवाले दोनों तरह के लोगों को समान प्रतिष्ठा की दृष्टि से देखा जाता है। कोई किसी से कमतर नहीं है। समाजवादी सोवियत संघ की शिक्षा प्रणाली ने बच्चों में एक अनुशासन की भावना पैदा की है। आचार-विचार और व्यवहार स्व अनुशासित। कहीं उच्छृंखलता नहीं। सर्वत्र संजीदगी और अनुशासनप्रियता। शिक्षक और छात्रों का परस्पर संबंध भी यांत्रिक नहीं है।

शिक्षा व्यवस्था में विद्यमान महत्त्वपूर्ण तथ्य इस प्रकार हैं—

- पूर्वस्कूली शिक्षा; यह बच्चों को बुनियादी ज्ञान प्राप्त करने की अनुमति देती है, लेकिन स्कूली शिक्षा के समान नहीं है। बच्चे डेढ़ साल से मुख्य रूप से बालवाड़ी की यात्रा करना शुरू करते हैं और यहाँ तक कि छह साल की उम्र तक रहते हैं।
- प्राथमिक विद्यालय बच्चों को छह साल से दस तक पढ़ाने के लिए जिम्मेदार जर्मन एनालॉग से अंतर व्यायामशाला में प्राथमिक शिक्षा प्राप्त करने का अवसर मिलता है।
- सामान्य स्कूलों, लाइसीम और व्यायामशालाओं में अपूर्ण माध्यमिक शिक्षा पाँच साल तक प्राप्त की जाती है। इन शैक्षणिक संस्थानों में नौ वर्गों के अंत में युवाओं को सामान्य माध्यमिक शिक्षा पर एक दस्तावेज प्राप्त करने का अधिकार है।
- पूरा माध्यमिक या तकनीकी शिक्षा कॉलेज, तकनीकी स्कूल और अन्य व्यावसायिक प्रशिक्षण संस्थानों में प्रवेश करने का अधिकार देते हैं। शिक्षा पूरी करने के बाद व्यायामशाला, स्कूल या लिसीम के 10वीं और 11वीं कक्षा के स्नातकों को विश्वविद्यालय में बाद में प्रवेश की पुष्टि करने के लिए एक पूर्ण माध्यमिक शिक्षा दस्तावेज प्राप्त करने का अधिकार है। रूस में ऐसी ही शिक्षा प्रणाली किसी भी व्यक्ति को किसी व्यावसायिक शैक्षिक संस्थान से स्नातक की उपाधि देती है।

- उच्च शिक्षा एक स्नातक की डिग्री एक विशेषज्ञ या एक मास्टर की डिग्री के डिप्लोमा प्राप्त करने के साथ जुड़ी हुई है।
- चार साल की प्रशिक्षण अवधि के साथ मूल उच्च शिक्षा (स्नातक की डिग्री)।
- विशेषज्ञ (प्रशिक्षण का कार्यकाल 5 साल है) और मास्टर (छह साल)।

नॉर्वे

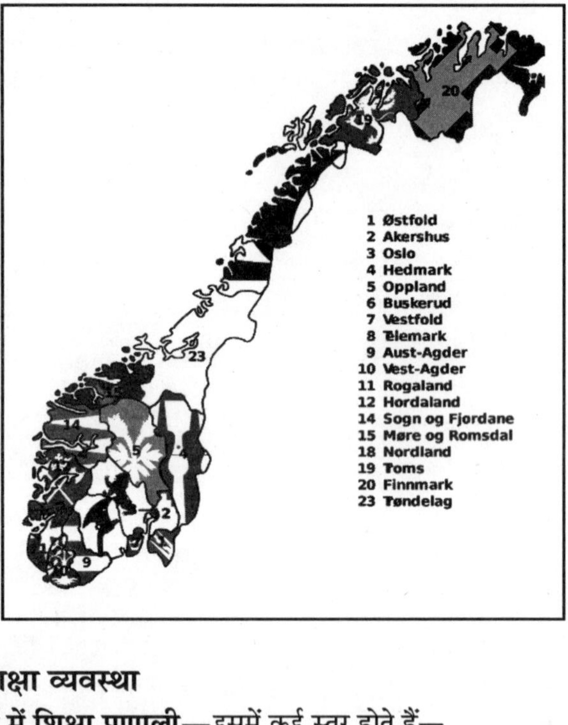

नॉर्वे : शिक्षा व्यवस्था

नॉर्वे में शिक्षा प्रणाली—इसमें कई स्तर होते हैं—

- स्कूल पूर्व शिक्षा।
- स्कूल की शिक्षा। यह अपूर्ण और पूर्ण औसत में विभाजित है।
- लोक विद्यालय।
- नॉर्वे में उच्च शिक्षा।

बीसवीं शताब्दी के अंत में देश में एक शैक्षिक सुधार किया गया था। इसका लक्ष्य सिखाए गए ज्ञान को बढ़ाना था। शिक्षा प्रणाली के प्रत्येक स्तर पर अधिक विस्तार से विचार करें।

पूर्वस्कूली शिक्षा

नॉर्वे में किंडरगार्टन में बच्चों को एक वर्ष की आयु से स्वीकार किया जाता है। वहाँ जगह पाने के लिए थोड़ा इंतजार करने की जरूरत होती है। आमतौर पर प्रतीक्षा समय एक से छह महीने तक होता है। नॉर्वे में प्रारंभिक शिक्षा का भुगतान राज्य और निजी संस्थानों दोनों में किया जाता है।

बच्चे खेलते हैं, सोते हैं, खेल खेलते हैं, पूल में तैरते हैं। शिक्षक बच्चे के भाषण और सोच के विकास पर कक्षाएँ संचालित करते हैं। किंडरगार्टन में सबसे पहले वे नॉर्वेजियन भाषा सीखते हैं।

पूर्ण और अपूर्ण सार्वजनिक शिक्षा

नार्वेजियन स्कूलों में अध्ययन पूरी तरह से स्वतंत्र है। प्राथमिक कक्षाएँ, मध्य और उच्च विद्यालय के छात्र अलग-अलग इमारतों में पढ़ते हैं। नॉर्वे में एक ऐसा स्कूल नहीं मिलेगा, जहाँ पहले ग्रेडर और वरिष्ठ कक्षाओं के प्रतिनिधि एक साथ अध्ययन करते हैं। अनिवार्य शिक्षा का एक विभाजन पूर्ण और अपूर्ण है।

उत्तरार्ध में तीन चरण होते हैं—

- पहला, सबसे छोटा प्राथमिक विद्यालय : पहली से चौथी कक्षा तक।
- दूसरा, मध्य प्रारंभिक : पाँचवें से सातवें तक।
- तीसरा, सबसे बड़ा : आठवें से दसवें तक।

पूर्ण शिक्षा उच्च वर्ग है, जिसमें वे 16 से 19 वर्ष तक पढ़ते हैं।

नॉर्वे में बच्चे छह साल की उम्र से पढ़ना शुरू कर देते हैं। सबसे पहले प्राथमिक विद्यालय आता है, इसमें अध्ययन का समय सात वर्ष है। खेल का उपयोग करनेवाले बच्चों को लिखना, गिनना और पढ़ना सिखाया जाता है। प्रशिक्षक नॉर्वे की वनस्पतियों और जीवों का परिचय देते हैं। कक्षाएँ न केवल नॉर्वे में, बल्कि अंग्रेजी में भी आयोजित की जाती हैं। बुनियादी सबक के अलावा वे धर्म और अर्थशास्त्र का अध्ययन करते हैं। साथ ही प्रत्येक बच्चे के पास सीखने के लिए एक अतिरिक्त विषय चुनने का अवसर होता है।

यदि बच्चा स्कूल के पाठ्यक्रम का सामना नहीं करता है तो एक विशेष आयोग बनाया जाता है, जो बच्चे की देखरेख करता है, सीखने की समस्याओं की पहचान करता है, फिर उन्हें उनसे सामना करने में मदद करता है। जब बच्चा पाँचवीं कक्षा में प्रवेश करता है तो माध्यमिक विद्यालय शुरू होता है। नए विषय जोड़े गए हैं—अर्थशास्त्र, लेखांकन और पारिस्थितिकी। साथ ही प्रत्येक छात्र को एक विदेशी भाषा सीखने का अवसर मिलता है। यहाँ परीक्षाएँ पास नहीं की जाती हैं। लेकिन छात्र हाई स्कूल कैसे पूरा करता है, इस पर सीनियर में आगे की शिक्षा की संभावना निर्भर करती है। हाई स्कूल में अतिरिक्त आइटम, जो भविष्य में पेशे की पसंद निर्धारित करने में मदद करते हैं।

देश के उच्च शिक्षण संस्थानों में आगे प्रवेश करने के लिए स्वतंत्र रूप से अधिक गहन अध्ययन के लिए विषयों का चयन किया जा सकता है। यहाँ तक कि स्कूल में भी एक पेशा प्राप्त करने की संभावना है, इसके लिए पेशेवर कौशल के उच्च विद्यालय के कार्यालय खोले जाते हैं। दो वर्षों के लिए छात्रों के पास विभिन्न कामकाजी व्यवसायों से परिचित होने का अवसर है, जैसे—बढ़ईगीरी, बिल्डर का कार्य और अन्य विशिष्टताएँ। फिर शहर के उद्यमों में अभ्यास होता है। दो साल की इंटर्नशिप के बाद ही किसी पेशे के अधिग्रहण पर डिप्लोमा जारी किया जाता है। सभी स्कूली बच्चे परीक्षा में उत्तीर्ण नहीं होते हैं, लेकिन केवल एक निश्चित प्रतिशत होते हैं। छात्रों के बारे में कोई जानकारी न होने पर उन्हें एक विशेष परिषद् द्वारा चुना जाता है। एक नियम के रूप में गणित, अर्थशास्त्र, कंप्यूटर विज्ञान और अंग्रेजी को सौंप दिया जाता है। इस सूची में से केवल एक या दो आइटम चुने जा सकते हैं। स्नातक होने के बाद नॉर्वे में पसंद का एक और विषय अंतिम परीक्षाओं में जोड़ा जाता है।

नॉर्वे में स्कूल और अध्ययन के पहले वर्ष से प्रत्येक छात्र की रचनात्मक और मानसिक क्षमता को विकसित करने का अवसर प्रदान करना है। मुख्य सिद्धांतों में से एक : बच्चों को स्वयं अपने कार्यों का मूल्यांकन करना सीखना चाहिए। यहाँ हर बच्चा अपनी क्षमताओं में विश्वास करना सीखता है। सबसे पहले उन्हें पूरी तरह से महसूस करना चाहता है। नॉर्वेजियन स्कूली बच्चों के ज्ञान का उच्च स्तर इस तथ्य से स्पष्ट है कि अध्ययन करने के लिए लगभग सभी विश्वविद्यालय जाते हैं।

नॉर्वे के स्कूलों में शिक्षा

छात्रों की उपलब्धि के बारे में जानकारी एक विशेष नोटबुक में दर्ज की जाती

है। यह प्रत्येक स्कूल के दिन के अंत में किया जाता है। यदि कोई टिप्पणी है तो माता-पिता को एक नोट लिखा जाता है।

कक्षा की बैठकें आमतौर पर वर्ष की शुरुआत में आयोजित की जाती हैं। भविष्य में, यदि आवश्यक हो तो माता-पिता को व्यक्तिगत रूप से स्कूल में बुलाया जाता है। बहुत ही चतुराई से यह कहा जाता है कि उनके बच्चे की छोटी-छोटी समस्याएँ हैं, जिन्हें जल्दी हल किया जा सकता है। फिर छात्र की सफलता। इस प्रकार, माता-पिता को यह समझने के लिए दिया जाता है कि उनके बच्चे ने कुछ भी गलत नहीं किया है, केवल अपने व्यवहार को थोड़ा ठीक करने या किसी विशेष वस्तु पर ध्यान देने की आवश्यकता है।

ग्रेडिंग की एक दिलचस्प प्रणाली, विशेष रूप से रूसी स्कूलों के लिए आमतौर पर माता-पिता के साथ उनकी चर्चा होती है। इस तरह की अधिक जानकारी का मालिक कोई नहीं, सभी प्रगति की जानकारी पूरी तरह से गोपनीय है। नॉर्वे के स्कूलों में अनुमान केवल आठवीं कक्षा से लगाना शुरू होता है।

नॉर्वेजियन लोक विद्यालय

एक पूर्ण या अपूर्ण माध्यमिक शिक्षा प्राप्त करने के बाद छात्रों को हमेशा आगे के मार्ग की पसंद के साथ निर्धारित नहीं किया जाता है। उन लोगों के लिए, जिन्होंने अभी तक पेशे की पसंद पर फैसला नहीं किया है, लोक विद्यालय हैं। यहाँ छात्र एक साल तक रह सकते हैं।

बीसवीं शताब्दी में डेनमार्क में बहुत पहले लोक विद्यालय दिखाई दिए। अब स्कैंडिनेविया में लगभग चार सौ हैं। नॉर्वे में सत्तर से अधिक हैं। स्कूल शहरों से दूर स्थित हैं, ताकि वहाँ का शोर-शराबा सीखने में बाधा न बने। उनमें से प्रत्येक की अपनी दिशा है जैसे एथलेटिक, शैक्षणिक, मंच, संगीत आदि। इस तरह के स्कूल से स्नातक होने के बाद एक विशेषता में नौकरी मिल सकती है या एक विश्वविद्यालय में अध्ययन करने के लिए जा सकते हैं। उच्च शिक्षा संस्थानों में प्रवेश पर पब्लिक स्कूल के पूरा होने का डिप्लोमा अतिरिक्त अंक देता है। लोक विद्यालय भविष्य के पेशे की पसंद निर्धारित करने में मदद करते हैं। उन्हें एक टीम में काम करने के लिए सिखाया जाता है। हर साल रूस सहित दुनिया के विभिन्न देशों से छात्र यहाँ आते हैं।

नॉर्वेजियन शिक्षा प्रणाली की विशेषताएँ

- प्रशिक्षण अक्सर छात्रों के छोटे समूहों के साथ आयोजित किया जाता है।
- कक्षा में अनौपचारिक वातावरण पर अनुशासन रहता है। संचार, शिक्षक और छात्र कक्षा के बाद भी नहीं रुकते हैं।
- प्रत्येक छात्र पर बहुत ध्यान दिया जाता है।
- चिकित्सा देखभाल, परिवहन, सिनेमाघरों, संग्रहालयों और प्रदर्शनी हॉल जाने के लिए छात्रों के लिए छूट है।
- माध्यमिक शिक्षा, जैसाकि दुनिया के कई देशों में ग्यारह वर्षों में आयोजित की जाती है, यहाँ तेरह वर्षों में पूरी होती है।
- स्कूलों में छात्रों को निःशुल्क या छोटे शुल्क लेकर उपकरणों टैबलेट, लैपटॉप उपलब्ध कराया जाता है।
- विकलांग बच्चे हर किसी के साथ सीख सकते हैं या वे विशेष विभागों में सीख सकते हैं।
- नॉर्वे में हाई स्कूल में दो विभाग हैं—शैक्षणिक और व्यावसायिक कौशल।
- देश के सबसे पुराने विश्वविद्यालयों में से एक को 19वीं शताब्दी की शुरुआत में खोला गया था।
- नॉर्वे के स्कूलों में अगस्त के मध्य से सीखना शुरू होता है।
- देश में बड़ी संख्या में कॉलेज हैं। इनकी कुल संख्या लगभग सौ है।
- विदेशी छात्रों को एक शिक्षक उपलब्ध कराया जाता है, जो उन्हें नॉर्वेजियन भाषा सिखाता है।
- माता–पिता स्कूलबैग केवल पोर्टफोलियो खरीदते हैं, बाकी सब राज्य द्वारा प्रदान किया जाता है।
- नॉर्वे में सभी विश्वविद्यालयों और संस्थानों में स्नातक होने के बाद छात्र डिप्लोमा के अलावा दर्शन में एक और परीक्षा उत्तीर्ण करते हैं।
- दुनिया भर के छात्रों के साथ सरकारी विनिमय कार्यक्रम हैं। उनकी मदद से उच्च शिक्षा के नॉर्वेजियन संस्थानों में विदेशी छात्रों के लिए मुफ्त प्रशिक्षण प्रदान करना संभव है।

फ्रांस

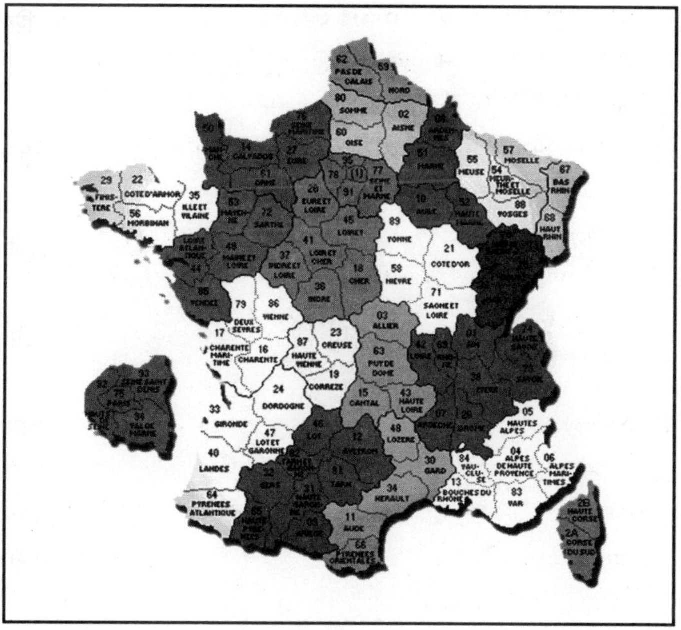

फ्रांस : शिक्षा व्यवस्था

पूर्वस्कूली शिक्षा

फ्रेंच किंडरगार्टन की दीवारों में इंतजार कर रहे हैं, दो से पाँच साल के बच्चे। अधिकांश आधुनिक माता-पिता तीन साल से पूर्वस्कूली संस्थानों में बच्चों को छोड़ना पसंद करते हैं; हालाँकि वहाँ रहना अनिवार्य नहीं है। इस देश में पहला किंडरगार्टन 18वीं शताब्दी के अंत में दिखाई दिया और पहले से ही 19वीं शताब्दी की शुरुआत में एक पूरी प्रणाली दिखाई दी; जिसने सक्रिय रूप से कार्य किया। बड़े औद्योगिक शहरों में गरीबों और श्रमिकों के बच्चों के लिए किंडरगार्टन थे। प्रसिद्ध शिक्षक पोलिना कर्गोमर ने फ्रांस में पूर्वस्कूली शिक्षा में एक बड़ा योगदान दिया। उन्होंने शिक्षण विधियों को खेलकर और शारीरिक दंड को समाप्त करने के लिए पूर्वस्कूली बच्चों को पढ़ाने की पेशकश की थी। 19वीं शताब्दी की शुरुआत में उनके 'मदर स्कूल' का धन्यवाद, जो बहुत लोकप्रिय हो गया और अभी भी देश

के सभी शहरों में काम करता है। रूसी किंडरगार्टन के इस एनालॉग में शिक्षा के निम्नलिखित स्तर हैं—

- चार साल तक के बच्चे केवल खेलते हैं।
- ड्राइंग, मॉडलिंग, मौखिक भाषण और पारस्परिक संचार में सुधार के अध्ययन पाँच साल तक।
- अंतिम आयु समूह छह साल तक है। यहाँ बच्चे स्कूल के लिए तैयारी करते हैं, पढ़ते हैं और लिखते हैं।

कभी-कभी माता-पिता के स्कूलों के बारे में सुनना संभव है। महत्त्वपूर्ण टिप्पणियाँ, जो तर्क देती हैं कि यहाँ के आदेश अनावश्यक रूप से सख्त हैं। हालाँकि ज्यादातर विशेषज्ञों का मानना है कि फ्रेंच किंडरगार्टन बच्चों को स्कूल के लिए सभ्य बनाते हैं।

प्राथमिक शिक्षा

बच्चे, जो छह साल की आयु तक पहुँच चुके हैं; कॉलेज जाना, जहाँ वे सभी कार्यक्रमों के लिए उसी पर अध्ययन करते हैं। असफल होने के बावजूद, बच्चे अपनी संख्या, लेखन और पढ़ने के कौशल में सुधार करते हैं। इसके अलावा वे सभी एक विदेशी भाषा सीखते हैं और अपनी मूल भाषा में बोली जानेवाली भाषा में सुधार करते हैं। तीसरी कक्षा में छात्र परीक्षा देते हैं और डिप्लोमा प्राप्त करते हैं।

माध्यमिक शिक्षा

ग्यारह वर्षों में बच्चे अपने भविष्य के पथ का चयन कर सकते हैं—तकनीकी या पेशेवर में, सामान्य लाइसेम दर्ज करें। बाद के विकल्प में चुने हुए पेशे (हमारे देश में एक व्यावसायिक स्कूल के रूप में) का दो साल का प्रशिक्षण शामिल है, जिसके बाद इसके पूरा होने का प्रमाण-पत्र जारी किया जाता है। हालाँकि इस मामले में छात्र को पहले दो मामलों के विपरीत उच्च शिक्षा प्राप्त करने का अधिकार नहीं है। सामान्य लाइसेम के अंत में तकनीकी विशेषज्ञता के बाद अपनी विशेषज्ञता में अध्ययन जारी रखने के लिए किसी भी विश्वविद्यालय में प्रवेश करने की अनुमति मिलती है।

देश में न केवल राज्य, बल्कि निजी स्कूल और बोर्डिंग स्कूल भी हैं। राज्य संस्थानों में शिक्षा पूरी तरह से निःशुल्क है (केवल पाठ्य-पुस्तकों को स्वतंत्र रूप

से खरीदा जाना चाहिए) और वहाँ न केवल फ्रांस के नागरिक, बल्कि विदेशी भी आवेदन कर सकते हैं। हालाँकि मौखिक साक्षात्कार पास करने और प्रेरणा-पत्र लिखने के लिए भाषा के ज्ञान के लिए परीक्षा उत्तीर्ण करना आवश्यक है। निजी स्कूलों में, अगर वे मूल भाषा में फ्रेंच भाषा को जानते हैं तो विदेशियों को बिना किसी बाधा के लिया जाता है।

फ्रांस में उच्च शिक्षा

कोई भी उच्च शिक्षा प्राप्त कर सकता है, हालाँकि भविष्य के छात्र के पास स्नातक की डिग्री होनी चाहिए, जोकि लाइसेम के प्रत्येक स्नातक द्वारा प्राप्त की जाती है। इसके बाद उसे यह चुनना है कि वह किस प्रकार की शिक्षा प्राप्त करना चाहता है और दो साल में सेवा या उद्योग के क्षेत्र में एक प्रमाणित विशेषज्ञ बन जाता है। कोई भी जो दीर्घकालिक प्रशिक्षण (और यह पाँच से आठ साल तक है) स्नातक होने के बाद एक प्रतिष्ठित फर्म में उच्च वेतन वाली नौकरी का दावा कर सकता है।

विश्वविद्यालय

फ्रांस में शिक्षा प्रणाली, जिसमें कोई भी निःशुल्क में प्रवेश ले सकता है, यहाँ तक कि अगर कोई भाषा कौशल का परीक्षण पास करता है और एक साक्षात्कार पास करता है तो विदेशी भी इन स्कूलों में प्रवेश कर सकते हैं। यह ध्यान दिया जाना चाहिए कि सबसे प्रतिष्ठित विश्वविद्यालय वे हैं, जो डॉक्टर, वकील, शिक्षक और पत्रकार के पेशे को प्रशिक्षित करते हैं। अधिकांश विश्वविद्यालयों में राज्य 30 प्रतिशत सीटों का भुगतान करता है और शेष छात्रों को प्रवेश शुल्क (150 से 500 यूरो) का भुगतान करना होता है। हालाँकि कई इन शर्तों से प्रसन्न हैं, क्योंकि छात्र छात्रवृत्ति के हकदार हैं, जो प्रतिमाह लगभग 100 यूरो है। निजी विश्वविद्यालय प्रति वर्ष 10,000 से 20,000 यूरो के शुल्क के रूप में छात्रों से लेते हैं।

उच्च विद्यालय

फ्रांस में उच्च शिक्षा प्राप्त की जा सकती है। प्रतिष्ठित उच्च विद्यालय, हालाँकि इस तरह के अवसर प्राप्त करने के लिए गंभीर परीक्षा का सामना करना पड़ता है। उनमें से कुछ केवल उन छात्रों को स्वीकार करते हैं, जिन्होंने विश्वविद्यालय में एक बुनियादी पाठ्यक्रम पूरा किया है। ऐसे स्कूल में पढ़ना अधिक प्रतिष्ठित माना जाता

है, क्योंकि स्नातक रोजगार और उच्च कमाई की गारंटी देते हैं। कुछ छात्रों को राज्य से छात्रवृत्तियाँ मिलती हैं, क्योंकि वे भविष्य के शिक्षक, सैन्य, पुस्तकालय और यहाँ तक कि राजनेता भी हैं।

भाषा स्कूल

यदि कोई छात्र फ्रेंच सीखने का फैसला करता है तो इसमें तथाकथित भाषा स्कूल उसकी मदद करते हैं। सात दिनों की अवधि का प्रशिक्षण प्राप्त किया जा सकता है, लेकिन पाठ्यक्रम की औसत अवधि दो से चार सप्ताह है। किसी भी स्तर की भाषा प्रवीणता वाले लोग यहाँ सीख सकते हैं—प्राथमिक, मूल या उन्नत। भाषा पर्यावरण में विसर्जन दोनों के लिए एक उच्च परिणाम सुनिश्चित करता है। डॉक्टरों, वकीलों, ट्रैवल एजेंसियों के कर्मचारियों के रूप में ऐसे संकीर्ण विशेषज्ञों के लिए भी पाठ्यक्रम हैं। कई छात्र फ्रांस में पाक पाठ्यक्रम, एक सवारी स्कूल और कई अन्य मनोरंजन के साथ इस असाधारण प्रशिक्षण से जुड़ते हैं। छात्र आमतौर पर प्रशिक्षण के लिए सप्ताह में 20 से 30 घंटे खर्च करते हैं और प्रति सप्ताह जिसकी औसत लागत 300 यूरो है।

सिंगापुर

सिंगापुर : शिक्षा व्यवस्था

सिंगापुर में प्राथमिक शिक्षा छह साल की उम्र से दी जाती है। स्कूल के पहले चरण में बच्चे बारह वर्ष की आयु तक अध्ययन करते हैं। 17 वर्ष की आयु तक पहुँचने से पहले अगला चरण मध्यम चरण है। प्राथमिक शिक्षा सभी के लिए अनिवार्य है, जिसके लिए भुगतान करने की कोई आवश्यकता नहीं है। मानक मूल्य टैग—13 अमेरिकी डॉलर। यह राशि वर्कफ्लो के संगठनात्मक पहलुओं पर खर्च की जाती है। यदि सिंगापुर के प्रवेश-स्तर और घरेलू शिक्षण संस्थानों की तुलना की जाए, तो एक महत्त्वपूर्ण अंतर देखा जा सकता है। हमारे पास सामान्य मानक हैं, जिन्हें बिना किसी अपवाद के सभी को मानना पड़ता है, लेकिन एशियाई शक्ति में, एक विशेष छात्र के विकास का व्यक्तिगत स्तर सामने आता है।

सिंगापुर में प्राथमिक स्कूल में शिक्षा की एक विशिष्ट विशेषता चौथी कक्षा के बाद अलगाव है। इसी समय वे विभिन्न छात्रों द्वारा कौशल के स्तर, जानकारी

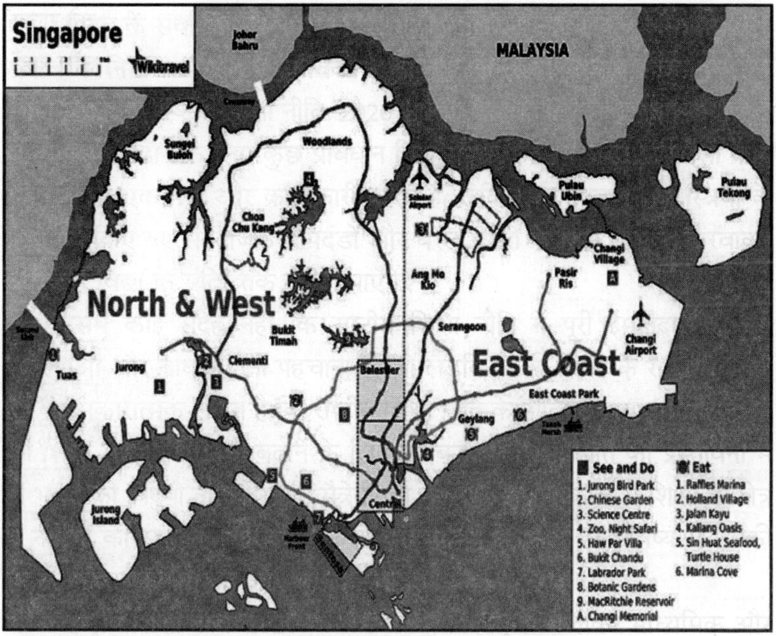

के स्वामित्व के साथ-साथ व्यक्तिगत हितों को भी ध्यान में रखते हैं। किसी विशेष बच्चे के लिए उपलब्ध शिक्षा की तीव्रता का आकलन करते समय समूहों में विभाजित किया जाता है। ऐसे समूहों में, बच्चे छठी कक्षा तक पढ़ते हैं, जिसके बाद वे एक मानक परीक्षा पास करते हैं, जो उन्हें अगली डिग्री के एक शैक्षिक संस्थान में स्थानांतरित करने की अनुमति देता है। परीक्षा परिणाम सामग्री की प्रस्तुति के प्रशिक्षण, विशेषज्ञता और गतिविधि की निरंतरता को निर्धारित करते हैं।

अगला स्तर

सिंगापुर में शिक्षा की अगली विशेषता चार साल का हाई स्कूल है। इस अवधि के बाद छात्रों को परीक्षा उत्तीर्ण करनी होती है। इसके परिणामों के अनुसार, सफल स्नातकों को एक प्रमाण-पत्र दिया जाता है, जो विश्वविद्यालय के अध्ययन का आधार है। यदि परिणाम औसत है तो एक दस्तावेज जारी किया जाएगा, जो छात्र को एक माध्यमिक विशेष शैक्षणिक संस्थान में आगे जाने की अनुमति देगा। कुछ परीक्षा परिणामों में अंतिम पेपर एक तकनीकी स्कूल के लिए पास करना

होगा। स्तर 'एच' प्राप्त ज्ञान के संतोषजनक स्तर को इंगित करता है, औसत एक 'ओ' दस्तावेज है और सबसे अच्छा 'ए' है।

उच्चतर अवस्था

सिंगापुर में उच्च शिक्षा ऐसी है, जो विदेशियों को सबसे अधिक आकर्षित करती है। स्थानीय निवासी, जो माध्यमिक शिक्षा के परिणामस्वरूप माध्यमिक शिक्षा का प्रमाण-पत्र प्राप्त करते हैं, उनके पास कुछ वर्षों तक अनजान रहने का अधिकार है, अतिरिक्त प्रशिक्षण प्राप्त करने और सूचना के ज्ञान के स्तर की पुष्टि करनेवाले एक परीक्षा को पास करने का अधिकार है। इस परीक्षा के परिणाम किसी उच्च संस्थान में प्रवेश के लिए आधार होंगे। जो लोग कई वर्षों तक खर्च नहीं करना चाहते हैं, वे तुरंत तकनीकी संस्थान में आवेदन कर सकते हैं। वे वहाँ कुछ वर्षों तक अध्ययन करते हैं, जिसके बाद उन्हें देश के भीतर वैध डिप्लोमा की पुष्टि होती है।

सिंगापुर के संस्थानों में स्नातक की डिग्री तीन साल तक रहती है, एक वर्ष के लिए वे जादूगर शिक्षा पढ़ते हैं। यह शिक्षा प्रणाली अंग्रेजी के बहुत करीब है। लेकिन लागत बहुत अलग है—वर्ष के लिए लगभग तीन हजार अमेरिकी डॉलर का भुगतान करना होगा, जबकि इंग्लैंड में कम-से-कम नौ हजार पाउंड स्टर्लिंग। हालाँकि सिंगापुर में कीमतें विशेषज्ञता और चुने हुए संस्थान पर निर्भर हैं।

चीन

चीन : शिक्षा व्यवस्था

चीन के एजुकेशन सिस्टम की अपनी एक प्रतिष्ठा है। इनकी पढ़ाई का तरीका बेस्ट तरीकों में शुमार किया जाता है। हालाँकि चीन के स्कूलों की पढ़ाई के तरीकों को चुनौतीपूर्ण भी बताया जाता है। कहा जाता है कि हर बच्चा इस माहौल में नहीं पनपता।

चीन में शिक्षा प्रणाली को चार स्टेप में शेयर किया है—बेसिक एजुकेशन, ऑक्यूपेशनल एजुकेशन, हायर एजुकेशन और एडल्ट एजुकेशन। बेसिक एजुकेशन में प्री-स्कूल की पढ़ाई, छह साल तक प्राइमरी स्कूल की पढ़ाई, तीन साल जूनियर सेकेंडरी स्कूलिंग और तीन साल सीनियर सेकेंडरी स्कूलिंग की पढ़ाई में लगते हैं।

चीन में 6 से 15 साल की उम्र के चीनी नागरिकों के लिए शिक्षा जरूरी और

मुफ्त है। हालाँकि माता-पिता किताबों और वरदी के लिए फीस देते हैं। यहाँ सभी बच्चों को प्राथमिक विद्यालय के तहत शिक्षा मिलती है। हर क्लास में औसतन 35 छात्र होते हैं।

जूनियर स्कूल के बाद माता-पिता को पब्लिक हाई स्कूल के लिए फीस देनी होती है। शहरों में ज्यादातर परिवार फीस का खर्च उठा सकते हैं, लेकिन चीन के ग्रामीण हिस्सों में बहुत से छात्रों की 15 साल की उम्र के बाद उनकी शिक्षा रुक जाती है।

चीनी छात्र हफ्ते में 5 से 6 दिन सुबह 7 बजे से शाम 4 बजे तक की क्लास अटैंड करते हैं। शनिवार के दिन बहुत से स्कूल सुबह में सिर्फ साइंस या मैथ्स की क्लास रखते हैं। यहाँ एक घंटे का लंच टाइम होता है। कुछ स्कूलों में बच्चों को बीच में सोने की इजाजत होती है।

चीन में प्री–स्कूल एजुकेशन की महत्ता पर दिनोदिन जोर दिया जा रहा है। शहरी क्षेत्रों में प्री–स्कूल एजुकेशन मुख्य रूप से किंडरगार्टन के जरिए दी जाती है। हाल के कुछ सालों में ग्रामीण क्षेत्रों में प्री–स्कूल एजुकेशन पर ध्यान केंद्रित किया गया है। खासकर उन पर, जो दूर–दराज के इलाकों में, गरीब या अल्पसंख्यक आबादी से हैं।

बेसिक एजुकेशन के अंदर आनेवाली सेकेंडरी एजुकेशन 12 से 17 साल के बीच के लोगों को दी जाती है। पब्लिक सेकेंडरी स्कूल अक्सर दो हिस्सों, जूनियर मिडिल स्कूल और सीनियर मिडिल स्कूल में बँटे होते हैं। हरेक का पाठ्यक्रम तीन साल लंबा होता है। जूनियर मिडिल स्कूल के बाद छात्र खुद तय करते हैं, उन्हें रेगुलर सेकेंडरी मिडिल स्कूल जाना है या वोकेशनल स्कूल या फिर सेकेंडरी प्रोफेशनल स्कूल।

सेकेंडरी स्कूल स्टूडेंट्स को हायर एजुकेशन के लिए तैयार करते हैं। हायर एजुकेशन की क्वालिटी स्टूडेंट्स के नंबरों के आधार पर मापी जाती है। इसी आधार पर उन्हें कॉलेज के लिए भेजा जाता है। सेकेंडरी स्कूल के छात्रों पर काफी दबाव होता है, क्योंकि उन पर नियमित गृह–कार्य के अलावा भी काफी भार होता है।

सेकेंडरी स्कूल वाले स्टूडेंट्स पर अपनी पढ़ाई के साथ–साथ Gaokao के लिए तैयार करना होता है। 'Gaokao' वहाँ की नेशनल हायर एजुकेशन के लिए प्रवेश परीक्षा है। इसी परीक्षा के अंकों के आधार पर छात्रों की भर्ती हायर एजुकेशन के संस्थानों में होती है।

Gaokao प्रवेश परीक्षा नौ घंटे की होती है। पहली बार में केवल 40 प्रतिशत छात्र ही पास कर पाते हैं। इस परीक्षा में छात्रों के कौशल का मापदंड चीनी भाषा का ज्ञान, गणित, एक विदेशी भाषा और कई वैकल्पिक विषय का आधार होता है। इसी टेस्ट के आधार पर उन्हें यूनिवर्सिटी में दाखिला मिलता है।

Gaokao प्रवेश परीक्षा में बेहतर अंक लाकर, जिन छात्रों को चाईनीज यूनिवर्सिटी में दाखिला मिलता है, वे बाद में नौकरी पाकर संपन्न जीविका कमाते हैं।

चीन की शिक्षा व्यवस्था की विशेषताएँ

दुनिया की तकरीबन 20 प्रतिशत जनसंख्या चीन में रहती है। इतनी बड़ी जनसंख्या के कारण वहाँ सभी क्षेत्रों में विविधता दिखाई देती है। कुछ समय पूर्व

तक शिक्षा क्षेत्र भी इससे अछूता नहीं था, लेकिन इधर एक-दो दशक से इस क्षेत्र में चलाए गए विभिन्न कार्यक्रमों ने इस असमानता को दूर कर दिया है। अब चीन एजुकेशन सेक्टर (Education Sector) में निरंतर नई ऊँचाइयों को छूता चला जा रहा है।

शीर्ष देशों में शामिल

एक अनुमान के अनुसार चीन में विदेशी विद्यार्थियों की संख्या तकरीबन 20 प्रतिशत सालाना की दर से बढ़ रही है। विदेशी विद्यार्थियों की संख्या के आधार पर चीन शीर्ष 10 देशों में शामिल है। वहाँ अधिकतर विदेशी विद्यार्थी एशियाई देशों के ही हैं। कोरियाई देशों के छात्रों की संख्या बहुत अधिक है।

चीन की उच्च शिक्षा प्रणाली (Higher Education System) से आकर्षित होकर विश्व के अधिकांश देशों से छात्र यहाँ आ रहे हैं। इस समय तकरीबन तीन से चार लाख विदेशी विद्यार्थी वहाँ भाषा, मेडिकल, मैनेजमेंट आदि क्षेत्रों में शिक्षा हासिल कर रहे हैं। इंजीनियरिंग की विभिन्न शाखाओं में अध्ययन करनेवाले विदेशी छात्रों की संख्या भी बहुत अधिक है।

चीन ने अपनी शिक्षा प्रणाली में दो-तीन दशकों में किए बदलावों से अपनी संपूर्ण शिक्षा व्यवस्था (Education System) को बदल दिया है। यह बदलाव उच्च शिक्षा को ध्यान में रखकर किए गए हैं। उच्च शिक्षण संस्थानों की संख्या वृद्धि और उनकी गुणवत्ता में भी सुधार किया गया है।

तकनीकी शिक्षा

चीन में शुरू से तकनीकी शिक्षा (Technical Education) पर खास जोर दिया जाता रहा है। अधिकतर विश्वविद्यालयों में विभिन्न क्षेत्रों से संबंधित शोध-कार्य किए जा रहे हैं। इन कार्यक्रमों में चीन की सरकार का पूरा सहयोग रहता है।

टीचिंग फैकल्टी

चीन में पहले अंतर्राष्ट्रीय स्तर के अध्यापकों की कमी थी। इस कमी को दूर करने के लिए विश्वविद्यालयों में बेहतर शिक्षकों की नियुक्ति की गई। इसके सकारात्मक परिणाम आज सामने हैं। आज चीन के अधिकांश उच्च शिक्षण संस्थानों (Higher Education Institutions) में विश्वस्तरीय टीचिंग

फैकल्टी मौजूद हैं।

चीन के कई विश्वविद्यालय एशिया के शीर्ष विश्वविद्यालयों की सूची में शामिल हैं। वहाँ 2,000 से भी अधिक विश्वविद्यालय एवं कॉलेज हैं।

भाषा ज्ञान

चीन के शिक्षण संस्थानों की प्रमुख भाषा मंदारिन (चीनी) है। चीनी भाषा ज्ञान के विभिन्न कोर्स आमतौर पर एक से दो वर्ष की अवधि के हैं। विदेशी विद्यार्थियों को ध्यान में रखकर अब वहाँ कई कोर्स अंग्रेजी भाषा में उपलब्ध कराए जा रहे हैं।

व्यक्तित्व विकास

छात्रों का व्यक्तित्व विकास चीन की शिक्षा प्रणाली की विशेषता है। वहाँ मान्यता है कि सेल्फ इंप्रूवमेंट के बिना कुछ भी संभव नहीं है। वहाँ इस तरह के कई कार्यक्रमों का आयोजन किया जाता है, जो छात्रों की अंदरूनी प्रतिभाओं को उभारकर सामने लाने का काम करते हैं।

उच्च शिक्षा प्रणाली को गुणवत्तापूर्ण बनाने के लिए चीन ने कई देशों के साथ शिक्षा संबंधित विभिन्न तरह के समझौते किए हैं। इन देशों की सूची में फ्रांस, ब्रिटेन, अमेरिका, रूस आदि भी शामिल हैं। विश्व में कीमत के आधार पर चीन की गुणवत्तापूर्ण शिक्षा को श्रेष्ठ माना जाता है। यहाँ ट्यूशन फीस और रहने–खाने का खर्च मुनासिब ही है। रहने का खर्च इस बात पर निर्भर करता है कि आप किस स्थान पर निवास कर रहे हैं।

इजराइल

इजराइल : शिक्षा व्यवस्था

इजराइल में हर उम्र के लोग यानी प्राइमरी स्कूल के छात्रों से लेकर वरिष्ठ नागरिक तक सरकार के विविध शैक्षणिक कार्यक्रमों का फायदा उठा रहे हैं। 5 से 16 साल की उम्र तक स्कूल में उपस्थिति अनिवार्य है और यहाँ 18 की उम्र तक पढ़ाई मुफ्त है। 3 से 4 साल तक के बच्चे प्री–स्कूल कार्यक्रम में शामिल होते हैं, जोकि न तो अनिवार्य है और न ही मुफ्त।

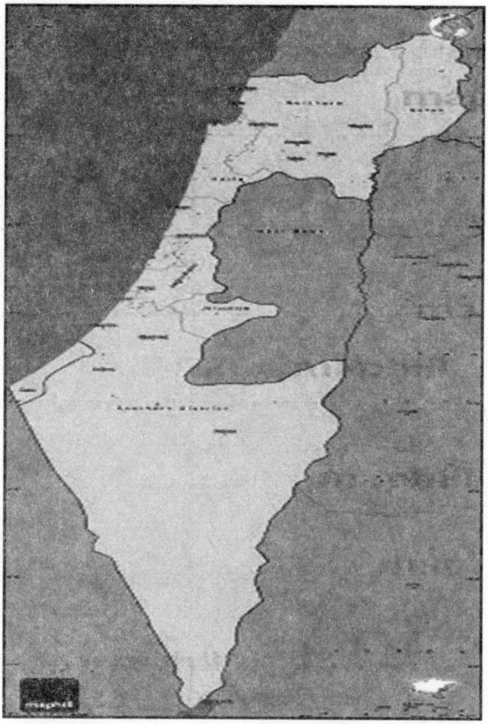

स्कूल प्रणाली नए अप्रवासियों को एकीकृत करने और उन्हें मुख्य धारा से जोड़ने की जरूरत पर आधारित है। इसका उद्देश्य विभिन्न समुदायों और सांस्कृतिक पृष्ठभूमि के बच्चों को शिक्षा उपलब्ध कराना है, जिसमें यहूदी, अरब और ड्रूज के साथ-साथ धार्मिक और धर्मनिरपेक्ष लोगों के बच्चे भी शामिल हैं। इसके तहत स्कूलों को कई वर्गों में बाँटा गया है। स्टेट स्कूलों में बहुसंख्यक शामिल होते हैं। स्टेट धार्मिक स्कूल में यहूदी अध्ययन, परंपरा और रीति-रिवाज पर जोर दिया जाता है। अरब और ड्रूज स्कूल में अरबी में पढ़ाई होती है, जिसमें कि अरब और ड्रूज के इतिहास, परंपरा और संस्कृति पर अधिक फोकस किया जाता है। निजी स्कूल विभिन्न धार्मिक और अंतर्राष्ट्रीय तत्त्वावधान में संचालित हो रहे हैं।

हाई स्कूल स्तर पर छात्रों को शैक्षणिक, तकनीकी, कृषि या सैन्य प्रशिक्षण में से किसी एक का चुनाव करना होता है। विशेष शिक्षा प्राप्त करने के इच्छुक लोग अपनी क्षमता के अनुसार अपनी आवश्यताओं को पूरा कर सकते हैं। शारीरिक और मानसिक रूप से अक्षम लोग नियमित शैक्षणिक प्रणाली के तहत अतिरिक्त सहायता और अलग सुविधा प्राप्त कर सकते हैं।

विभिन्न तरह के स्कूलों की जरूरतों को पूरा करने के लिए अलग-अलग विषयों में विभिन्न कार्यक्रम और शैक्षणिक संसाधन उपलब्ध हैं। प्रत्येक साल राष्ट्रीय महत्त्व पर एक विशेष विषय-वस्तु तैयार की जाती है, जिसे गहराई से पढ़ाया जाता है। इसका उद्देश्य छात्रों की समझ को विकसित करने के अलावा

लोकतंत्र, पर्यावरण संरक्षण, हिब्रू भाषा और शांति के मूल्यों को छात्रों तक पहुँचाना है। शिक्षा मंत्रालय भी आधुनिक शिक्षा विज्ञान संबंधित प्रणालियों के साथ सामंजस्य बैठाकर शैक्षणिक स्तर को ऊपर लाने की चल रही प्रक्रिया में व्यस्त है। आधुनिक प्रणालियों में लैंगिक समानता की अनिवार्यता, शिक्षकों के स्तर में विकास, मानवीय पाठ्यक्रम को विस्तृत बनाना और विज्ञान व तकनीकी आधारित पढ़ाई को बढ़ावा देना शामिल है। शैक्षणिक नीति का एक महत्त्वपूर्ण पहलू सभी बच्चों को शिक्षा का समान अवसर प्रदान करना और मैट्रिकुलेशन एग्जामिनेशन को पास करनेवालों की संख्या में बढ़ोतरी करना है।

इसके अलावा हायर एजुकेशन देश के विकास में अहम भूमिका निभाता है। शैक्षणिक सत्र 2009–10 में 2,80,000 छात्रों ने इजराइल में उच्च शिक्षा हासिल करने के लिए आवेदन किया था। इनमें से करीब 38 फीसदी ने विभिन्न विश्वविद्यालयों को चुना, करीब 41 फीसदी ने विभिन्न कॉलेजों में पढ़ाई की और 21 फीसदी ने ओपन यूनिवर्सिटी के माध्यम से विभिन्न पाठ्यक्रमों में भाग लिया। शैक्षणिक कार्यक्रमों की एक विस्तृत शृंखला में इजराइल के 8 विश्वविद्यालयों में विज्ञान से लेकर मानव विज्ञान तक की पढ़ाई उपलब्ध है। इनमें बैचलर डिग्री से लेकर पोस्ट–डॉक्टरेट लेवल तक की डिग्री प्रदान की जाती है। वहीं कॉलेजों में शैक्षणिक पाठ्यक्रमों के साथ प्राथमिक विद्यालय में शिक्षण, संगीत, कला, फैशन डिजाइनिंग और फिजिकल एजुकेशन में विशेष प्रशिक्षण की व्यवस्था है। इनके अतिरिक्त, देश के कई अग्रणी शिक्षण संस्थाओं में व्यावसायिक डिप्लोमा के कोर्स भी उपलब्ध हैं।

इजराइल में शिक्षा प्रणाली इस प्रकार है—

इजराइल की शिक्षा प्रणाली कुछ प्राथमिक शिक्षा स्कूलों का दावा करती है, उन्हें धार्मिक प्राथमिकताओं के अनुसार अलग किया जाता है। अरब संस्कृति पर ध्यान केंद्रित करते हुए हिब्रू और अरब स्कूलों में अरबी भाषा में शिक्षा प्रदान करने पर अधिक जोर देने के साथ धर्मनिरपेक्ष स्कूल, रूढ़िवादी स्कूल हैं।

1. एक राष्ट्रीय पाठ्यक्रम है

पूरे देश में शिक्षा के एक विनियमित मानक को बनाए रखने के लिए शिक्षा मंत्रालय ने छात्रों के लाभ के लिए एक राष्ट्रीय पाठ्यक्रम लागू किया है, जिसका देश भर में स्कूलों द्वारा पालन किया जाता है।

2. स्कूल सप्ताह रविवार से शुरू होता है

इजराइल में स्कूल का सप्ताह सोमवार के बजाय रविवार से शुरू होता है, जो शुक्रवार और शनिवार को अवकाश मनाता है।

3. स्कूल ज्यादातर सरकारी वित्तपोषित होते हैं

प्रगतिशील लोगों सहित अधिकांश स्कूलों को सरकार द्वारा वित्तपोषित किया जाता है, जो देश की शिक्षा को एक किफायती तरीके से अपनी आबादी तक पहुँचाने में मदद करता है। यह पूरे देश की शिक्षा के स्तर को बढ़ाने में सहायक है।

4. प्रति व्यक्ति विश्वविद्यालय की उच्चतम संख्या

यह देश पूरी दुनिया में प्रति व्यक्ति विश्वविद्यालय की सबसे अधिक डिग्री का दावा करता है, जो इजराइल को सबसे शिक्षित देशों में से एक बनाता है, जो सबसे लोकप्रिय लोगों में से एक है, जो सबसे ज्यादा सोचता है!

5. वंचितों के लिए बोर्डिंग स्कूल

दुनिया के अधिकांश बोर्डिंग स्कूलों के विपरीत अभिजात वर्ग के विशेषाधिकार प्राप्त छात्रों के लिए नहीं हैं, बल्कि ये उन छात्रों को समायोजित करते हैं, जो नियमित शिक्षा का खर्च नहीं उठा सकते। यह सुनिश्चित करने के लिए है कि इन बच्चों को जीवन का कम-से-कम एक बुनियादी सभ्य स्तर प्राप्त हो।

6. शिक्षकों को उनके पहले नाम से बुलाया जाता है

हालाँकि यह कुछ संस्कृतियों के लिए अपमानजनक लग सकता है, इजराइल के संस्थानों में शिक्षकों और छात्रों के बीच अनौपचारिकता की एक मधुर भावना है, इसलिए वे अपने शिक्षकों को उनके पहले नाम से बुलाते हैं।

7. शिक्षा परीक्षा पर केंद्रित नहीं है

दुनिया के अधिकांश हिस्सों में प्रचलित शिक्षा प्रणाली के विपरीत, जब मानक परीक्षा की बात आती है तो इजराइल की शिक्षा काफी उदार है। वे पूरे वर्ष में निरंतर परीक्षणों के बजाय केवल एक अंतिम परीक्षा देते हैं, जो बच्चों को एक आरामदायक पाठ्यक्रम प्रदान कती है।

8. स्कूल में हथियार प्रशिक्षण आम है

यह दुनिया के अधिकांश हिस्सों को झकझोर सकता है, लेकिन स्कूल में अधिकांश विद्यार्थियों को आग्नेयास्त्रों के उपयोग का प्रशिक्षण दिया जाता है। स्कूल में यह एक आम बात है, क्योंकि ज्यादातर स्कूल के बाद वे अपनी शिक्षा को फिर से शुरू करने से पहले सैन्य प्रशिक्षण में जाते हैं।

9. छात्र अक्सर सेना में सेवा करते हैं

हालाँकि यह बोस्टन विश्वविद्यालय में या लंदन स्कूल ऑफ इकोनॉमिक्स में एक छात्र के लिए अविश्वसनीय प्रतीत हो सकता है। इजराइल में अधिकांश स्कूलों के छात्र स्कूल और कॉलेज के बीच कुछ वर्षों के लिए सैन्य सेवा के लिए साइनअप करते हैं।

10. शिक्षुता शिक्षा के रूप में गिना जाता है

डिग्री के लिए एक पारंपरिक शिक्षा का चयन करने के बजाय छात्र उद्योग, व्यापार और श्रम मंत्रालय द्वारा पेश किए जानेवाले कुछ बेहतरीन प्रशिक्षुता कार्यक्रमों का भी विकल्प चुन सकते हैं, जो उन्हें रोजगार प्राप्त करने में मदद कर सकते हैं।

इजराइल की शिक्षा में कुछ आकर्षक विशेषताएँ हैं, जो इसे दुनिया से इतना अनूठा और अलग बनाती हैं तथा देश को शैक्षिक रूप से उन्नत बनाने में भी योगदान देती हैं।

जर्मनी

जर्मनी : शिक्षा व्यवस्था

जर्मनी में स्कूली शिक्षा अनिवार्य है। बच्चों को नौ साल स्कूल जाना होता है। कई जर्मन राज्यों में उन बच्चों के लिए भी यह अनिवार्य है, जिनके निवास की स्थिति स्पष्ट नहीं है। स्कूली सत्र अलग–अलग राज्यों में अगस्त या सितंबर के महीने में आरंभ होकर जून या जुलाई तक चलता है। आमतौर पर बच्चे सरकारी स्कूलों में जाते हैं, यहाँ पर कोई फीस नहीं ली जाती। पठन–पाठन सामग्री, फोटो कॉपी व स्कूली–भ्रमण के लिए बहुत मामूली सी फीस ली जाती है। अगर किसी बच्चे को

किसी विशेष प्रकार की जर्मन सहायता की जरूरत होती है तो वह सीधे स्कूल से संपर्क करता है।

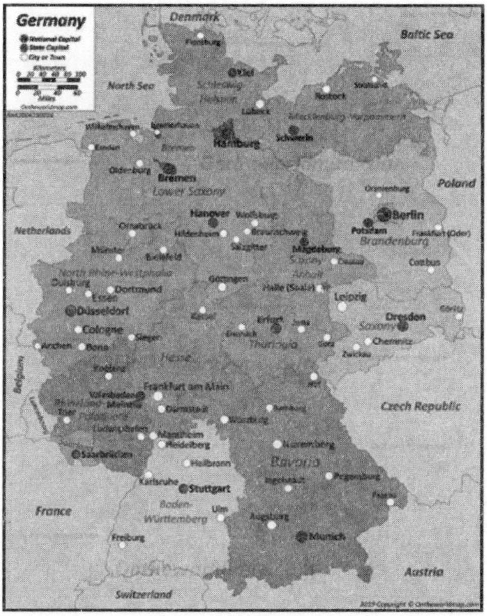

स्कूलों के प्रकार

जर्मनी में विभिन्न प्रकार के स्कूल हैं। जर्मन संघीय राज्यों की स्कूल प्रणाली असमान है। 6 या 7 वर्ष की आयु के सभी बच्चे प्राथमिक विद्यालय या प्राइमरी स्कूल में जाते हैं। चौथी कक्षा के बाद (कुछ संघीय राज्यों में छठीं कक्षा के बाद भी) बच्चे एक माध्यमिक विद्यालय में जाते हैं। जर्मनी में बहुत अलग-अलग प्रकार के माध्यमिक विद्यालय हैं। प्राथमिक स्कूल अक्सर चौथी कक्षा में सलाह देता है कि बच्चे को किस स्कूल में जाना चाहिए। उच्च विद्यालय या माध्यमिक विद्यालय (पाँचवीं-दसवीं कक्षा) यहाँ कोई उच्च विद्यालय स्नातक या एक उच्च विद्यालय क्वालीफाइंग स्नातक प्राप्त कर सकता है। यहाँ व्यावहारिक विषय जैसे कारीगरी या तकनीकी ड्राइंग होते हैं। रियालशूले (पाँचवीं-दसवीं कक्षा) अपेक्षाकृत एक उच्चतर विद्यालय है। यहाँ उच्च विद्यालय डिप्लोमा मिलता है। उच्च विद्यालय या रियालशूले के बाद एक व्यवसाय सीखा जा सकता है। फिर गिमनाजिउम (बारहवीं कक्षा तक) आता है। यहाँ आबीटूअर परीक्षा (स्कूल की अंतिम परीक्षा, जिसके आधार पर विश्वविद्यालय में प्रवेश प्राप्त किया जा सकता है) दी जा सकती है और फिर एक विश्वविद्यालय में अध्ययन किया जा सकता है। गिमनाजिउम में अक्सर अंग्रेजी और फ्रेंच जैसी 2-3 विदेशी भाषाएँ सीखी जा सकती हैं।

कुछ संघीय राज्यों में गेजाम्टशूले (व्यापक विद्यालय) हैं। यहाँ हाउप्टशूले, रियालशूले और गिमनाजिउम एक ही छत के नीचे होते हैं। यदि कोई बच्चा स्कूल बदलना चाहता है, उदाहरण के लिए हाउप्टशूले से रियालशूले, तो यह यहाँ आसान

है। जहाँ ये स्कूल एक ही छत के नीचे न होकर अलग-अलग होते हैं, वहाँ स्कूलों की अदला-बदली करना इतना आसान नहीं होता है। प्रत्येक संघीय राज्य में द्विभाषी विद्यालय, स्पेशल स्कूल, तकनीकी स्कूल और व्यावसायिक माध्यमिक विद्यालय भी होते हैं।

स्कूल का नियत समय

ज्यादातर स्कूलों में दोपहर तक या दोपहर बाद (2:00 या 3:00 बजे तक) कक्षाएँ समाप्त हो जाती हैं। उसके बाद बच्चे शिशुसदन में जा सकते हैं। वहाँ वे दोपहर के बाद का समय बिताते हैं। उन्हें भोजन मिलता है और होमवर्क करने में मदद मिलती है, लेकिन शिशुसदन की फीस का भुगतान अभिभावक को ही करना होता है। संपूर्ण दिवसीय विद्यालयों की आबादी भी लगातार बढ़ती जा रही है। इस स्कूल में बच्चे पूरा दिन आमतौर पर शाम 4 या 5 बजे तक रहते हैं।

स्कूल विषय

बच्चे स्कूल में कई विषयों के बारे में सीखते हैं। इसमें खेल-कूद का विषय (शारीरिक शिक्षा) भी शामिल है। प्राथमिक विद्यालय में लड़कियों और लड़कों के लिए कोई अलग खेल सत्र नहीं है, वे एक साथ खेलते हैं। अन्य विद्यालयों में खेल सत्र कभी-कभी एक साथ होते हैं, तो कभी अलग-अलग। अक्सर तैराकी का सबक भी होता है।

ज्यादातर स्कूलों में ईसाई धार्मिक शिक्षा होती है, लेकिन धार्मिक शिक्षा जरूरी नहीं है। विकल्प के रूप में नैतिक शिक्षा दी जाती है और कुछ स्कूलों में अन्य धर्मों (उदाहरण के लिए, इस्लाम या यहूदी धर्म) में शिक्षा दी जाती है।

यदि किसी बच्चे को किसी विषय-विशेष में कठिनाई है तो वह वैयक्तिक अध्यापन (ट्यूशन) या किसी वैयक्तिक शिक्षण-केंद्र (कोचिंग) की सहायता ले सकता है। वैयक्तिक शिक्षण-केंद्र में कम खर्च आता है।

एक्स्ट्रा करिक्यूलर ऐक्टिविटीज (पाठ्येतर गतिविधियाँ)

छात्र आमतौर पर साल में एक बार स्कूल पर्यटन पर जाते हैं। यह ज्यादातर तीन से पाँच दिनों के लिए होता है। एक कक्षा के सभी छात्र साथ में दूसरे शहर या जगह जाते हैं। बच्चे लंबी पैदल यात्रा (हाइक ट्रैक) के लिए भी जाते हैं। वे एक साथ भ्रमण करते हैं। इस तरह वे इतिहास, संस्कृति और प्रकृति के बारे में

कुछ सीखते हैं। स्कूल विभिन्न त्योहारों और समारोहों का जश्न भी मनाते हैं। ऐसे अवसरों पर विद्यार्थियों द्वारा विभिन्न प्रदर्शन; उदाहरण के तौर पर नाटक या संगीत कार्यक्रम प्रस्तुत किए जाते हैं।

माता-पिता

प्रत्येक स्कूल का एक अभिभावक प्रतिनिधित्व करता है। ये वह माता-पिता हैं, जो स्कूल के साथ मिलकर काम करते हैं। साल में कई बार माता-पिता तथा शिक्षकों की भेंट के लिए एक अभिभावक संध्या निश्चित की जाती है। यहाँ माता-पिता को शिक्षकों से महत्त्वपूर्ण जानकारी मिलती है और वे एक-दूसरे से परिचित हो सकते हैं। एक विशेष शिक्षक के साथ बैठक की व्यवस्था की जा सकती है और उन्हें अलग से मिला जा सकता है, जिसे 'अभिभावक-शिक्षक बैठक' कहते हैं। यहाँ स्कूल में समस्याओं के बारे में बात की जाती है और बच्चे की प्रगति के बारे में जानकारी प्राप्त की जाती है।

देश में 300 से अधिक उच्च शिक्षा संस्थान हैं। उन्हें प्रकारों में विभाजित किया गया है—उच्च शिक्षा का आधार विश्वविद्यालय या उनके समकक्ष विश्वविद्यालय। यह शास्त्रीय विश्वविद्यालय (मानविकी और प्राकृतिक विज्ञान, धर्मशास्त्र चिकित्सा, आदि के संकाय), तकनीकी विश्वविद्यालय, सामान्य विश्वविद्यालय, शैक्षणिक संस्थान हैं। गैर-विश्वविद्यालय प्रकार के उच्च शिक्षा संस्थानों में संगीत महाविद्यालय और कला महाविद्यालय, साथ ही विशेष पेशेवर उच्च विद्यालय शामिल हैं। इसके अलावा उच्च शिक्षण, संस्थानों में मेडिकल, एक्लेशियल, दार्शनिक और धार्मिक कॉलेज, स्पोर्ट्ज कॉलेज शामिल हैं।

□

नए भारत की नींव : राष्ट्रीय शिक्षा नीति-2020

शिक्षा नीति किसी भी राष्ट्र की मूलभूत आवश्यकता होती है, जिसमें अतीत का विश्लेषण, वर्तमान की आवश्यकता तथा भविष्य की संभावनाएँ निहित होती हैं। शिक्षा नीति की दृष्टि से विडंबना यह रही है कि 1968 में पहली और 1986 में दूसरी शिक्षा नीति के बाद सरकारों के द्वारा शिक्षा का क्षेत्र अपेक्षित छोड़ दिया गया। 'कोठारी आयोग' की सिफारिशों के आधार पर भारत सरकार द्वारा 1968 में घोषित राष्ट्रीय शिक्षा नीति आधुनिकीकरण पर केंद्रित कही जाती है, जिसमें देश में शिक्षा के विकास के लिए व्यापक ढाँचा शिक्षा के आधुनिकीकरण और बुनियादी सुविधाएँ उपलब्ध कराने पर जोर देने की बात कही गई थी तथा 6 से 14 वर्ष की आयु के सभी बच्चों को अनिवार्य शिक्षा, शिक्षकों के बेहतर क्षमता-वर्धन के लिए उचित प्रशिक्षण और मातृभाषा के शिक्षण पर विशेष जोर दिया गया था, किंतु 1990 के दौर में भूमंडलीकरण की प्रक्रिया ने व्यक्ति, समाज तथा राष्ट्र की आवश्यकता में आमूल-चूल परिवर्तन किए, जिन्हें पूरा करने में शिक्षा नीति-1986 सक्षम नहीं रही। निरक्षरता की दर निरंतर बढ़ती रही। ग्रामीण क्षेत्र उपेक्षित ही रहे, विद्यालय तथा महाविद्यालय के ढाँचागत एवं अध्ययन-अध्यापन से जुड़ी तमाम परेशानियाँ अभी तक देखी जा सकती हैं।

1992 में इसी नीति को संशोधित किया गया, जिसमें सबके लिए प्राथमिक शिक्षा का लक्ष्य प्राप्त करने के लिए पाँच प्रमुख क्षेत्रों की पहचान की गई, ताकि समुदाय की आवश्यकताओं के अनुरूप शिक्षा को बनाया जा सके।

राष्ट्रीय शिक्षा नीति में प्रशासन में व्यापक बदलाव की बात कही गई है। इसके तहत मानव संसाधन विकास मंत्रालय को 'शिक्षा मंत्रालय' नाम कर दिया गया।

मानव के सर्वांगीण विकास का मूल शिक्षा है। एक न्यायसंगत और समावेशी समाज के निर्माण और राष्ट्र के विकास के लिए भी शिक्षा आवश्यक है, इसी को ध्यान रखते हुए राष्ट्रीय शिक्षा नीति-2020 में बालिकाओं और महिलाओं की शिक्षा में भागीदारी बढ़ाने के लिए कुछ प्रावधान किए गए हैं, जिसमें जेंडर समावेशी कोष की स्थापना एक नया और क्रांतिकारी कदम है, लेकिन यह प्रावधान के स्त्रियों के लिए तय किए गए सामाजिक मापदंडों और घरेलू कार्यों के बोझ से मुक्त करवाकर क्या उन्हें विद्या के मंदिर तक ले जा पाएँगे?

इसमें कोई संदेह नहीं कि राष्ट्रीय शिक्षा नीति ने पूरी ईमानदारी से उन समस्याओं और बाधाओं को पहचाना है, जो लड़कियों की शिक्षा के रास्ते में आती हैं। यह सकारात्मक संकेत है कि राष्ट्रीय शिक्षा नीति के नीतिगत प्रावधान महिलाओं की शिक्षा में भागीदारी को बढ़ाने के लिए प्रतिबद्ध है। शिक्षा नीति की प्रस्तावना में ही भारत की विदुषी नारियों गार्गी, मैत्रेयी का उल्लेख प्राचीन काल में शिक्षा के क्षेत्र में नारियों की सशक्त उपस्थिति को तो दरशाता ही है, साथ ही भविष्य में उनकी बढ़ती हुई सहभागिता की ओर सुखद संकेत देता है।

राष्ट्रीय शिक्षा नीति-2020 के सभी स्तरों, प्री-स्कूल से लेकर माध्यमिक और उच्च शिक्षा तक सामाजिक और आर्थिक दृष्टि से वंचित समूहों की एक समान सहभागिता सुनिश्चित करने पर जोर देती है।

राष्ट्रीय शिक्षा नीति में यह अनुभव किया गया है कि सामाजिक एवं आर्थिक रूप से पिछड़े हुए जो भी समूह हैं, उन सभी में आधी संख्या महिलाओं की है, इसलिए एस.ई.डी.जी. वर्ग के लिए जो भी योजनाएँ और नीतियाँ राष्ट्रीय शिक्षा नीति में प्रस्तावित की गई हैं, उनमें विशेष रूप से इन समूहों की महिलाओं की गुणवत्तापूर्ण शिक्षा पर विशेष ध्यान दिया गया है। बालिकाओं व महिलाओं की शिक्षा के रास्ते में आनेवाली बाधाओं और समस्याओं पर नई शिक्षा नीति में विचार किया गया है और उनको दूर करने के लिए अनेक उपाय भी किए गए हैं। सबसे पहले तो बालिकाओं की शिक्षा में भागीदारी बढ़ाने के लिए जेंडर समावेशी फंड की व्यवस्था की गई है। यह 'जेंडर समावेशी कोष' राज्यों के लिए उपलब्ध करवाया जाएगा, जिससे उनको ऐसी नीतियों, योजनाओं, कार्यक्रमों आदि को लागू करने में सहायता मिलेगी, जिससे महिलाओं को विद्यालय परिसर में अधिक सुरक्षापूर्ण और स्वस्थ वातावरण मिल सके, जैसे—संस्थाओं में महिलाओं के लिए शौचालय स्थापित करना व स्वच्छता और सैनिटेशन संबंधित अन्य सुविधाएँ प्रदान करना।

स्कूल आने–जाने के लिए साइकिल देना, फीस इत्यादि न भर पाने की स्थिति में उनके अभिभावकों को सशर्त नगद हस्तांतरण करना, ताकि गरीबी के कारण उन्हें स्कूल छोड़ने पर मजबूर न होना पड़े। राष्ट्रीय शिक्षा नीति में यह भी कहा गया है कि सामाजिक और आर्थिक रूप से वंचित समूहों में छात्रों के लिए मुक्त छात्रावासों का निर्माण किया जाएगा, जिनमें बालिकाओं की सुरक्षा का पूरा ध्यान रखा जाएगा।

कस्तूरबा गांधी बालिका विद्यालयों, जोकि बालिका शिक्षा के लिए भारत सरकार की पहले से ही एक योजना है, उनका और अधिक विस्तार किया जाएगा। निश्चित रूप से ग्रामीण अंचलों, पहाड़ी और दुर्गम क्षेत्रों, दूर–दराज के इलाकों में, जहाँ विद्यालयों की कमी है, विशेष तौर पर बालिका विद्यालयों/महाविद्यालयों और छात्रावासों की, वहाँ इस योजना के अच्छे परिणाम सामने आएँगे और बालिकाओं का नामांकन बढ़ेगा। इसके अलावा यदि विद्यालय सहशिक्षा वाले हैं तो उनमें बालिकाओं के लिए अलग टॉयलेट और बुनियादी सुविधाओं का होना भी उनकी सुरक्षा को बढ़ाता है तथा उनके नामांकन पर असर डालता है।

राष्ट्रीय शिक्षा नीति में एक एकेडमी क्रेडिट बैंक (ए.बी.सी.) की भी स्थापना का प्रस्ताव है, जो अलग–अलग मान्यता प्राप्त संस्थानों से प्राप्त क्रेडिट को एकत्र करेगा और विद्यार्थी उस क्रेडिट का उपयोग करके किसी भी उच्चतर शिक्षा संस्थान से डिग्री प्राप्त कर सकेंगे। वैसे यह व्यवस्था सभी विद्यार्थियों के लिए की गई है, न केवल एस.ई.डी.जी. वर्ग के लिए या महिलाओं के लिए। लेकिन महिलाओं को इसका सर्वाधिक लाभ होगा, क्योंकि विवाह, पारिवारिक आदि कारणों से उनकी गतिशीलता बहुत अधिक रहती है। इनके अतिरिक्त उच्चतर शिक्षा में आगमन और निकास के अनेक विकल्पों वाला प्रावधान भी महिलाओं के लिए उपयोगी है, जिससे उन्हें विभिन्न स्तरों पर सर्टिफिकेट, डिप्लोमा और डिग्री के अनेक विकल्प उपलब्ध हो जाएँगे। अनेक व्यक्तिगत और पारिवारिक कारण, जो उच्च शिक्षा और शोध के क्षेत्र में महिलाओं की भागीदारी को कम कर देते हैं, उनको दूर करने की दिशा में बदलाव मील का पत्थर साबित हो सकते हैं।

शिक्षा नीति–2020 में प्रस्तावित अधिक छात्रवृत्तियाँ, महिला छात्रावासों का विस्तार, अलग से जेंडर समावेशी फंड, क्रेडिट ट्रांसफर, अधिक सुरक्षित स्कूल/विश्वविद्यालय परिसर आदि अनेक प्रयास मिलकर बालिकाओं और महिलाओं को एक बड़ी संख्या में विद्यालयों तक लाने में कामयाब हो पाएँगे। इस प्रकार महिलाओं की शिक्षा में भागीदारी को बढ़ाने हेतु राष्ट्रीय शिक्षा नीति के बहुत विस्तृत

आयाम हैं। शिक्षा के सभी स्तरों में लिंग संतुलन, सामाजिक-आर्थिक रूप से वंचित समूह की महिलाओं की गुणवत्तापरक शिक्षा, शिक्षण परिसरों में महिलाओं की सुरक्षा आदि के प्रति यह नीति जागरूक और संवेदनशील है।

वास्तव में यह शिक्षा के क्षेत्र में बहुप्रतीक्षित सुधार है, जिससे लाखों लोगों का जीवन बदल जाएगा। 'एक भारत-श्रेष्ठ भारत' पहल के तहत संस्कृति समेत भारतीय भाषाओं को बढ़ावा दिया जाएगा। इतना ही नहीं, केंद्र व राज्य सरकारों के सहयोग से शिक्षा क्षेत्र पर जी.डी.पी. के 6 फीसदी हिस्से के बराबर निवेश का लक्ष्य रखा गया है। तकनीकी शिक्षा, भाषा की बाध्यताओं को दूर करना, वर्तमान की रटंत विद्या एवं बोझिल होती जा रही शिक्षा के स्थान पर रचनात्मक सोच, तार्किक निर्णय और नवाचार की भावना की प्रोत्साहन पर बल दिया जाएगा।

अध्ययन अध्यापन की प्रक्रिया में भाषा का विशेष महत्त्व होता है। वर्तमान शिक्षा व्यवस्था अंग्रेजों के वर्चस्व को बढ़ावा देती है, जिससे बालक के व्यक्तित्व का विकास बाधित होता है और उसके सीखने की गति भी धीमी रहती है। मनोविज्ञान के अनुसार बालक अपनी मातृभाषा अथवा क्षेत्रीय भाषा में सरलता एवं शीघ्रता से सीखता है। इसी बात को ध्यान में रखते हुए राष्ट्रीय शिक्षा नीति में भाषायी विविधता को बढ़ावा और संरक्षण देने की बात कही गई है। कक्षा 5 तक मातृभाषा अथवा स्थानीय भाषा अथवा क्षेत्रीय भाषा को अध्यापन के माध्यम के रूप में अपनाने पर बल है। मातृभाषा में अध्ययन की प्रक्रिया कक्षा 8 और आगे की शिक्षा के लिए भी प्रयोग किया जा सकता है। भूमंडलीकरण की प्रक्रिया आज जोरों पर है। विभिन्न तकनीकी संसाधनों के विकास के चलते ज्ञान-विज्ञान के क्षेत्र में भी बाधाएँ टूट रही हैं। भारतवर्ष में दिव्यांग छात्रों की भी एक बड़ी संख्या है। उनकी आवश्यकताओं के लिए राष्ट्रीय शिक्षा नीति शिक्षण-सामग्री और आधारभूत ढाँचा तैयार करने पर बल देती है। शिक्षा व्यवस्था के चार प्रमुख आयाम—विद्यार्थी, अध्यापक, पाठ्यक्रम और ढाँचागत सुविधाएँ; इन चारों को ध्यान में रखते हुए नई शिक्षा व्यवस्था व्यापक संभावनाओं के साथ दिखाई देती है। प्रारंभिक शिक्षा में 3 से 8 वर्ष की आयु, जिसमें 3 से 6 वर्ष आँगनवाड़ी/बालवाड़ी और प्री-स्कूल के माध्यम से मुफ्त, सुरक्षित और गुणवत्तापूर्ण शिक्षा की संकल्पना है।

6 से 8 वर्ष के बच्चों के लिए प्राथमिक विद्यालय में कक्षा 1 और 2 की शिक्षा रहेगी। प्रारंभिक शिक्षा की संकल्पना खेल और गतिविधि आधारित होगी। बुनियादी साक्षरता और संख्यात्मक ज्ञान पर एक राष्ट्रीय मिशन की स्थापना की संकल्पना

भी नई शिक्षा व्यवस्था में है। पाठ्यक्रम और मूल्यांकन नई शिक्षा व्यवस्था का महत्त्वपूर्ण आयाम है, जिसमें पाठ्यक्रम के बोझ को कम करते हुए छात्रों को 21वीं सदी के कौशल विकास, अनुभव आधारित शिक्षण और तार्किक चिंतन के प्रोत्साहन पर बल दिया जाएगा। कक्षा 6 से ही व्यावसायिक शिक्षा को पाठ्यक्रम में सम्मिलित किया जाएगा और इंटर्नशिप की व्यवस्था भी की जाएगी। राष्ट्रीय शैक्षिक अनुसंधान और प्रशिक्षण परिषद्, स्कूली शिक्षा के लिए राष्ट्रीय पाठ्यक्रम की रूपरेखा तैयार करेगी और विद्यार्थियों के मूल्यांकन के लिए 'परख' नामक राष्ट्रीय आकलन केंद्र की स्थापना की जाएगी। शिक्षक नियुक्ति में प्रभावी और पारदर्शी प्रक्रिया का पालन किया जाएगा। कार्य–प्रदर्शन आकलन के आधार पर पदोन्नत का प्रावधान रहेगा। शिक्षकों के लिए राष्ट्रीय व्यावसायिक मानक तैयार किए जाएँगे और उनके प्रशिक्षण की भी व्यवस्था रहेगी। अध्यापन के लिए न्यूनतम डिग्री योग्यता 4 वर्षीय बी.एड. डिग्री का होना अनिवार्य होगा। शिक्षण संस्थानों में शोध तथा फीस के लिए भी मानक तय किए जाएँगे।

भारत में शिक्षा के क्षेत्र में विदेशी निवेश एवं वैश्विक आवश्यकताओं के अनुरूप ढाँचागत सुधार किए जाएँगे। शिक्षा नीति–2020 में सकल नामांकन को 26 प्रतिशत से बढ़ाकर 50 प्रतिशत तक करने का लक्ष्य है, जिसके अंतर्गत उच्च शिक्षा संस्थानों में 3.5 करोड़ नई सीटों को जोड़ा जाएगा। स्नातक स्तर पर पाठ्यक्रम छोड़ने, विषय बदलने के अवसर दिए जाएँगे और उसी के अनुरूप विद्यार्थी को प्रमाण–पत्र दिया जाएगा। इसके अतिरिक्त और भी अनेक प्रावधान किए गए हैं। शिक्षा नीति–2020 को प्रस्तुत करते हुए शिक्षामंत्री डॉ. रमेश पोखरियाल 'निशंक' ने कहा कि देश के प्रधानमंत्री ने एक नए भारत के निर्माण की बात की है, जो स्वच्छ भारत होगा, स्वस्थ भारत होगा, सशक्त भारत होगा, समृद्ध भारत होगा, श्रेष्ठ भारत होगा। उस नए भारत के निर्माण में यह राष्ट्रीय शिक्षा नीति–2020 मील का पत्थर साबित होगी। यह शिक्षा नीति ज्ञान, विज्ञान, अनुसंधान, नवाचार प्रौद्योगिकी के संयुक्त संस्कार, मूल्यपरक, हर क्षेत्र में हर परिस्थति का मुकाबला करनेवाली पूरी दुनिया के लिए भारत में ज्ञान की महाशक्ति के रूप में उभरकर आएगी।

स्कूल पाठ्यक्रम के 10+2 ढाँचे की जगह 5+3+3+4 का नया पाठ्यक्रम ढाँचा लागू किया जाएगा, जो क्रमशः 3–8, 8–11, 11–14, 14–18 उम्र के बच्चों के लिए है। इसमें अब तक दूर रखे गए 3–6 साल के बच्चों को स्कूली पाठ्यक्रम के तहत लाने का प्रावधान है, जिसे विश्व स्तर पर बच्चे के मानसिक विकास के

लिए महत्त्वपूर्ण चरण के रूप में मान्यता दी गई है।

राष्ट्रीय शिक्षा नीति में पाँचवीं क्लास तक मातृभाषा स्थानीय क्षेत्रीय भाषा में पढ़ाई का माध्यम रखने की बात कही गई है, इसे कक्षा 8 या उससे आगे भी बढ़ाया जा सकता है। विदेशी भाषाओं की पढ़ाई सेकेंडरी लेबल से होगी; हालाँकि नई शिक्षा नीति में यह भी कहा गया है कि किसी भी भाषा को थोपा नहीं जाएगा।

अब छठी कक्षा से ही बच्चे को प्रोफेशनल और स्किल्स की शिक्षा दी जाएगी। स्कूल में ही बच्चे को नौकरी के लिए जरूरी प्रोफेशनल शिक्षा की व्यवस्था होगी। पाँचवीं तक और संभव हो सके तो आठवीं तक मातृभाषा में ही शिक्षा उपलब्ध कराई जाएगी। नेशनल असेसमेंट सेंटर बनाया जाएगा, जो बच्चों के सीखने की क्षमता का समय-समय पर परीक्षण करेगा।

गुणवत्तापूर्ण शिक्षा के वैकल्पिक साधनों की तैयारियों को सुनिश्चित करने के लिए स्कूल और उच्च शिक्षा दोनों को ई-शिक्षा की जरूरतों को पूरा करने के लिए एम.एच.आर.डी. में डिजिटल और संरचना डिजिटल कंटेंट तथा क्षमता निर्माण के उद्देश्य से एक समर्पित इकाई बनाई जाएगी।

सभी भारतीय भाषाओं के लिए संरक्षण, विकास और उन्हें और जीवंत बनाने के लिए राष्ट्रीय शिक्षा नीति में पाली, फारसी तथा प्राकृत भाषाओं के लिए इंडियन इंस्टीट्यूट ऑफ ट्रांसलेशन एंड इंटरप्रिटेशन (आई.आई.टी.आई.), राष्ट्रीय संस्थान की स्थापना करने, उच्च शिक्षण संस्थानों में संस्कृत और सभी भाषा विभागों को मजबूत करने के लिए ज्यादा-से-ज्यादा उच्च शिक्षण संस्थानों के कार्यक्रमों में शिक्षा के माध्यम के रूप में मातृभाषा, स्थानीय भाषा का उपयोग करने की सिफारिश की गई है। पढ़ने-लिखने और जोड़-घटाव संख्यात्मक ज्ञान की बुनियादी योग्यता पर जोर दिया जाएगा। बुनियादी साक्षरता और संख्यात्मक ज्ञान की प्राप्ति को सही ढंग से सीखने के लिए अत्यंत जरूरी एवं पहली आवश्यकता मानते हुए मानव संसाधन विकास मंत्रालय द्वारा बुनियादी साक्षरता और संख्यात्मक ज्ञान पर एक राष्ट्रीय मिशन की स्थापना किए जाने पर विशेष जोर दिया गया है।

एन.सी.ई.आर.टी. 8 वर्ष की आयु तक के बच्चों के लिए प्रारंभिक बचपन देखभाल और शिक्षा के लिए एक राष्ट्रीय पाठ्यक्रम और शैक्षणिक ढाँचा विकसित करेगा। स्कूलों में शैक्षणिक धाराओं पाठ्येतर गतिविधियों और व्यावसायिक शिक्षा के बीच खास अंतर नहीं किया जाएगा। सामाजिक और आर्थिक नजरिए से वंचित समूहों की शिक्षा पर विशेष जोर दिया जाएगा।

शिक्षकों के लिए राष्ट्रीय प्रोफेशनल मानक, राष्ट्रीय अध्यापक शिक्षा परिषद् द्वारा वर्ष 2022 तक विकसित किया जाएगा, जिसके लिए एन.सी.ई.आर.टी., एस.सी.ई.आर.टी., शिक्षकों और सभी स्तरों एवं क्षेत्रों के विशेषज्ञ संगठनों के साथ परामर्श किया जाएगा।

राष्ट्रीय शिक्षा नीति में दसवीं और बारहवीं कक्षा की बोर्ड परीक्षाओं के महत्त्व को कम किया जाएगा। साल में दो बार बोर्ड परीक्षाएँ होंगी, लेकिन विद्यार्थियों पर अब बोर्ड परीक्षाओं का दबाव कम हो जाएगा। विद्यार्थियों को बोर्ड परीक्षाएँ पास करने के लिए कोचिंग की जरूरत नहीं होगी। बोर्ड परीक्षाओं को दो–दो वस्तुनिष्ठ और व्याख्यात्मक श्रेणियों में विभाजित किया गया है। परीक्षा में मुख्य जोर ज्ञान के परीक्षण पर होगा, ताकि छात्रों में रटने की प्रवृत्ति खत्म हो। विभिन्न बोर्ड आनेवाले समय में बोर्ड परीक्षाओं के प्रैक्टिकल मॉडल तैयार करेंगे।

छठी क्लास से वोकेशनल कोर्स शुरू किए जाएँगे। इसके लिए इच्छुक छात्रों को छठी क्लास के बाद से ही इंटर्नशिप करवाई जाएगी। इसके अलावा म्यूजिक और आर्ट्स को बढ़ावा दिया जाएगा। इन्हें पाठ्यक्रम में लागू किया जाएगा।

उच्च शिक्षा के लिए एक सिंगल रेगुलेटर ही रहेगा। लॉ और मेडिकल शिक्षा को छोड़कर समस्त उच्च शिक्षा के लिए एक एकल अति महत्त्वपूर्ण व्यापक निकाय के रूप में भारत उच्च शिक्षा आयोग (एच.ई.सी.आई.) का गठन किया जाएगा। एच.ई.सी.आई. के 4 स्वतंत्र निकाय होंगे—विनियमन के लिए राष्ट्रीय उच्चतर शिक्षा नियामकीय परिषद् (एन.एच.ई.आर.सी.), मानक निर्धारण के लिए सामान्य शिक्षा परिषद् (जी.ई.सी.), वित्तपोषण के लिए उच्चतर शिक्षा अनुदान परिषद् (एच.ई.जी.सी.) और प्रत्यायन के लिए राष्ट्रीय प्रत्यायन परिषद् (एन.ए.सी.)।

राष्ट्रीय शिक्षा नीति में आँगनवाड़ी के माध्यम से पोषण के साथ प्रारंभिक देखभाल और शिक्षा को जोड़ने के साथ स्कूलों में मध्याह्न भोजन के साथ बच्चों को नाश्ता दिए जाने, स्कूलों में शिक्षकों की कमी दूर करने और छठीं क्लास के बच्चों के लिए वोकेशनल शुरू किए जाने और सभी बच्चों को पाँचवीं कक्षा तक मातृभाषा स्थानीय क्षेत्रीय भाषा में पढ़ाई का माध्यम रखने की बात कही गई है।

उच्च शिक्षा में कई बदलाव किए गए हैं। जो छात्र रिसर्च करना चाहते हैं, उनके लिए 4 साल का डिग्री प्रोग्राम होगा। जो लोग नौकरी में जाना चाहते हैं, वे 3 साल का ही डिग्री प्रोग्राम करेंगे। लेकिन जो रिसर्च में जाना चाहते हैं, वे 1 साल के एम.ए. के साथ 4 साल के डिग्री प्रोग्राम के बाद सीधे पी–एच.डी. कर सकते हैं,

उन्हें एम.फिल. करने की जरूरत नहीं होगी।

उच्च शिक्षा में 2035 तक 50 फीसद सकल नामांकन अनुपात (जी.ई.आर.) पहुँचाने का लक्ष्य है। फिलहाल 2018 के आँकड़ों के अनुसार जी.ई.आर. पर 26.3 प्रतिशत है। उच्च शिक्षा में 3.5 करोड़ नई सीटें जोड़ी जाएँगी।

पहली बार मल्टीपल एंट्री और एग्जिट सिस्टम लागू किया गया है। आप इसे ऐसे समझ सकते हैं—आज की व्यवस्था में अगर 4 साल इंजीनियरिंग पढ़ने या 6 सेमेस्टर पढ़ने के बाद किसी कारणवश आगे नहीं पढ़ पाते हैं तो आपके पास कोई उपाय नहीं होता, लेकिन मल्टीपल एंट्री और एक्जिट सिस्टम में 1 साल के बाद सर्टिफिकेट, 2 साल के बाद डिप्लोमा और तीन-चार साल के बाद डिग्री मिल जाएगी। इससे उन छात्रों को बहुत फायदा होगा, जिनकी पढ़ाई बीच में किसी वजह से छूट जाती है।

राष्ट्रीय शिक्षा नीति में छात्रों को यह आजादी भी होगी कि अगर वे कोई कोर्स बीच में छोड़कर दूसरे कोर्स में दाखिला लेना चाहें तो वे पहले कोर्स से एक खास निश्चित समय तक ब्रेक ले सकते हैं और दूसरा कोर्स ज्वॉइन कर सकते हैं।

एस.सी., एस.टी., ओ.बी.सी. और अन्य विशिष्ट सेवाओं से जुड़े हुए छात्रों की योग्यता को प्रोत्साहित करने का प्रयास किया जाएगा। छात्रवृत्ति प्राप्त करनेवाले छात्रों की प्रगति को समर्थन प्रदान करना, उसे बढ़ावा देना और उनकी प्रगति को ट्रैक करने के लिए राष्ट्रीय छात्रवृत्ति पोर्टल का विस्तार किया जाएगा। निजी उच्च शिक्षण संस्थानों को अपने यहाँ छात्रों को बड़ी संख्या में मुफ्त शिक्षा और छात्रवृत्तियाँ पेश करने के लिए प्रोत्साहित किया जाएगा।

- राष्ट्रीय शिक्षा नीति के तहत 2030 तक हर जिले में उच्च शिक्षा संस्थान का निर्माण किया जाना नई शिक्षा नीति सम्मिलित है।
- राष्ट्रीय शिक्षा नीति में 2040 तक सभी उच्च शिक्षा संस्थानों को बहुविषयक शैक्षिक पाठ्यक्रम संस्थान बनाने का उद्देश्य रखा गया है।
- राष्ट्रीय शिक्षा नीति में स्नातक कोर्स को 3 से 4 साल तक पढ़ा जा सकता है, जिसमें छात्रों को बहुविकल्प प्रदान किए जाएँगे। इन सभी विकल्पों के उचित प्रमाण-पत्र के अनुसार छात्रों को डिग्री दी जाएगी। उदाहरण, यदि कोई छात्र 1 साल के लिए स्नातक कोर्स की पढ़ाई करता है तो उसे केवल 1 साल की ही पढ़ाई का प्रमाण-पत्र दिया जाएगा और 2 साल बाद उसे एडवांस डिप्लोमा का प्रमाण-पत्र दिया जाएगा और 3 साल बाद उचित

प्रमाणों के आधार पर उसे डिग्री दी जाएगी। अंत में 4 साल के बाद छात्र को बैचलर डिग्री के साथ–साथ रिसर्च की डिग्री भी दी जाएगी।

- राष्ट्रीय परीक्षण एजेंसी सभी उच्च शिक्षा संस्थानों में छात्रों के प्रवेश के लिए सामान्य प्रवेश परीक्षा आयोजित करेगी, जिससे शिक्षा का स्तर बनाया जा सके।

राष्ट्रीय शिक्षा नीति की विशेषताएँ

- राष्ट्रीय शिक्षा नीति स्वतंत्र भारत की तीसरी शिक्षा नीति है, जिसमें बुनियादी तौर पर बदलाव किए गए हैं।
- राष्ट्रीय शिक्षा नीति के तहत शैक्षिक क्षेत्रों को तकनीकी से भी जोड़ा जाएगा, जिसमें सभी स्कूलों में ज्यादा–से–ज्यादा डिजिटल इक्युपमेंट दिए जाएँगे।
- राष्ट्रीय शिक्षा नीति में सभी प्रकार शैक्षिक विषय–वस्तु को प्रमुखतया उस क्षेत्र की क्षेत्रीय भाषा में ट्रांसलेट किया जाएगा, जिससे शैक्षिक क्षेत्र में क्षेत्रीय भाषा को बढ़ावा मिल सके।
- छठी कक्षा से बच्चों को व्यावसायिक परीक्षण इंटर्नशिप दे दी जाएगी।
- राष्ट्रीय शिक्षा नीति में 2030 तक अध्यापन के लिए बी.एड. की डिग्री को 4 वर्ष की न्यूनतम डिग्री योग्यता में सम्मिलित कर दिया गया है, यानी 2030 तक बी.एड. का कोर्स 4 साल का हो चुका है।
- राष्ट्रीय शिक्षा नीति के भीतर हायर एजुकेशन से संबंधित एम.फिल. की डिग्री को भी खत्म किया जा रहा है।
- राष्ट्रीय अध्यापक शिक्षा परिषद् वर्ष 2022 तक शिक्षकों के लिए व्यावसायिक मानक को विकसित करेगी तथा एन.सी.ई.आर.टी. के परामर्श पर अध्यापकों की शिक्षा के लिए राष्ट्रीय स्तर पर शैक्षिक पाठ्यक्रम की चर्चा की विषय–वस्तु को भी तैयार किया जाएगा।
- राष्ट्रीय शिक्षा नीति में शैक्षिक पाठ्यक्रम के साथ–साथ उनके कौशल पर विशेष ध्यान केंद्रित किया जाएगा, वहीं मुख्य सिलेबस में भी एक्स्ट्रा करिकुलर एक्टिविटीज को शामिल किया जा रहा है।
- महाविद्यालयों की स्वायत्तता 15 वर्षों में समाप्त हो जाएगी तथा क्रमिक सहायता प्रदान करने के लिए एक चरणबद्ध प्रणाली की स्थापना भी की जाएगी।

- देश के बड़े संस्थान, जैसे आई.आई.टी. और आई.आई.एम. के लिए वैश्विक स्तर पर मानकों हेतु बहुविषयक शिक्षा एवं अनुसंधान विश्वविद्यालय की स्थापना भी राष्ट्रीय शिक्षा नीति के अंतर्गत कराई जाएगी।
- वहीं कानूनी तथा चिकित्सा क्षेत्र को छोड़कर उच्च शिक्षा क्षेत्र के लिए एक कल निकाय के रूप में भारतीय उच्च शिक्षा आयोग का गठन किया जाएगा।
- शैक्षिक पाठ्यक्रम का मूल्यांकन करने तथा उसे तकनीकी माध्यम से जोड़ने के लिए राष्ट्रीय शैक्षिक प्रौद्योगिकी मंच के एक स्वायत्त निकाय की स्थापना की जाएगी, जिससे शिक्षा तथा प्रशासनिक क्षेत्र में स्वतंत्र रूप से विचारों का आदान-प्रदान संभव हो सके।

शोध करने के लिए और पूरी उच्च शिक्षा में एक मजबूत अनुसंधान संस्कृति तथा अनुसंधान क्षमता को बढ़ावा देने के लिए एक शीर्ष निकाय के रूप में नेशनल रिसर्च फाउंडेशन (एन.आर.एफ.) की स्थापना की जाएगी। एन.आर.एफ. का मुख्य उद्देश्य विश्वविद्यालयों के माध्यम से शोध की संस्कृति को सक्षम बनाना होगा। एन.आर.एफ. स्वतंत्र रूप से सरकार द्वारा एक बोर्ड ऑफ गवर्नर्स द्वारा शासित होगा। हर जिले में उच्च शिक्षण संस्थान और नेशनल रिसर्च फाउंडेशन होगा।

राष्ट्रीय शिक्षा नीति में शोध के लिए 'नेशनल रिसर्च फाउंडेशन' स्थापित करने की बात कही गई है। उच्च शिक्षण संस्थानों को बहुविषयक संस्थानों में बदला जाएगा। 2030 तक हर जिले में एक उच्च शिक्षण संस्थान स्थापित किया जाएगा।

ई-पाठ्यक्रम क्षेत्रीय भाषाओं में विकसित किए जाएँगे। वर्चुअल लैब विकसित की जा रही हैं और एक राष्ट्रीय शैक्षिक टेक्नोलॉजी फोरम (एन.ई.टी.एफ.) बनाया जा रहा है।

हाल ही में महामारी और वैश्विक महामारी में वृद्धि होने के परिणामस्वरूप ऑनलाइन शिक्षा को बढ़ावा देने के लिए सिफारिशों के एक व्यापक सेट को कवर किया गया है, जिससे जब कभी और जहाँ कहीं भी पारंपरिक और व्यक्तिगत कला, संगीत, शिल्प, खेल, योग आदि ऑनलाइन शिक्षा के लिए क्षेत्रीय भाषाओं में कंटेंट तैयार होगा। वर्चुअल लैब, डिजिटल लाइब्रेरी, स्कूलों, शिक्षकों और छात्रों को डिजिटल संसाधनों से लैस किया जाएगा।

साल 2030 तक स्कूली शिक्षा में 100 प्रतिशत सकल नामांकन अनुपात (जी.ई.आर.) के साथ माध्यमिक स्तर तक एजुकेशन फॉर ऑल का लक्ष्य रखा गया है।

राष्ट्रीय शिक्षा नीति का लागू होना शिक्षा के क्षेत्र में ऐतिहासिक, साहसिक एवं दूरगामी दृष्टिकोण वाला कार्य है। इसके लिए शिक्षा मंत्रालय एवं शिक्षा मंत्री डॉ. रमेश पोखरियाल 'निशंक' बधाई के पात्र हैं। राष्ट्रीय शिक्षा नीति को लागू करने के लिए मंत्रालय द्वारा रोडमैप तैयार भी किया गया है, जिसमें नीति के सभी प्रावधानों को लागू करने की एक समय–सीमा तय की गई है। करीब 75 फीसद प्रावधानों को 2024 तक लागू करने का लक्ष्य है। इसी प्रकार बचे हुए प्रावधान भी वर्ष 2035 तक चरणबद्ध तरीके से लागू किए जाएँगे। राष्ट्रीय शिक्षा नीति को लागू करने के लिए उच्च स्तरीय कमेटी भी गठित की जाएगी, जो केंद्र और राज्यों के बीच नीति के अमल पर हर साल समीक्षा करेगी। आज भारत ज्ञान–विज्ञान सूचना प्रौद्योगिकी एवं तकनीकी क्षेत्र में तेजी से आगे बढ़ रहा है। कौशल के आधार पर आत्मनिर्भर भारत का संकल्प प्रधानमंत्री मोदी द्वारा संकल्पित किया जा चुका है। ऐसे में राष्ट्रीय शिक्षा नीति प्रभावी होगी और यह नए भारत की नींव सिद्ध होगी।

□

संकेतांक

प्रयुक्त संकेताक्षरों की सूची

ए.बी.सी.	अकेडमिक बैंक ऑफ क्रेडिट
ए.आई.	आर्टिफिशियल इंटेलिजेंस
ए.सी.	ऑटोनोमस डिग्री ग्रांटिंग कॉलेज
ए.ई.सी.	प्रौढ़ शिक्षा केंद्र
ए.पी.आई.	एप्लीकेशन प्रोग्रामिंग इंटरफेस
आयुष	आयुर्वेद, योग और प्राकृतिक चिकित्सा, यूनानी, सिद्ध और होम्योपैथी
बी.एड.	बैचलर ऑफ एजुकेशन
बी.ई.ओ.	ब्लॉक शिक्षा अधिकारी
बी.आई.टी.ई.	ब्लॉक इंस्टीट्यूट ऑफ टीचर एजुकेशन
बी.ओ.ए.	बोर्ड ऑफ असेसमेंट
बी.ओ.जी.	बोर्ड ऑफ गवर्नर्स
बी.आर.सी.	ब्लॉक संसाधन केंद्र
बी.वोक.	बैचलर ऑफ वोकेशनल एजुकेशन
सी.ए.बी.ई.	सेंट्रल एडवाइजरी बोर्ड ऑफ एजुकेशन
सी.बी.सी.एस.	चॉइस बेस्ड क्रेडिट सिस्टम
सी.बी.एस.ई.	केंद्रीय माध्यमिक शिक्षा बोर्ड

सी.आई.ई.टी.	सेंट्रल इंस्टीट्यूट ऑफ एजुकेशन टेक्नोलॉजी
सी.एम.पी.	कॅरियर प्रबंधन और प्रगति
सी.ओ.ए.	वास्तुकला परिषद्
सी.पी.डी.	सतत् व्यावसायिक विकास
सी.आर.सी.	क्लस्टर संसाधन केंद्र
सी.डब्ल्यू.एस.एन.	चिल्ड्रेन विद स्पेशल नीड्स
डी.ए.ई.	परमाणु ऊर्जा विभाग
डी.बी.टी.	जैव–प्रौद्योगिकी विभाग
डीईओ	जिला शिक्षा अधिकारी
डी.आई.ई.टी.	जिला शिक्षा और प्रशिक्षण संस्थान
दीक्षा	डिजिटल इंफ्रास्ट्रक्चर फॉर नॉलेज शेयरिंग
डी.एस.ई.	स्कूल शिक्षा निदेशालय
डी.एस.टी.	विज्ञान और प्रौद्योगिकी विभाग
ई.सी.सी.ई.	अर्ली चाइल्डहुड केयर ऐंड एजुकेशन
ई.ई.सी.	प्रख्यात विशेषज्ञ समिति
जी.सी.ई.डी.	ग्लोबल सिटीजनशिप एजुकेशन
जी.डी.पी.	सकल घरेलू उत्पाद
जी.ई.सी.	सामान्य शिक्षा परिषद्
जी.ई.आर.	सकल नामांकन अनुपात
जी.एफ.आर.	सामान्य वित्तीय नियम
एच.ई.सी.आई.	भारत का उच्चतर शिक्षा आयोग
एच.ई.जी.सी.	उच्चतर शिक्षा अनुदान परिषद्
एच.ई.आई.	उच्चतर शिक्षा संस्थान
आई.सी.ए.आर.	भारतीय कृषि अनुसंधान परिषद्

आई.सी.एच.आर.	भारतीय ऐतिहासिक अनुसंधान परिषद्
आई.सी.एम.आर.	भारतीय चिकित्सा अनुसंधान परिषद्
आई.सी.टी.	सूचना और संचार प्रौद्योगिकी
आई.डी.पी.	संस्थागत विकास योजना
इग्नू	इंदिरा गांधी राष्ट्रीय मुक्त विश्वविद्यालय
आई.आई.एम.	भारतीय प्रबंध संस्थान
आई.आई.टी.	भारतीय प्रौद्योगिकी संस्थान
आई.आई.टी.आई.	इंडियन इंस्टीट्यूट ऑफ ट्रांसलेशन ऐंड इंटरप्रिटेशन
आई.एस.एल.	भारतीय सांकेतिक भाषा
आई.टी.आई.	औद्योगिक प्रशिक्षण संस्थान
एम.एड.	मास्टर ऑफ एजुकेशन
एम.बी.बी.एस.	बैचलर ऑफ मेडिसिन ऐंड बैचलर ऑफ सर्जरी
एम.ई.आर.यू.	बहुविषयक शिक्षा और अनुसंधान विश्वविद्यालय
एम.एच.एफ.डब्ल्यू.	स्वास्थ्य और परिवार कल्याण मंत्रालय
एम.एच.आर.डी.	मानव संसाधन विकास मंत्रालय
एम.ओ.ई.	शिक्षा मंत्रालय
एम.ओ.ओ.सी.	मैसिव ओपन ऑनलाइन कोर्स
एम.ओ.यू.	समझौता ज्ञापन
एम.फिल.	मास्टर ऑफ फिलॉसफी
एम.डब्ल्यू.सी.डी.	महिला और बाल विकास मंत्रालय
एन.ए.सी.	राष्ट्रीय प्रत्यायन परिषद्
एन.ए.एस.	नेशनल अचीवमेंट सर्वे
एन.सी.सी.	नेशनल कैडेट कोर
एन.सी.ई.आर.टी.	राष्ट्रीय शैक्षिक अनुसंधान और प्रशिक्षण परिषद्

एन.सी.एफ.	राष्ट्रीय पाठ्यचर्या रूपरेखा
एन.सी.एफ.एस.ई.	स्कूल शिक्षा के लिए राष्ट्रीय पाठ्यचर्या रूपरेखा
एन.सी.आई.वी.ई.	व्यावसायिक शिक्षा के एकीकरण के लिए राष्ट्रीय समिति
एन.सी.पी.एफ.ई.सी.सी.ई.	प्रारंभिक बाल्यावस्था देखभाल और शिक्षा के लिए राष्ट्रीय पाठ्यचर्या और शिक्षण–शास्त्र
एन.सी.टी.ई.	नेशनल काउंसिल फॉर टीचर एजुकेशन
एन.सी.वी.ई.टी.	नेशनल काउंसिल फॉर वोकेशनल एजुकेशन ऐंड ट्रेनिंग
एन.ई.टी.एफ.	राष्ट्रीय शैक्षिक प्रौद्योगिकी फोरम
एन.जी.ओ.	गैर–सरकारी संगठन
एन.एच.ई.क्यू.एफ.	राष्ट्रीय उच्चतर शिक्षा योग्यता फ्रेमवर्क
एन.एच.ई.आर.सी.	राष्ट्रीय उच्चतर शिक्षा नियामक परिषद्
एन.आई.ओ.एस.	राष्ट्रीय मुक्त विद्यालयी शिक्षा संस्थान
एन.आई.टी.	राष्ट्रीय प्रौद्योगिकी संस्थान
एन.आई.टी.आई.	नेशनल इंस्टीट्यूट फॉर ट्रांसफॉर्मिंग इंडिया
एन.पी.ई.	राष्ट्रीय शिक्षा नीति
एन.पी.एस.टी.	शिक्षकों के लिए राष्ट्रीय व्यावसायिक मानक
एन.आर.एफ.	नेशनल रिसर्च फाउंडेशन
एन.एस.क्यू.एफ.	राष्ट्रीय कौशल योग्यता फ्रेमवर्क
एन.एस.एस.ओ.	राष्ट्रीय नमूना सर्वेक्षण कार्यालय
एन.टी.ए.	नेशनल टेस्टिंग एजेंसी
ओ.बी.सी.	अन्य पिछड़ा वर्ग
ओ.डी.एल.	ओपन और डिस्टेंस लर्निंग
परख (PARAKH)	समग्र विकास के लिए प्रदर्शन आकलन, समीक्षा और

	ज्ञान का विश्लेषण
पी.सी.आई.	फार्मेसी काउंसिल ऑफ इंडिया
पी.एफ.एम.एस.	सार्वजनिक वित्तीय प्रबंधन प्रणाली
पी–एच.डी.	डॉक्टर ऑफ फिलॉसफी
पी.एस.एस.बी.	प्रोफेशनल स्टैंडर्ड सेटिंग बॉडी
पी.टी.आर.	छात्र शिक्षक अनुपात
आर. एंड आई.	रिसर्च ऐंड इनोवेशन
आर.सी.आई.	भारतीय पुनर्वास परिषद्
आर.पी.डब्ल्यू.डी.	विकलांग व्यक्तियों के अधिकार
एस.ए.एस.	स्टेट अचीवमेंट सर्वे
एस.सी.	अनुसूचित जाति
एस.सी.डी.पी.	स्कूल परिसर/क्लस्टर विकास योजनाएँ
एस.सी.ई.आर.टी.	राज्य शैक्षिक अनुसंधान और प्रशिक्षण परिषद्
एस.सी.एफ.	राज्य पाठ्यक्रम फ्रेमवर्क
एस.सी.एम.सी.	स्कूल परिसर प्रबंधन समिति
एस.डी.जी.	सतत विकास लक्ष्य
एस.डी.पी.	स्कूल विकास योजना
एस.ई.डी.जी.	सामाजिक–आर्थिक रूप से वंचित समूह
एस.ई.जेड.	स्पेशल एजुकेशन जोन
एस.आई.ओ.एस.	राज्य मुक्त विद्यालयी शिक्षा संस्थान
एस.एम.सी.	स्कूल प्रबंधन समिति
एस.क्यू.ए.ए.एफ.	स्कूल गुणवत्ता मूल्यांकन और प्रत्यायन फ्रेमवर्क
एस.एस.ए.	सर्व शिक्षा अभियान
एस.एस.एस.	सरल मानक संस्कृत

एस.एस.एस.ए.	राज्य स्कूल मानक प्राधिकरण
एस.टी.	अनुसूचित जनजाति
एस.टी.ई.एम.	विज्ञान, प्रौद्योगिकी, इंजीनियरिंग और गणित
एस.टी.एस.	संस्कृत के माध्यम से संस्कृत
स्वयम्	स्टडी वेब्स ऑफ एक्टिव लर्निंग फॉर यंग एस्पायरिंग माइंड्स
टी.ई.आई.	शिक्षक शिक्षा संस्थान
टी.ई.टी.	शिक्षक पात्रता परीक्षा
यू–डी.आई.एस.ई.	एकीकृत जिला शिक्षा सूचना प्रणाली
यू.जी.सी.	विश्वविद्यालय अनुदान आयोग
यूनेस्को	संयुक्त राष्ट्र शैक्षणिक, वैज्ञानिक और सांस्कृतिक संगठन
यूटी	संघ राज्य क्षेत्र
वी.सी.आई.	भारतीय पशु चिकित्सा परिषद्

□□□